哈佛决策课

如何在冲突和风险中做出好决策

[美] 迈克尔·罗伯托（Michael A. Roberto）◎著

张晶◎译

WHY
GREAT
LEADERS

DON'T TAKE YES FOR AN ANSWER

中国人民大学出版社
·北京·

谨以此书献给卢克、西莉亚、格蕾丝和克里斯汀

前　言

2011年4月4日，谷歌CEO埃里克·施密特（Eric Schmidt）在执掌公司长达十年后卸任。谷歌共同创始人拉里·佩奇（Larry Page）接手公司后，成为新的CEO。佩奇大刀阔斧的改革成为很多报刊的头条新闻。他重组了管理团队，整合了近30个产品，发起了Google＋，收购了摩托罗拉移动部。他的另一关键举动很少被外界认可和理解——他开始在谷歌内部着手改革决策过程。他解释说："基本上没有哪个公司缓慢做出好的决策，只有迅速做出好的决策……随着公司的壮大，决策就会放慢，那是非常悲剧的事情。"尽管为了突出重点，佩奇有些夸张，但是佩奇传达了一个明确的信息：他想让谷歌在决策上像刚起步的公司一样，而不是现在如此庞大的样子。

那么，佩奇是如何在公司内改革决策制定过程的呢？谷歌的新掌门不想让人们把时间浪费在没有明确议程、没有恰当人员、没有清晰目标和期望产出的那些会议上，因此他制定了一些规则，来明确那些决策性的会议该如何开、何时开。谷歌公司的运营副总裁克里斯滕·吉尔（Kristen Gil）解释说：

> 这类会议的参会人数不能超过10人，而且每个参会人员都应该有所贡献。如果某人对会议没有贡献，那么这个人就不应该参加会议。就是这样的——参加会议并不代表荣誉。

简单来讲，佩奇想要的是精干的团队——而不是许多对会议无所贡献的人组成的大型委员会。佩奇同时还指导团队在开会制定决策的时候，厘清团队成员的职责和角色。需要特别说明的是，团队成员需要在谁是最终决策权威上形成强烈的共识。如果最终决策者不能参加会议，那么会议可以不开。

佩奇还改变了环境。他寻求在高层管理人员中促进更多的信息共享和协作。他承认，随着谷歌的不断发展壮大，高层管理团队成员间的相处时间越来越少。高层管理人员在不同的办公楼里办公，经常出差，他们和同级沟通的时间少，更多的时间是和下属们互动交流。当高层管理人员间的互动减少时，顶层决策就会放慢。因此，佩奇在谷歌总部发明了"大房间办公室"，他让高层管理人员每周在那里一起办公若干个小时。他想复制公司创办时的那种环境——创

前言

始者们经常非常近距离地在一起工作。他希望，大房间办公室气氛能够提升协作、促进非正式对话和加速决策进程。

时间将会证明佩奇的改变能否支持谷歌并加强其竞争优势。在任何组织当中，领导者都要等很长一段时间，才能看到他们所做决策的实际结果。在一个动荡的世界中，不管领导者多么聪明，都不一定总能做出正确的决策。但是，他们能够通过仔细审视程序去做出关键的选择，正如佩奇所做的一样。改变决策的方法不一定能保证成功，但是会增强管理团队及时做出明智决策的可能性。

想一想你和你的团队或者组织目前想要做出的决策。你考虑过多种备选方案吗？你是否权衡和检验了你的假设？当你审议方案时，是否有不同意见提出？你是否给予了这些观点适当的考虑？你是否在即将实施决策的人员当中建立了高水准的责任和共识？这些问题以及其他许多问题的答案，将有助于我们评估一个组织决策过程的质量。**本书的核心思想是，高质量的决策过程有助于增强达成积极结果的可能性。**因此，领导者能够通过对其组织决策制定过程的管理而产生巨大的影响。良好的过程绝不仅仅意味着良好的分析（即对最新战略框架或者定量财务评估技术的最佳使用），它也需要对社会、政治及情感方面决策的精明管理。正像大多数管理者所了解的那样，在复杂的组织里进行决策远非单纯的脑力活动。因此，一个高效的领导者不仅仅是以一种睿智而又周详的方式参与到关键内容的选择当中，以此来产出积极成果，还会通过塑造和改变决策制定方式而产生实质性影响。

在本书中，我就领导者如何提升决策制定过程的质量提出了两个根本论点。

第一，**领导者必须为增强创造性思维和发散性思维培育一种冲突，同时为推动及时、有效地执行决策营造共识**。领导学中最具挑战性的难题之一就是如何管理冲突和共识。我所说的共识不是一致同意，也不是类似心理上的普遍的认可。我把共识定义为参与决策的人的一种高水平承诺。领导者无须取悦团队中的每个人，也不必使用少数服从多数原则，就可以制定决策并达成双赢和共识。本书详细解释了领导者如何做到这一点。

本书的第二个根本论点是，**高效的领导者应该花时间用于"决定如何做出决策"**。简而言之，建立高质量的决策制定过程必须进行大量的事先筹划工作。面临复杂而又紧迫的事情时，大多数人都想迅速解决问题。鉴于我们在特定领域内的专长，我们强烈希望运用已有的知识策划出最佳的解决方案。然而，领导者并不仅仅单一地聚焦在我们所面对决策的内容上，他还需要考虑一个团队或者组织在做出关键决策时走向如何。决定如何做出决策还涉及什么人应该参与审议、我们愿意培育什么样的人际氛围、人与人如何互相交流以及领导者在整个过程中会进行什么程度和类型的掌控。在本书中

前言

你将看到，领导者运用很多手段去设计更加高效的决策过程，并将这些决策过程展示出来。我认为，领导者在影响自己团队或者组织中的决策方式的时候，应该是指导性的，而不是试图主导或者对发生的决策和评估内容进行微管理。领导者花时间决定如何做出决策，能够有效提高冲突与共识的管理水平。

在大量学术研究的基础上，本书为那些想要改善决策方法的领导者提供了实践指导，教会他们面对复杂而又高风险的环境如何做出决策。并非只有总经理或者董事长才能够从这些理念中受益，任何人群中的领导者——无论他在组织中属于哪个领导层级，都可以应用本书中所列的观点。学者和学生们也可能从本书中受益，因为本书为组织的决策制定提供了新的概念框架，以新的方法整合了现有的理论，还通过理论与实践相结合阐述了有趣的话题，介绍了一系列丰富的案例分析。

本书研究

本书第一版的研究工作开始于 1996 年 7 月，涉及许多主要的实地研究项目和大量的案例分析。本书的第一个研究项目，是在航天国防领域内一项历时 2 年的决策分析。我对该领域内一个龙头企业的3个下属公司做出的10项战略决策进行了彻底的调查。为完成这一研究，我对该企业的经理们进行了100余小时的采访、两轮问卷调查，广泛查阅了档案资料，并直接观摩会议。通过深入企业调查研究，我已经非常熟悉组织中的领导者如何更加高效或者低效地管理冲突与共识。尽管出于机密的原因，个人和组织的名称都使用了化名，但本书中包含了许多该项研究的实例。

本书的第二个研究项目，是对2000年4月版《财富》500强榜单上的78家商业机构的总裁进行了问卷调查。之前所做的实地调查为我收集到了大量关于少数高级管理团队和少量战略决策过程方面的定性数据，这种大规模的实例调研能够为许多公司的决策方式提供参考。

本书的第三个研究项目，是对波士顿地区35家跨行业公司和商业机构的总经理进行深度访谈。在每一次访谈中，我都会让总经理对比他所做的两种决策——一种是他认为成功的决策，另一种是不成功的决策。这一研究使我密切观察到领导者在做关键决策的时候是如何考虑他曾经所做决策的过程选择的。

最后，本书还包含了许多特定的决策和特定组织的一些案例分析。这一研究的亮点是其中包括了许多不同背景下的案例，而不是局限在商业和企业范围。我研究考察了登山探险队、消防队、美国国家航空航天局（NASA）的管理者和工程师、政府的政策制定者以及其他各种非营利组织的决策制定。这种多样化的研究使我对领导者在不同背景和环境下如何做出决策有了丰富的了解。

在这里需要特别提及两个案例，因为我和我的同事为此花费了大量的时间。为了调查实际情况、收集数据和向学生们展现观点，我们还采用了最新的技术。我和大卫·加文（David Garvin）对位于波士顿的贝斯以色列女执事医疗中心（Beth Israel Deaconess Medical Center）的首席执行官保罗·利维（Paul Levy）做了深度研究。这一案例，我以多媒体的形式分发给学生们，证明其有独特之处——因为我们从保罗·利维接手首席执行官那一刻起，就开始实时跟踪他如何带领这个组织实现逆转。在他上任的最初6周内，我们对他每隔2~4周进行一次视频采访，查阅内部会议纪要以及他和员工之间的电子邮件内容，追踪逆转过程的媒体报道。这种独特的研究，让我们近距离地了解了一个领导者在重大变革时期是如何做出决策的，以及他是如何改变当时医院中已经严重混乱的决策文化的。

第二个值得一提的案例，是关于NASA针对2003年"哥伦比亚"号航天飞机失事事件做出的决策的调查分析。我和埃米·埃德蒙森（Amy Edmondson）、理查德·博默（Richard Bohmer）三人详细研究了这一事件。一方面是详细查阅了内部电子邮件、会议记录、备忘录以及事件发生后公布的简报，另一方面是采访了"哥伦比亚"号事件调查委员会成员、一位宇航员、一位前NASA工程师以及

1986年"挑战者"号事件的一名专家。这一研究也很独特,我们同样以多媒体形式分发给了学生,因为我们从6名主要管理者和工程师的角度记录了最后使命的关键事件。通过对该组织中不同层级和不同单位人员所做的决策的了解,我们对于决策的原因和过程有了独到的见解。自本书第一版出版以来,我对这一场悲剧有了更为深刻的了解。我多次造访NASA。除此之外,我还多次约见"哥伦比亚"号任务主要工程师之一罗德尼·罗洽(Rodney Rocha)和"哥伦比亚"号事故调查委员会成员之一杜安·迪尔(Duane Deal),并向他们了解了很多信息。

总之,这一庞大的研究项目为本书奠定了基础。这一项工作应用了多种研究方法和多门学科知识。在书中,我还引用了其他学者的现有理论,以及其他人所做的实证研究成果。另外,这些理论和研究都是不同类别的。对于组织中的领导者如何以及为何做出高效或者低效的决策这一问题,本书并没有局限在某一特定的学科领域来解释——这一做法也是希望做到跨学科。

自从2005年本书第一版出版以来,我一直就领导力和决策进行研究、教学和咨询。新版书中不仅包含了我和世界其他学者所做研究的新成果,还囊括了我在世界许多大公司开发和实践领导力开发项目时所学到的东西。你将会在书中读到新的实例、案例分析和研究成果。

前　言

本书框架

本书共分为四大部分。第一部分介绍了针对战略决策过程如何做出诊断、评估和完善的概念框架。第一章"领导力的挑战"解释了领导者应该同时培育冲突与共识的原因，以及为什么他们会发觉一般很难达成这一目标。第二章"决定如何做决策"描述的是，领导者所做的要么属于暗示、要么明确的选择是如何影响决策程序的。通过这样的过程选择，领导者能够创造条件，使得他们以一种建设性的方式来管理冲突和共识。就约翰·肯尼迪总统对猪湾事件和古巴导弹危机所做决策，新版书提供了新的视角和见解。多年前，国防部长罗伯特·麦克纳马拉（Robert McNamara）曾来到我的课堂，并讨论了这些历史性的决策，他的回忆大大加深了我的理解。

第二部分——包括第三章"当坦率缺失时"、第四章"激起思想碰撞的火花"、第五章"让冲突具有建设性"和第六章"那些故意唱反调的人"——集中讨论管理冲突的任务。第三章描述了妨碍组织中坦诚对话和辩论的因素，辨别了妨碍不同意见讨论的"硬性障碍"和"软性障碍"。"硬性障碍"由制度结构层面的东西组成，例如高级管理团队的人员组成情况、汇报制度的复杂性和工作职责的模糊性。"软性障碍"包括地位的区别、讨论防止失败时使用的语言体系和关于人们该如何做的想当然的假设。第四章讲述了领导者如何才能在本公司内激发出强烈的冲突,描述了许多领导者可以选择应用的机制和实践方法,并阐述了每一种方法的优缺点。第五章的内容是令人困惑的挑战——领导者如何才能够鼓励人们"有分歧但是没有情绪地表达不同的观点"。这一章提供了一套有用的工具和策略,帮助领导者让冲突具有建设性。

第六章作为新的一章,较第一版在更深程度上考察了故意唱反调者技巧。读了第一版书之后,许多人就如何有效使用这一技巧提出疑问。一些人指出,故意唱反调者技巧带来的坏处常常大于好处。那些技巧会使人产生防御感,营造一种消极的氛围,导致巨大代价的推迟。因此,在这一版书中,我彻底审查了组织如何运用故意唱反调者技巧以及如何有效利用这一技巧。

第三部分集中讨论组织中的领导者如何建立共识,且不进行发散性思维和创造性思维方面的妥协。第七章"什么是'不能做决定的无能'"审查了为什么有的组织因优柔寡断而瘫痪。我们了解到为什么领导者通常会发现建立责任和共享理解很困难,或者有时候发现自己带有一种"错误的理解",而这种"错误的理解"在他们试图执行一种行动方案的时候扩散得极其快速。第八章"公平合理的程序"聚焦于共识的两个关键基础:程序公平与合理。这一章解释了

前　言

领导者如何建立一种程序，即使人们不同意最终的决策，也能够在执行过程中有效合作。第九章"达成一致意见"强调的是领导者在进行有分歧的商议时如何达成一致意见，描述的是领导者如何管理发散思维和聚合思维之间的相互作用，以便及时把决策过程带向总结阶段。具体来讲，本章通过在复杂的也许是有争议的决策过程中，在不同点面上寻求"小胜利"的方法，勾画出了一种达成一致意见的模式。

第四部分包括第十章"有克制力的领导"，回顾了本书中领导力和科学决策与许多领导者所掌握的传统观点有何不同。具体来讲，我把面对艰难抉择时"掌控"的两种方法做了辨别。传统的途径认为，领导者有责任为组织中的许多紧迫性的问题提供解决方案。另一种途径则建议，领导者应该积极改变、影响和指导组织的高风险决策过程，无须事无巨细地干涉决策的具体内容。高效的领导者包容他人的贡献与知识，他们没有所有问题的答案，但是他们依旧牢牢掌控和保留着最后决定的权力和责任。然而，领导者明白，营造和引导一种高效的集体对话，其他人在其中拥有很大的自由，他们参与到关于组织面临问题的辩论中，进行活跃而又有活力的讨论具有重要意义。简而言之，这种掌控性的领导力需要一个关于如何老练决策的焦点，而非简简单单的组织需要做什么。

在全书当中，你会看到一个重复出现的鲜明主题，即领导者要在自信与克制间巧妙地平衡。你将会读到，对于领导者来说，最关键的问题已经不再是当他们制定战略决策时是否应该强势或者具有指令性，而是他们应该如何在决策制定过程中发挥影响力和掌控力。当你开始读下列内容时，希望你能够抽时间回想一下过去你所做的决策以及当时你做决策所用的方法。此外，我还希望你试验书中所列的技术，不但是为了增强你做出正确决策的可能性，而且是为了增强别人满腔热情地投入你的计划中去的可能性。

目　录

第一章　领导力的挑战 /1

　　冲突与共识 /7

　　决策神话 /13

　　现实中的管理 /20

　　异议缺失会怎样 /21

　　培育冲突的风险 /26

　　为什么管理冲突与建立共识如此困难 /29

　　"我该如何做决策" /34

第二章　决定如何做决策 /36

　　决策要素 /42

　　从过往决策中学习的力量 /65

第三章　当坦率缺失时 /69

　　"哥伦比亚"号灾难性的最后一飞 /75

　　硬性障碍 VS 软性障碍 /80

领导风格很重要 /98

第四章　激起思想碰撞的火花 /101

　　考尔菲尔德的故事 /103

　　使用正确的决策要素 /106

　　领导者的工具箱 /109

　　领导者的常见错误 /123

　　熟能生巧 /130

第五章　让冲突具有建设性 /134

　　对辩论做出诊断 /136

　　情感冲突 /138

　　控制情感冲突 /141

　　能力建设 /166

　　自由与控制 /167

第六章　那些故意唱反调的人 /169

　　用"故意唱反调"提高决策质量 /170

　　"唱反调"如何激发多样化思维 /175

　　如何避免"唱反调"失灵 /191

第七章　什么是"不能做决定的无能" /194

　　优柔寡断的组织文化 /196

　　不管用的破解办法 /210

　　优柔寡断文化的起源 /218

第八章　公平合理的程序 /222

　　程序公平 /225

　　程序合理 /240

让人们发言 /249
上下级的感知错位 /251
交流的目的 /253
传授良好的过程领导力 /254
冲突又如何 /256

第九章　达成一致意见 /259

差异性与趋同性 /263
"小胜利"心理学 /267
1983年的那一场社保危机 /270
小胜利的类型 /272
从磋商到决策 /280
持续的一致意见 /283
信任的重要性 /285

第十章　有克制力的领导 /289

组织需要什么类型的领导者 /292
CEO 的光环 /293
领导者负责的两种形式 /295
有克制力的领导 /298
提问，而不是作答 /301

致　谢 /304

第一章　领导力的挑战

> 多方商议，统一指挥。
>
> ——居鲁士大帝

2006年9月5日，福特汽车公司发布了一则令业界震惊的公告：聘请艾伦·穆拉利（Alan Mulally）为公司的CEO。49岁的比尔·福特（Bill Ford）——公司传奇创始人的玄孙，依然作为公司的执行总裁。许多人对于比尔·福特让出CEO一职表示惊讶。或许让许多观察家大跌眼镜的是，福特竟然聘请了非本行业人士担任新CEO！穆拉利来自波音公司，此前他在那里供职长达37年。美国三大汽车制造业巨头此前从没有从行业外聘请过CEO。福特挑战了传统智慧，把公司的前途全部押在了这一次的大胆决策上。

福特汽车公司聘请穆拉利的时候，公司正处于灾难的边缘。说到美国的三大汽车制造业巨头,穆拉利坦率地讲道,"这三家公司近8年来一直慢步走在停业的路上"。2006年,福特公司税前运营亏损150亿美元,这是公司光荣而传奇的历史中最大的亏损。福特关闭了许多在美国的工厂,削减了数千个工作岗位。公司为筹集250亿美元资本,甚至抵押了大多数的资产,包括耀眼的椭圆形蓝色标志。这些资金用于重组和产品开发投资,以此来挽救公司。这项无畏的决策最终为福特赢得了足够的流动资产,使其在全球经济低迷期无须接受政府的救助而生存下来。

穆拉利很快着手改变福特的战略。他想把精力用在福特核心品牌上面。因此,他抛售了公司赔钱的奢侈品牌——捷豹、阿斯顿·马丁、沃尔沃和路虎。他花大力气投资了一批新型的、更加有吸引力的节能汽车产品。穆拉利动用福特全球资产,开始更高效地生产这一批汽车。他不敢相信:福特每一款模型的汽车在全世界各地居然有许多不同的版本——这花费了大量不必要的重复劳动。为了实现公司全球经济规模化,他推动公司在统一平台上建造多种版本的汽车模型,使用高比例的基础配件。

为了成功地执行他的逆转计划,穆拉利开始转变福特的企业文化。福特留给他的是一个充满明争暗斗的管理团队。管理者在自己的小圈子内工作,不会在其他领域自由地与同事分享信息。人们从不坦诚地交谈公司面临的问题,也不会与总裁共享坏消息。管理团队在制定决策时,很难开展强有力且富有建设性的沟通。当冲突真的发生时,管理者才发现管理职能是高度失调的。

穆拉利到福特以后,创立了"商业计划评论"过程。每周四上午,由15名左右的高级管理者组成的顶层管理团队要花数小时集中在福特总部"雷鸟会议室"参加圆桌会议。每名管理者都在墙上用不同的颜色标注自己职责范围内的工作最新进展情况。其中,红色代表有问题,黄色意味着警告,绿色则表明某件具体事情进展顺利。穆拉利想要的是完全的公开透明,他想让他的团队一起努力应对关键问题。

过去,部门领导经常单独与CEO见面,就自己职责范围内的事务进行汇报讨论,做出关键决策;组织中各个部门各自为政,思维封闭。现在,整个团队在一起做重大决策;针对具体事务的重大决策,不管是谁负主要责任,每个人都有贡献。穆拉利解释说:"决策过程的成果当中,每个人都有所贡献。大家开诚布公地讨论问题,整个团队被动员起来发现问题。"

福特的CEO看起来总是面带笑容,但是他绝不容忍过去蔓延在整个顶层管理团队中的失调行为发生。他为重要的周四早会建立了明确的基本规则。穆拉利将"一起工作行为"描述为:能够让决策制定更有效的协作。开会期间,管理人员不能携带手机——穆拉利不想受到不停的干扰。他们也不能带助手参会或者用"百科全书式的重点提要手册"来压别人一头。穆拉利将这个团队的规模控制在可控范围内。当有人发言或者陈述时，其他管理者不能"开小会"。任何人都不能贬低别人或者做出人身攻击性的行为，必须用事实和数据来支持自己的立场。那些不能够遵守新规则的人会面临什么样的后果？穆拉利说："如果你做不到，或者不想做到，或者很难做到，那好吧，你就只有去其他地方工作了。"

可是，"商业计划评论"在实施早期还是遭遇了坎坷。虽然穆拉利强调公开透明和坦诚对话的重要性，但是他的团队还是不能摆脱长期存在的开口说话的恐惧。一周又一周，周四早会都在召开，令人惊讶的是没有一个人汇报一个"红色项目"。新老板当然不相信：公司在 2006 年亏损 150 亿美元，可是他的团队怎么还能够展示出如此美丽的画卷？

后来，在一次周四早会上发生了一系列重要事件。北美分部运营主管马克·菲尔茨（Mark Fields）在新款福特锐界（Edge）汽车的生产问题上遇到了问题。许多车上的液压升降门系统不能正常运转。菲尔茨知道，前期计划的新品发布不能如期进行了。他告诉他的团队："在一切就绪之前，我们一辆车都不能发。我们不能发。我们必须要推迟了。我必须说这次是红色事件。"菲尔茨成为周四早会上第一个在自己每周进展报告上画红点的主管。他准备接受来自新老板和同事们的问责。

第一章 领导力的挑战

当菲尔茨陈述进展报告的时候,他能感受到空气中的紧张气氛。新 CEO 来到福特后就一直强调问责的重要性——他强调过严格执行重要计划的重要性。他会狠狠批评他的高级生产主管吗?他会有多么的失望啊!

在一阵尴尬的沉默后,穆拉利从椅子上站了起来,然后开始鼓掌。他不是礼节性地鼓掌,而是在热情地鼓掌。他转过身对菲尔茨说:"谢谢你,马克。感谢你如此开诚布公、公开透明。这非常好。现在,你需要团队成员的什么帮助吗?"大家开始提建议帮助菲尔茨。一场建设性的讨论随之发生。要是在过去,管理者很可能都会推卸责任;而现在,他们争着帮忙。很快,锐界的发布计划又重新走上正轨。

在接下来的几次周四早会上,气氛开始变化了。穆拉利注意到图表变得像"一条美丽的彩虹",黄、绿色之间镶嵌着红点。人力资源部主管乔·雷蒙(Joe Laymon)解释说:"艾伦有一招,让人们安全说话。"穆拉利宣扬解决问题而不是相互指责的重要性。他强调承认错误、从中学习、一起解决问题的重要性。他会这样说:"某某有一个问题,他本身没有问题。谁能帮他解决那个问题?"新老板传递了一个集体问责的信息:"重要的是我们都为彼此负责。你为团队负责,团队的其他成员可以帮助你。"

渐渐地,福特的环境开始改变了。每当处理关键决策的时候,团队成员之间的对话更加坦诚和富有建设性。菲尔茨说道："**一个场景胜过千言万语，那个场景就是艾伦的鼓掌。**"的确，穆拉利把这个故事讲了很多遍，许多高级管理者也讲了很多遍。他们不断重复讲述这个故事，等于向这个组织发出了一个强烈的信号：福特的文化已然大不相同。

截至2013年1月，福特的逆转计划已经取得了巨大的进展。拒绝政府救助后，福特在2009年还获得了小盈利；2011年税前利润达80亿美元，五年来第一次恢复派息。到2012年秋季，公司连续13个季度获得正收益。穆拉利当然不会认为逆转计划已经完成。尽管公司已经被从灾难的边缘拉了回来，但是穆拉利还有重要的工作要做。

在福特，艾伦·穆拉利并不是做出了比前任更好的决策，他只是改变了决策制定的方式方法。穆拉利重塑了讨论的氛围、标准和决策制定的过程。他营造了一种新的氛围，人们可以非常自在地、毫无保留地发表自己的看法。他认为，坦诚的对话能够带来高质量的决策。当然，讨论和辩论需要具有建设性。在穆拉利来福特之前，福特的高层管理者之间的讨论充满了人际摩擦和性格冲突。穆拉利通过建立新的基础规则和标准，重塑了高级管理团队的决策制定过程。团队重点强调集体解决问题和共同承担责任，而不是单独思维。穆拉利甚至希望有热烈的辩论，但还是努力保持那种具有建设性的冲突。在接下来的内容当中，你将会了解到，如何才能像穆拉利在福特做的一样在你的组织中重塑决策制定。

冲突与共识

2010年4月20日，深海石油钻井塔发生一系列的爆炸，引发了墨西哥湾大规模的石油泄漏。2003年2月，"哥伦比亚"号航天飞机在重新进入地球大气层的时候发生解体。1996年5月，两名世界著名的登山家罗布·霍尔（Rob Hall）和斯科特·费希尔（Scott Fischer），连同他们的3位客户在珠穆朗玛峰斜坡上遇难。1985年4月，可口可乐公司改变了其旗舰产品的配方，激怒了大多数忠实的消费者。1961年4月，一帮古巴流亡者在美国政府的支持下入侵猪湾，菲德尔·卡斯特罗的军队俘获和消灭了整支武装力量。灾难与失败，无论发生在商业系统、政治领域，还是其他行业，总会带来许多烦人的问题。英国石油公司和它的伙伴可以做出哪些替代选择，才能够阻止墨西哥湾大规模漏油事件的发生？为什么在"哥伦比亚"号航天飞机起飞过程中，NASA管理者发现有泡沫碎块突然出现的潜在危险，但仍决定不去执行校正动作？为什么罗布·霍尔和斯科特·费希尔在明知他们会被迫在非常危险的夜间下山，还是无视自己的安全原则和程序，朝着珠穆朗玛峰前进呢？为什么罗伯特·戈伊苏埃塔（Roberto Goizueta）和他的管理团队没有能够成功预测新可乐带给大众的是压倒性的消极反应呢？为什么在已有信息显示成功可能性很小的情况下，肯尼迪总统依然支持了反叛入侵呢？

我们问这些问题是希望能从中学习，不再犯同样的错误。可是，对于组织决策本质的一些错误认知蒙蔽了我们的判断，使得从这些错误中吸取教训变得非常困难。许多人能够想象出这些失败如何发生的情景。我们想象一个总裁或者一个管理团队坐在房间里做出了一项致命的决策。我们急切地想找出他们分析时的失误，想了解他们的商业智慧，或许还想质问他们的动机。在别人踌躇的时候，我们通常会搜寻他人智力和人格方面的瑕疵。但是，在复杂组织中进行战略决策时，人们的智力差别很少能够左右成功与失败。

那么，我所说的战略决策的制定究竟是什么呢？**在风险高，实际情况具有模糊性和新颖性，而且这一决定需要大量财力、物力以及人力投入的时候，就需要战略选择。**我们知道，这些选择出现的频率很高，而且对组织未来的表现有深远的影响。它们与领导者每一天所做出的日常的战术选择不同：在那些选择当中，问题都很明朗，备用选项明晰，而且对整个组织的影响相当小。

企业机构和公共部门机构里的战略决策制定是个动态的过程，随着时间而发展，断断续续，需要经历一个组织的多个层面。社会、政治和情感力量都发挥着重要作用。然而，决策制定的认知任务可能会是许多领导者面临的挑战,社会情感因素通常是一个领导者的致命要害。进一步讲,领导者不仅要选择合适的行动路径,还需要动员和激发组织进行有效的实施。正如诺埃尔·蒂希(Noel Tichy)和戴夫·乌尔里克(Dave Ulrich)所描述的:"CEO们应该忽略莫雷斯(Mores)几千年前吸取的教训——写下十条禁令并使之得到沟通是容易的;执行起来却是真正的挑战。"因此,决策的成功是决策质量和执行有效性的综合结果。决策质量是指,领导者选择的行动方案比其他合理的、可替代的步骤更能有效地让组织达成目标。执行有效性是指,组织成功地执行了既定的行动方案,从而达成了决策制定过程中设定的目标。**本书的前提假设是:一个领导者驾驭决策过程中的人格冲突、政治因素以及社会压力方面的能力,常常决定了领导者能否选择合适的备用方案以及能否顺利执行决策方案。**

许多领导者精通数量分析或擅长分析一个行业的经济结构,但只有一小部分人能够掌握决策制定过程中的社会和政治动态。领导者需要仔细考虑组织中许多对话的性质和质量:在他们制定决策的过程中,看不到坦诚、冲突与辩论。领导者会因为有人表达不同意见而感到不舒服,几个团队很快就会将注意力集中在某一具体的解决方案上,个人则设想一定会存在大家一致的意见——而事实上是不存在的。结果呢,关键性的假设没有得到检验,创新性的备用选项没有出现或者没有得到应有的重视。在太多太多的案例中,这一类的问题都是由主导过程的人引起的,因为他们的言行阻止了热情洋溢的交流。

美国退休人员协会(AARP)首席执行官巴里·兰德(Barry Rand)曾经说过:"如果有一个唯唯诺诺的人为你工作,那么你们当中的一个人肯定是多余的。"在许多公司中,尽管CEO不雇用那些缺乏勇气和主心骨的人,但是在雇用过程中他们并不能发现那些阿谀奉承者。相反,许多领导者在自己造就的环境中,以自己那一套标准把一些正常勤奋工作的人变成了唯唯诺诺的人。那些有影响力的、受欢迎的和很成功的领导者听了太多的"是";或者说当别人在说"不"的时候,他们根本就听不见。在这种情形下,不但组织可能会做出可悲的选择,而且人们还会发现那些不道德的选择仍旧没有得到改变。正像《商业周刊》2002年关于公司治理的特刊所申明的那样:"阻止跨越道德鸿沟最好的保险是一屋子的怀疑论者……通过倡导不同意见,高管们会营造一种氛围,在其中不道德的行为不得不改变。"

当然,冲突本身不会带来更好的决策。领导者还需要在自己的组织中建立共识。我们所定义的共识不意味着一致同意、关于某一决策各个方面的广泛同意,或者是组织大多数人的完全同意,也不意味着团队代替领导者做决策。共识是指人们同意在执行一项决策的过程中进行合作。他们接受最终的选择,尽管可能对这项决策不完全满意。**共识有两个关键的组成部分：对已选择的行动方案高水准的承诺和对决策的基本原理的强烈共识。**承诺会有效防止在执行过程中那些反对既定行动方案的组织单位和个人偏离轨道。进一步讲，在面对其他各种执行障碍的时候，承诺可以提高管理坚持度，同时鼓励个人针对这些障碍进行创新思维。对决策基本原理的共识不仅允许个人有效协调自己的行动，还会增强一种可能性，即每个人都按照一种方式——"与决策精神保持一致"——行动。诚然，共识不能确保高效执行，但是它会增强一种可能性，即领导者会共同努力，有效地解决在决策执行过程中出现的问题。

就领导者群体而言，缺乏深刻理解的责任可能相当于"盲目投入"。个人可能会接受一项指令就去行动，而且会在执行某一具体计划方面投入工作，但是我们采取行动的基础是对该决策的不同理解。领导者可能会发现他们朝着相反的目标工作，不是因为他们想要偏离决策，而是因为他们在对目标和重点的认知上与同事们有差别。

领导者在阐述一项决策的时候，希望下属能够真正理解该决策的核心意图，因为在执行行动计划的时候，人们无疑会遇到模棱两可的情形。在这种情形之下，领导者没有时间请示上级或者其他同事，他需要即刻做出选择。领导者还需要临时处理一些问题或者抓住执行过程中出现的一些机遇。一个领导者不能事无巨细地插手一项决策的执行,他需要整个组织上下的人在遇到困难时有能力做出一些调整和取舍。共同的理解能够促进那种协调的、独立的行动。

达成共识却不承诺,也会导致问题的出现。如果领导者对目标和重点理解透彻,但对决策的正确性产生怀疑,那么执行结果也会受到影响。如果人们执行决策时没有情感投入的话,就会拖延执行。领导者不仅要清楚自己在执行决策中应该做什么,还必须乐于"多走一公里",去解决疑难问题,并克服其他障碍。

遗憾的是,领导者如果在决策时热情地投入辩论中,最终可能会对结果不满、对同事不满,在执行阶段不会全力以赴。冲突可能会冲淡共识,因此会阻碍一项既定行动方案的执行,如图1-1所示。由此将领导者置于一个进退两难的困境:如何才能既培育冲突与异议来提高决策质量,同时又能建立必需的共识来有效地执行决策?简而言之,**如何才能做到"多方商议,统一指挥"?本书的目的正是为了帮助领导者应对这一令人望而生畏的挑战。**

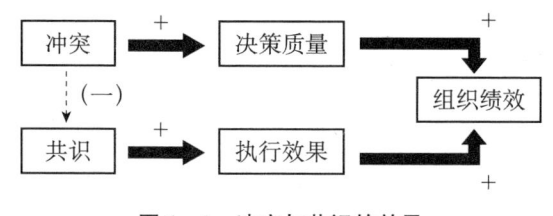

图1-1 冲突与共识的效果

第一章 领导力的挑战

决策神话

我们在《商业周刊》上读到关于某一 CEO 失败的战略时，或者在哈佛商学院案例分析中看到某一管理者的行动时，常常会问自己：那个人怎么能做出如此愚蠢的决策？每个学期，我的学生们在读到关于公司彻底失败或者岌岌可危的信息时，都会在无数个场景中问这个问题。这源于自信：我们相信面对类似充满模糊性和风险性的任务时我们可以成功。约翰·克拉考尔（John Krakauer）——罗布·霍尔 1996 年珠峰探险队成员之一，曾经写道："如果你能够说服自己，说罗布·霍尔的死是因为他犯了一系列的愚蠢错误，而且你很聪明，不会再犯那些错误的话，那么你冲击珠峰就会容易得多。"

让我们来详细看看关于决策制定方面的误解，并尝试区别神话（表 1-1 对这类常见神话做了一个汇总）与现实。

实际上，我们能够将失败归因于某一具体人——CEO、主席或者探险队队长吗？就主要参与者而言，结果真的能够说明其缺乏智力、行业专业水准以及技术知识吗？失败是由某一有缺陷的决策导致的吗？还是我们应该过段时间来检查选择的模式？

表 1-1　　　　　　战略决策制定中的神话与现实

神话	现实
CEO 决定	战略决策的执行必须由组织中多个层级人员同时参与
决策是在房间内制定的	大多数真正的工作出现在"线下",在一对一的对话中或者小组中,而不是在会议室里
决策主要是理性思考	战略决策是复杂的社会、情感和政治过程
管理者先分析后决策	战略决策呈非线性模式,其解决途径常常在管理者定义问题或者分析备用选项之前就出现了
管理者做出决策,然后就开始行动	战略决策通常随时间而变化,通过选择和行动的循环过程推进

神话 1：CEO 决定

哈里·杜鲁门任职美国总统时,在他的椭圆形办公室的桌子前写道:"踢皮球到此为止。"这条如今知名的言论是对所有领导者的提醒。CEO 为其公司的行为承担最终的责任,美国总统必须为其政府的政策负责。然而,当我们检查大型复杂组织失败的成因时,我们应该谨慎,不能推定糟糕的决策是由单独一个人做出的,即使那个人是该机构强势、权威的 CEO。

大量的研究消除了这一观念：CEO 自己做出了最关键的决策。研究表明,管理者之间讨价还价、协商、联合,才形成了组织做出的决策。这种决策制定的过程通常涉及组织中多个层面的管理者,而且并不是严格按照"自下而上"或者"由上而下"的形式进行的。

相反，这种活动同时发生在组织的多个层面。这种决策过程在有的情况下被广为应用。例如，在一个关于外交政策制定的案例研究中，政治学家格雷厄姆·艾利森（Graham Allison）总结道："大的举动都是由无数个通常是冲突的个人行为组成的，而这些个人在组织的各个层面服务，他们的工作范畴只与国家目标、组织目标和政治目的的部分概念相吻合。"简而言之，CEO可能会下达最终的命令，但是那样的决策来自组织上下个人和小组之间激烈的互动过程。

神话2：决策是在房间内制定的

许多学者和咨询顾问争论道，一个公司的战略决策来自"高级管理团队"成员之间的磋商。然而，关于高级管理团队的这一概念可能有误导性。管理学者唐纳德·汉布里克（Donald Hambrick）认为："很多高级管理'团队'几乎没有'团队性'可言。如果是这样的话，那与富有暗示性的印象是不一致的。那种印象是在行政会议桌子旁，管理者聚在一起讨论问题并做出主要的决定。"

在大多数组织中，战略决策并不发生在董事长的员工带着直接报告开会的时候。在詹姆斯·布赖恩·奎因（James Brian Quinn）的研究中，他报告说，有一个管理者曾经告诉他："当我年轻的时候，我认为有那么一间房子，整个公司的所有战略决策都是在那里做出的。后来，我根本就没有发现有那么一间房子。"在我的研究中，我发现关键性的对话发生在"线下"——在一对一的互动和小组的非正式会议当中。人们在会上游说同事和上级，他们在为整个管理团队提出建议之前彼此交换看法。管理者就某件事表明态度之前，会从主要成员那里得到承诺。正式的职工会议通常只是走走形式而已，在会上批准那些早已做出的决策，而不是真正做决策的平台。

神话3：决策主要是理性思考

很多人认为决策的制定是一项大型的认知活动。在学校或者单位，我们都知道"聪明的"人考虑问题都很仔细，收集数据、进行综合分析，然后才选择一个行动方案。也许他们也运用了直觉和经验教训。糟糕的决策肯定是缺乏智力、某一领域的专业水准不够以及没有严谨分析的结果。

心理学家为那些有缺陷的选择提供了一些合理性解释。他们发现，所有的人——专家或者新手，教授或者学生，领导或者属下——都会受到一定程度的认知偏见的影响。换句话说，我们判断中的系统性错误是根植于认知原因、人的大脑处理信息的极限，这是有损于我们进行决策的。例如，大多数人都容易受到"沉没成本偏见"的影响——如果某人前期已经实际投入了时间、金钱和其他资源，那么，此人就会有倾向对一个错误的、有风险的行动方案继续增加投入。我们没有认识到，已经沉没的成本与决定是否前行是没有关系的，因此，我们在很多情况下都是"坏事后面扔了好钱"。

认知无疑在决策制定中扮演着重要的角色。但是，社会压力有时候也成为关键的因素。人们有很强烈的归属需求——一种人际依附欲望。有时候，我们会感到有一种很强大的压力来促使我们遵从别人的期望和行为。此外，个人经常把自己和别人做比较，常常是拿对自己有利的方面去比较。这种社会行为塑造并影响了组织所做的决策。情感也扮演着一定的角色。个人会评估建议的行动方案可能会如何影响他们，并考量可能带来的感受。这种情感可能使人精力充沛、动力十足，也可能导致抵触和麻痹。最后，政治行为也渗透在决策制定的许多过程当中，会带来积极或者消极的影响。有时候，结盟、游说、讨价还价以及其他的影响战术都会提升最终决策的质量；在其他一些情况下，会造成次优的结果。毫无疑问，领导者忽略这些社会的、情感的和政治的力量会给自己招致风险。

神话4：管理者先分析后决策

我们当中的大多数人多多少少都学习过结构化的问题解决技巧。一种典型的方法包括5个定义明确的步骤：（1）识别与定义问题；（2）收集信息与数据；（3）明确备选方案；（4）评估每一个选项；（5）选择一系列行动方案。简而言之，我们要学着以系统的方式去分析一个情况，再做决策。遗憾的是，大多数战略决策过程无法展示从一个步骤熟练地过渡到下一个步骤这样一种线性形式。在很多活动中，备用选项的评估、问题的定义以及数据的收集都是平行发生，而不是依次进行的。甚至一项决策看似已经决定，经理们却又绕回来重新定义问题或者收集更多的信息——多个步骤就这样同时发生着。有时候，在寻找要解决的问题时，甚至会出现解决方案。

在我的研究中，我发现管理者通常选择有偏好的行动方案，然后使用正式的分析技巧来评估各种备用选项。究竟发生了什么呢？为什么在一定情形下，选择后要进行分析呢？一些管理者会凭直觉做出决策，但是他们想要通过一种更系统地评估实际情形的方法来"验证他们的勇气"。在面对质疑者或者外部赞助者时，其他人则把运用分析作为说服工具，或者作为他们必须要遵循的组织当中的文化标准。最后，许多管理者使用分析框架是出于象征性的原因。他们想要发出一个信号，即他们采用了一个全面的、符合逻辑的决策过程。通过增强该过程的认知合法性，他们希望自己喜欢的选择能够得到支持。

细想一下福特"野马"的故事——汽车发布史上最为卓越的新品发布案例之一。李·亚科卡（Lee Iacocca）的销售和产品设计直觉告诉他"野马"将会是 20 世纪 60 年代中期最了不起的成功，但是让他懊恼的是，他不能说服高管们去生产该车。亚科卡认识到，在这个由福特前总裁罗伯特·麦克纳马拉营造的有着强烈数字导向的文化环境中,量化的数据分析胜过直觉。因此,亚科卡在市场调研的基础上开始着手整理量化证据。市场调研表明,"野马"将会吸引足够多的客户来证明设计和生产该车的资金投入是合理的。果然,不出所料,亚科卡的分析支持了他最初的立场!通过提供数据来支持他的直觉,亚科卡赢得了发布"野马"的这场战斗。

可能乍看起来,战略决策制定的非线性特征是不正常的。它与我们在工商管理学院学的和教的很多东西都是矛盾的。然而,多次重复、不断反馈和同时活动需要正常运行。当一项决策凭一时兴起被执行时,就会产生大量要学的和改进的地方。一些非线性的过程可能充满反常的政治行为,但是,毋庸置疑,有效的决策制定随着时间的推移会涉及一定程度的反思、修订和学习。

神话5:管理者做出决策,然后就开始行动

仔细考虑这样一个案例:一个公司明显在追求多样化的战略。我们可能会认为,管理者及时在某一点上做出决策来进入新的市场或者在核心业务之外寻求增长机会。然而,在现实中,我们可能不会为那样的决策过程找一个开始点或者结束点。相反,在多方介入调查新技术、努力遏止核心业务的增长下滑趋势、考虑如何投入额外的现金流的时候,多样化的决策也可能随之改变。管理者也许目

睹过在组织各个层面上出现的行为,然后才投入一个回顾性的意义构建、解释和综合性的过程中。在这种思想和行动的相互作用下,一项"决策"就出现了。

我研究过一个国防航空航天公司的决策,是关于投资2亿多美元建立一个新的造船设施。该项目完全改变了该公司的生产过程。当我问到决策的时间的时候,一位管理者这样回答我:"决策不是1996年11月制定的,不是1997年2月制定的,也不是1997年5月制定的。要知道,当时有一个概念,这个概念也在演变。"执行过程并不是完全一致地按照一项制定好的决策实施的。相反,与决策执行有关的行动已经与是否以及如何推进的磋商混合在一起了。该项目随着时间的推移深入发展。实际上,到董事会开会要正式批准这个项目的时候,每个人都清楚决策早已制定了。

现实中的管理

当杰克·韦尔奇(Jack Welch)接任通用电气 CEO 的时候,他告诫他的管理者"面对现实……以世界本身的面貌看待它,而不是以你希望的方式"。这一条建议肯定适用于应对在复杂动态的组织中进行高风险决策过程管理的挑战。领导者想要了解的是,决策实际上是如何展开的,以便领导者可以朝着对他们有利的方向来塑造和影响这个过程。为有效地培育冲突和建立共识，他们必须承认决策制定的过程是在组织的多个层面展开的，而不单单是在行政领导层。他们需要欢迎多样性的观点，管理人与人之间的分歧，在多个层面建立责任心。他们还应该承认，他们不能完全从决策过程中去除政治因素，以某种方法神奇地将其转化为他们所希望的那种纯粹的脑力劳动。正像约瑟夫·鲍尔（Joseph Bower）写的那样："政治学不是病理学，它是大型组织中的事实。"**高效的领导者利用政治学机制帮助他们在多方支持者当中建立共识。**此外，领导者不能忽视一个事实，即领导者通常通过分析来证明一个解决方案，而不是按照从问题定义到备用选项评估再到选择这样一个先后顺序推进。领导者如果想要团队针对已选择的行动方案建立广泛的责任心，必须善于识别这样的说服方法变得不合理的时机，然后要做出适当的干预来保证过程的合法性。把这一事实记在心里，让我们回到居鲁士大帝对决策制定者的明智建议：迎接培育建设性冲突的挑战。

异议缺失会怎样

你们中有多少人在参加管理会议期间审查过自己的观点？当你的老板或者受尊敬的同事提出一个建议时，你是否礼貌性地点头赞许，而实际上却私下心存疑惑？你是否立即开始想办法修改这项决策,或者是以后改变这一决策?

如果对于这些问题的回答是"是的"的话,你可以从中得到安慰:事实上,并不是你一人这样做,有许多组织和小组都会避开激烈的冲突与辩论。管理新手在一位强势的、受欢迎的和非常成功的总裁在场的时候表达不同意见时,他们自己会感到不自在。当老板在场主导整个会议时,做到真诚就变得有难度。我们还发现,在很多情况下,我们宁可屈从于技术专家也不愿挑战公司或者行业老兵的声明。一些关于客户、市场和竞争砝码的假设在人们的思维过程中根植得如此深刻,以至于整个行业都会盲目地尊崇那种盛行的传统智慧。屈从于一致的压力也会出现,因为那些关系紧密、思想相似的人们彼此之间要合作共事很长时间。最终的结果是,一些领导者就会投入一种避免冲突的环境中,因为他们在公众场合中面对抵触会感到不舒服。**不论是出于什么原因,也不论原因有多少,缺乏合理的辩论和不同意见都会导致有缺陷的决策。**让我们通过一个糟糕的例子来看看。

珠穆朗玛峰上的悲剧

1996年,罗布·霍尔和斯科特·费希尔各带一支商业探险队,试图登上珠穆朗玛峰。每个团队包括一名队长、几名向导还有8名付费客户。虽然很多团队成员于5月10日到达了顶峰,但是他们在下山的途中却遭遇了致命的险情。5个人,包括两名非常有才能的队长,在暴风雪之夜试图下山的时候遇难了。

许多生还者和登山专家都指出,那两名队长在那场悲剧中做出了很多糟糕的决策。也许最重要的是,两个团队都忽略了关键的决策原则——为保证夜晚下山安全而设的原则。登山者通常都是从位于海拔26 000英尺(7 900米)的营地开始向峰顶进行最后一搏。他们彻夜登山,希望在中午的时候到达峰顶。然后,他们再爬回营地,尽力在日落前赶回安全的帐篷里。在这个非常紧张的18个小时的日程安排中,几乎没有出错的余地。如果登山者在上山的时候掉队的话,那么他们将面对夜晚返回时致命的危险。罗布·霍尔和斯科特·费希尔了解这些危险。他们也明白人们很难放弃登顶的努力,因为人们距离最终目标只有如此诱人的一小段距离。他们知道,在登山者接近峰顶的时候,对于"沉没成本偏见"尤其敏感。因此,他们倡导要严格遵守事先定下的决策原则。费希尔将其形容为"两点钟原则"——当登山者明显地不能在下午两点前登上峰顶的时候,他就应该放弃登顶计划,开始返回安全营地。如果他不能这么做的话,队长或者向导就应该命令他调头。一名登山者回忆说:"罗布曾反复向我们强调在登顶那一天事先定好的调头时间的重要性……无论我们多么接近峰顶都要遵守。"

遗憾的是,队长们、向导们和多数队员在登山的时候都忽略了调头原则。几乎所有的队员,包括两名队长,都是在下午两点以后到达峰顶的。结果,许多登山者发现他们过了午夜之后还在黑暗中下山,而此时山上出现了猛烈的暴风雪。5人遇难,许多生还者也都是死里逃生。

为什么登山者忽略了"两点钟原则"呢?许多登山者明确承认遇难事件与没有遵守调头原则有关,但是他们没有质疑队长的判断。两组人员从未就继续推进这一选择进行过公开和坦诚的对话。尼尔·比德尔曼(Neil Beidleman)是费希尔队中的一名向导,他对午后登山有着严重的担心。然而,他感到告诉费希尔他们的团队应该调头这件事会让他感到不自在。他在队伍中相对低的地位影响了他的行为。他"非常清楚自己在探险队中的地位",结果,他选择不表露他的心声。他回忆道:"我是第三向导……所以我就刻意不那么出风头。结果呢,当我应该说话的时候我却没有说话,现在我真想为此踹我自己。"与此相似的是,罗布队中的一名记者成员约翰·克拉考尔开始意识到约束登山者行为的"向导—客户协议"。他评论说:"在这次探险中,他[安迪·哈里斯(Andy Harris)——罗布队的向导之一]被冠以'无敌向导'的角色,在那里照顾我和其他的客户;我们被特别地灌输了不要质问向导的判断这些信息。"

探险队中的成员彼此之间也不太了解。许多人在来尼泊尔之前都没见过同行者。他们发现,在短暂相处的这段时间内很难建立相互的尊重和信任。在不知道别人会对他们的问题或者评价有何反应的情况下，许多登山者在问题浮现在脑海中的时候迟疑不决。俄罗斯籍向导阿纳托利·波克里夫（Anatoli Boukreev）的英语不太好，他发现很难与其他队友建立关系。结果，他没有表达对队长们的计划中的主要观点的担忧，担心别人会如何如何看待他的观点。他后来写道："我努力不让自己变得好辩，选择低调处理自己的直觉。"

罗布曾在探险前些天明确告诉过队友在上山过程中不欢迎不同意见和辩论。他认为大家应该听从他，因为他有高超的登山专业水准和优异的带领客户登顶珠峰的向导记录。毕竟，罗布在此前四次探险中共带领过 39 名客户。在登山的前几天，他严肃声明："在山上，我不能容忍任何的不同意见。我的话就是铁的纪律，不能有异议。"他说这话是因为他想事先打消客户不听指挥的念头——在他指示需要调头而客户拒绝这么做的时候。具有讽刺意味的是，在登顶的那一天罗布延误了进程而且应该调头返回，但是他的客户却没有挑战他继续推进的决策。对于早期罗布的权威声明，克拉考尔总结道："在整个探险过程中，客户的消极性因此得到了鼓励。"

不久之后，顺从"专家"成为队员们的日常行为。当"专家"违反了他们自己的程序或者出现其他严重错误时，暗中顺从仍在继续。那些经验相对不足的队员仍旧在提问题和表达忧虑方面迟疑不决。费希尔的情况尤其悲惨。他的身体状况在登顶冲刺的时候严重恶化,而且变得尽人皆知,即使是新手都看得出来。他挣扎着一步一步向前挪,但是仍然"没有人讨论费希尔筋疲力尽的样子",也没有人建议他应该撤退到斜坡下。

珠峰上这支队伍的经历与全世界许多商业总裁会议室和董事会会议室内的团队动态性有共通之处。探险队中压制辩论和不同意见的因素同样也在影响着领导者做出决策。许多人经常发现自己身处尼尔的位置——比其他决策制定者地位低下,不敢确定挑战位高权重者的后果。就像罗布一样,很多领导者以优秀的业绩记录为荣,采用的是专制的领导风格。经验不足的人们发现自己对于那些拥有专业水准的人过分地顺从。很多团队缺乏相互信任和尊重的氛围来促进和鼓励真诚的对话。所幸的是,大多数商业决策并不是关乎生死的决策。

培育冲突的风险

当然,异议并不总是富有成效,培育冲突也有风险。为理解这样的风险,我们必须区别两种形式的冲突。设想你让你的管理团队比较和对比两个可选择的行动方案。人们可能会陷入关于事件和观点的实质性的辩论中去,我们将其称作认知性或者任务性冲突。这种形式的不同意见表达揭示出了建议的风险和弱点,挑战了关键设想的有效性,可能还会鼓励人们去明确在完全不同的情况下公司面临的问题和机遇。对于这些原因,认知性冲突倾向于增强群体提出的方案的质量。就像英特尔公司前 CEO 安德鲁·格罗夫(Andrew Grove)曾经说过的那样:"辩论就像是一个冲洗底片的过程,摄影师在这一过程中会加强比对。冲洗出的那批更清楚的照片能够帮助管理者去发布一项更加有根据的——也更准确的——命令。"

遗憾的是,在讨论中出现意见不合的时候,领导者可能会觉得很难调解。有时候,人们会对自己的观点过于固执,以至于对批评者做出防卫性的举动。磋商变得激烈化,情感爆发了,不同意见也成了人身攻击。学者把这种类型的性格冲撞或个人摩擦称作情感冲突。当它浮现的时候,决策过程通常就会偏离轨道。遗憾的是,多数领导者发现在不激发人际摩擦的情况下很难培育认知冲突。如果不想办法化解这两种类型的冲突,就会带来恶性的结果。情感冲突冲淡了对于已做选择的责任心,而且扰乱了共识的建立。它还会导致决策过程中高额的延误损失,也就是说,如果组织不能及时做出一项决策,就留给竞争对手一个抓住市场的有利先机。图 1-2 描述的是认知与情感冲突是如何塑造决策成果的。

```
领导者         +            +  假设验证    +
的行动  ──→  认知冲突  ──→  与临界评定 ──→ 决策质量
                ↓ +
                                责任心      +
           情感冲突  ──→    和共识    ──→ 执行效果
                       −
```

图 1-2　认知与情感冲突

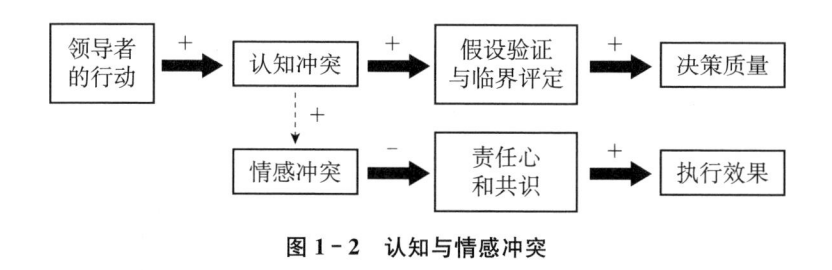

　　来看以下这个案例。某一国防电子公司要做出如何重组某一项具体业务的决策。董事长对此的态度是冷眼看待，因为它已经不盈利了。多种选择出现了，管理者做了大量的量化分析来比较每一项可能的行动方案。一场热烈的磋商发酵了。财务总裁扮演了一个尤其重要的角色。他非常仔细地看了所有的建议书，对它们一视同仁，持有同样的怀疑态度。一位管理者说道："他能够说出非黑即白的原因，为什么某事情有意义，为什么某事情没有意义。他非常的客观，就像《星际迷航》（*Star Trek*）中的斯波克（Spock）。"遗憾的是，并不是每个人都能保持客观。有的管理者在磋商过程中把批评看作人身攻击，导致工作关系变得剑拔弩张。讨论变得激烈了，每个人都在为自己的建议书辩解，因为他们在其中投入了大量的时间和精力。有一些不同的意见集中在主题上；对于其他的不同意见而言，人们不同意彼此的意见则仅仅是因为他们不想让别人"赢得"这场辩论。其中一位总裁评论道："我们本应该把那些合理的路障摆在桌面上，把那些情感的路障区别开来。我们本应该做得更好。结果，我们把所有的东西都放在了一起，那样的话要厘清真真假假就有困难。"最后，这个组织做出了一项关于如何重组的决策。但是，回头来看，每个人都认为自己发现了针对组织问题的有创意和有效的解决方案。另外，该组织在及时有效地执行既定决策方面困难重重——整个执行过程都遭遇组织上下各个层面人员的不买账。管理层克服了这些障碍，最终这项业务变得更加盈利了。不管怎么说，在决策过程中无法达成高水平的共识的话，会耗费组织宝贵的时间和资源。图1-3描述的是冲突与共识如何一同协作来创造出积极的成果，而不是导致糟糕的决策和有缺陷的执行。

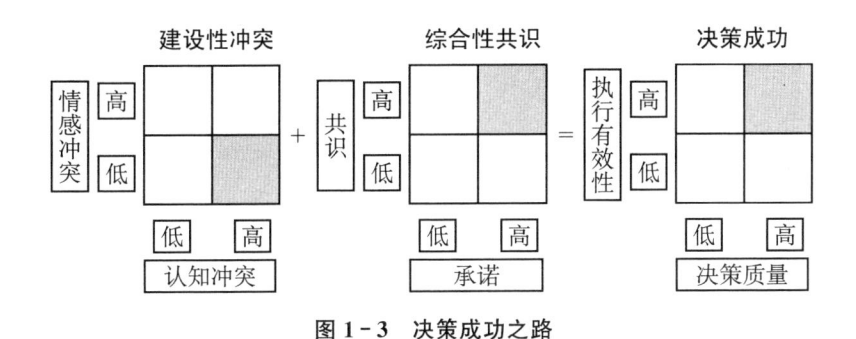

图1-3 决策成功之路

为什么管理冲突与建立共识如此困难

为什么管理冲突与建立共识如此困难？这个问题的根源可能在于一个人的领导风格。然而，通常这种困难反映的是小组或者组织中不合理性的固有模式。让我们来试着了解一些困难的根源，那也是领导者在塑造和指导决策过程中必须要克服的东西。

领导风格

领导者可能有一些特定的个人偏好和属性，很难在组织中培育建设性冲突和（或者）建立共识。例如，有的领导者在面对质问的时候就会不自在，因此他们就会不惜一切代价避免热烈的辩论。他们逃离认知冲突，是因为洪亮的声音和尖锐的批评让他们感到不安。其他一些人可能会非常内向，结果呢？他们可能会发现他们的下属很难领悟到他们做决策的意图和运用的基本原则。

有一些领导者喜欢用恐吓和胁迫的手段来进行管理，他们喜欢把自己的意愿强加给组织。那样的领导风格不仅会压制不同声音，还会让员工对他们没有参与制定的行动计划缺乏热情。当然，有一小部分不同凡响的领导者也能够使用这种方法培育出高水平的责任心。细想一下，例如，比尔·帕塞尔斯（Bill Parcells）的领导风格。他是著名的职业足球教练。在过去二十年中，他成功帮助四支失败的球队实现大逆转，他的团队获得两次世界冠军。他习惯于制造对立局面，他给球员们灌输了大量的恐惧感，以非常专制的方式做出决策。然而，球员们还是不可思议地为帕塞尔斯卖命——除了有时候他会让那些人日子不好过以外，他们通常都会表达出强烈的愿望来取悦他。然而，总体来讲，采用这种领导模式的人长期保持这样的方式是很难成功的。这也许解释了为什么帕塞尔斯在他的执教生涯中频繁更换球队吧。

认知偏见

在领导者试图去管理冲突与共识的时候，有一些心理陷阱挡在了路上。例如，大多数人都是基于一种偏见的方式去搜索信息。他们会倾向于低调处理那些与自己已有的观点和信念相左的数据，同时注重那些支持他们原有结论的信息。这种信息偏见解释了为什么领导者可能不会刻意去让不同意见浮出水面，或者不愿意仔细聆听那些声音。当然，如果人们感知到领导者在带有偏见地处理信息，他们就会沮丧，那种失望会减少认同感。在许多情况下，过度自信也是一大因素。结果呢，我们可能在需要收集别人的信息和建议的时候不会认可他们，或者会根据我们自己的判断和决定来低调应对这些疑虑。

刻板对待

在很多案例中，战略决策的制定发生在一种带有威胁性的情况之下——这个组织必须应对糟糕的财务状况、恶化的竞争趋势或者客户要求的巨大转变。在面对有威胁性的情况时，个人会因为心理压力和焦虑而产生刻板的认知反应。人们会倾向于利用那种过去为他们服务得很好的、根深蒂固的环境心智模式。人们还会减少采集信息的努力,返回到那种熟知的习惯和做法的舒适状态中。这种认知性的死板有损一个领导者在引导和讨论大范围不同意见时的能力。更糟糕的是,小组和组织层面的因素还会互补和加强这种应对有威胁性的问题时的不灵活性和不合理性。结果,组织决策过程就会有以下特征出现:受限制的信息处理、勉强的解决途径的搜索、参与人员范围的缩小、对正式沟通程序的依赖性增强。

小组内 VS 小组外

人们在共同决策的过程中,倾向于对与之互动的小组成员进行分类。他们把一些和自己类似的人划为组内人,根据小部分显著的人口特征或职业属性把另一些划为组外人。例如,一个工程师可能会把小组成员区分为哪些有类似功能背景的和哪些工作在财务或者市场领域的。总体来说,人们会对小组内的人正面看待,而对小组外的人态度消极。这种看法塑造了个人与别人交流互动的方式。高度区分的分类过程——人们在小组内和小组外拉拢具有明显特征的人员的情况——会减少小组成员之间的互动交流,阻碍信息流动,造成人际交往紧张。

个人也会赞同小组内其他成员的个人属性特征,例如智力、正直感、自觉性。遗憾的是，个人的自我认同通常并不与别人的观点匹配。个人可能会认为自己非常值得信任，但是别人会怀疑他是否值得信任和依赖。当个人能够和别人观点与感知一致地看别人时，组织就有高效的表现。如果组织中存在彼此不相干的观念，那么人们就会发现很难进行建设性的互动，相应地，领导者就会很难去管理分歧或者顺利引导磋商。

组织的习惯性自卫

组织通常会制定一些机制来绕开或者减少个人可能遭遇的尴尬或者威胁。管理者们用这种"习惯性自卫"来维持士气，让"不好的消息"稍微令人愉快一点以及弱化消极反馈的影响。

他们想让人们对组织的使命和各自的情况保持乐观和积极的态度。例如，在许多公司，我们目睹的是存在一种含蓄表现的"常规"来帮助员工在失败的时候"挽回面子"。遗憾的是，这种行为压制了组织内部的坦诚，使得一些事件"不可讨论"。随着时间的推移，这种自卫的做法在组织文化中变得根深蒂固。那些事情不会发生，不是因为某一个人想要避免让同事尴尬，而是所有的管理者都清楚"在这里事情就这么办"。领导者发现，要想消除这种阻碍公开和诚实对话的根深蒂固的障碍极其困难。

"我该如何做决策"

前面描述的所有因素肯定都会让有效地管理冲突与共识变得困难。**本书的核心意图就是揭示许多领导者制定和执行决策失败的根本原因：当问题出现的时候，他们首先是要找到"正确的"解决方案，而不是回过头来决心找到做决策所需要的"正确的"决策过程。**他们关注的问题是"我该做出什么样的决策"而不是"我该如何做决策"。准确回答这个"如何"的问题对于领导高效决策通常有着深刻的影响。它能够使领导创建一种条件和机制，以引导形成合理的辩论、不同意见以及综合性和持久的共识。

诚然，领导者也必须注重关键的高风险决策的内容，而不单单是磋商和分析的过程。他们必须在事件上坚持立场，在许多情况下做出艰难的权衡。进一步讲，创建和领导一个高效的决策过程不能保证有一项成功的选择及其顺利执行。但是，制定和管理高质量决策的过程的确能够极大地增强成功的选择和结果的可能性。

在全书当中，我认为领导者应该在决策过程中保证社会、情感和政治因素持续协调。然而，他们要做的还不止这些。他们绝对不能在决策过程中对出现的人际摩擦和幕后操纵予以简单的消极反应。相反，他们应该积极塑造和影响人们要在其中进行互动和磋商的环境和条件。他们必须选择想要采用的过程类型和想要各层面人员扮演的角色,就像艾伦·穆拉利在福特所做的一样。简而言之,领导者在面对复杂和模糊的情形时必须"决定如何做决策",而不仅仅是注重通过脑力劳动来找寻能够解决组织面对的麻烦的最佳选择。有了这个大前提,让我们开始应对大挑战——领导者如何才能实现"多方商议、统一指挥"。

第二章 决定如何做决策

机会垂青于有准备的头脑。

——路易斯·巴斯德

1961年4月，肯尼迪总统授权美国政府援助猪湾入侵行动——1 400名古巴流亡者企图推翻卡斯特罗政权。反叛者在登陆古巴海岸三天后，几乎所有人被卡斯特罗的军队击毙或者抓获。这次入侵不管是从人员伤亡还是从新总统的政治损失来说，都完完全全是一场灾难。全世界的国家都谴责了肯尼迪政府的行为。当总统认识到他支持入侵所带来的严重后果时，他问他的顾问们："我怎么会如此愚蠢，让他们动手呢？"

总统和他的顾问当然不缺少情报信息；大卫·哈伯斯塔姆（David Halberstam）曾形容他们是当代的"佼佼者和最聪明的人"。

第二章 决定如何做决策

然而，猪湾事件的决策过程有许多缺陷。美国中央情报局（CIA）的老官员们极力倡导入侵，他们过滤了递交给总统的信息和分析报告。支持入侵的人员在磋商时将低级别的国务院官员排除在外，担心他们会暴露出计划的缺陷和风险。在讨论的全程中，总统和他的内阁成员常常是顺从那些中央情报局官员，后者在此事方面表现出专家的样子，并选择低调处理对于入侵的保留意见。肯尼迪总统也没有寻求客观中立的专家为他提供咨询建议。历史学家阿瑟·施莱辛格（Arthur Schlesinger），也是当时总统的顾问团成员之一，后来写道：整场关于中央情报局的计划就像是在"假设共识的奇怪氛围中"发生的一样。

在缺乏热烈辩论和不同意见的情况下，该团队没有审查多种备用选项。相反，他们把该事件设计成"做还是不做"的决定。许多关键性的假设仍旧没有变化。例如，中央情报局的官员反复辩解说：当反叛者登陆猪湾后，古巴国内的公民就会起义来推翻卡斯特罗政府，因此就会削弱共产主义独裁者镇压反叛者力量的能力。这种国内起义的情况不曾发生。支持入侵者还主张，反叛者一旦登陆后遭遇激烈打击，还可以很快撤退到附近的大山里。可是，入侵武装力量需要经过将近 80 英里地形恶劣的长途跋涉才能到达安全的大山里。

国防部长罗伯特·麦克纳马拉解释说，在做最后决定之前，肯尼迪总统在房间里走来走去，问每个顾问："我们是做还是不做？"没有一个内阁成员表示反对。麦克纳马拉评论说："我认为我和国务卿迪安·腊斯克（Dean Rusk）都不太看好这件事情，但是我们没有说'不'——我们没有说。该死，我真的不知道我当时在五角大楼还有什么办法，更不要说去反对中央情报局的行动了。"麦克纳马拉在形容他所承受的来自中央情报局的计划的压力时是这样说的，"尽管有人认为那是一项荒谬的、不合理的行动，当时的巨大压力却迫使你必须支持它"。

入侵搞砸了以后，肯尼迪总统向全国发表了讲话并承担了那项糟糕决策的全部责任。就在肯尼迪讲话之后很短的时间，麦克纳马拉提出在电视上露面。他想向美国人民解释是内阁帮了总统倒忙，许多官员没有表达他们的担忧和对于这项计划的保留意见。总统拒绝了他的做法，说道："不，不，鲍勃，那是我的责任。我不是一定要接受建议。我必须站出来承担责任。"

讲话之后，肯尼迪开展了有关外交政策决策制定过程的评估，并做出了一些关键的改进。1962年10月，当他得知苏联在古巴部署了核导弹时，他召集了一组顾问来帮他决定如何应对，随后他把改进的方案付诸实践。这个小组叫执委会（国家安全委员会执行委员会的简称），古巴导弹危机期间，执委会反复开会。麦克纳马拉是这样描述总统给他的顾问们的指示的：

> 他指定了一个小组。他说："不要告诉任何人，包括你最亲近的人，关于我们发现那里导弹照片的事情。在我们思考透彻

该做什么之前，抛开外界的压力。辩论吧，达成一些共识。"他对这个由13~15人组成的小组说："我要求你们会面，我不会参加，我要你们彼此就自己认为要做的事情进行辩论。"所以，在没有他参加的时候，我们一周都要开几次会。他知道什么是重要的。那才能让你的人说真话。

肯尼迪带动了什么样的过程变化呢？第一，总统指示小组抛弃那些会议中常规的原则和论资排辈的做法。当总统不在的时候，小组成员们在没有一个正式主持人的情况下照样开会。总统不想让地位差别和固有的程序阻碍真诚的讨论。第二，总统要求每个参会人员不要以本部门新闻发言人的角色来参加磋商；相反，他要每个人都扮演"持怀疑态度的多面手"的角色。总统指示每个顾问考虑"政策问题是一个整体，要考虑全面，而不是用传统的官僚方式来解决问题，传统的官僚方式是每个人都只在自己专业的领域讨论问题，同时避免讨论别人的专业领域"。第三，总统邀请了低级别的官员和外部专家偶尔参与磋商，以便注入新鲜的观点、未经过滤的信息和分析报告。第四，执委会成员分成两个小组来就两个备选方案进行多轮讨论。一个小组起草一份关于进行空中军事打击的计划，另一个小组则要阐述一项战略封锁计划。小组间要交换备忘录，还要就另一方的建议进行详细的评论。这样反反复复多次，直到每个小组都准备好提交报告给总统。第五，罗伯特·肯尼迪（Robert Kennedy）和西奥多·索伦森（Theodore Sorensen）——总统的两位密友，被指定在决策制定的过程中扮演故意唱反调的角色。总统让他们挖掘出重要的假设并提出挑战，还要识别每一份建议书的弱点和风险。第六，总统故意不去参加许多预备会议，以便鼓励人们公开真诚地发表自己的观点。第七，总统努力不在单一建议的基础上做出决定，那些建议都是顾问讨论和评估后提交给他的；相反，他让顾问提交备选方案的理由和证据，然后他负责选择合适的行动方案。关于这两种决策过程差别的概述，请参见表2-1。

表2-1　　　　　　　　猪湾事件 VS 古巴导弹危机

过程特征	猪湾事件	古巴导弹危机
肯尼迪总统的角色	所有关键会议在场	故意缺席一些预备会议
参与者的角色	某一部门和机构的发言人或者倡导者	持怀疑态度的多面手，把政策问题作为一个整体来审查
小组规范	顺从专家，遵守常规	地位和级别差异最小化；不受常规约束
参与和涉及范围	高度机密——很少的小组人员保持在"知情人行列"；排除了带有新鲜观点的级别低的官员和外人	总统和那些具有相关知识与专业水准的低级别人员之间的沟通；阶段性地有外界专家参与和新鲜观点的注入
小组的使用	一个小组，推动进程。简而言之，策划行动和判断行动成功概率的是同一批人员	两个小组，一样的规模、权力和专业水准。反复交换文件并进行热烈的评论和辩论

续前表

过程特征	猪湾事件	古巴导弹危机
关于备选项的考虑	在一个选项上快速趋同；将没有竞争性的计划呈交给总统	平衡考虑两个备选项；将两个选择的理由都呈交给总统
关于不同意见的制度化	没有指定个人扮演唱反调的角色来提出反对意见	总统的两个密友扮演"知识机构检查员"的角色，调查每一个理由的缺陷

该案例展示的是领导者如何从失败中学习，并在将来的决策过程中做出调整。在这里，我们看到的是肯尼迪总统在认识到猪湾事件决策过程中的失误后，在即将到来的关键外交政策决策中决定如何做决策。肯尼迪总统了解到在猪湾事件的磋商中缺乏足够的辩论和不同意见，他还错误地认为存在很广泛的共识，而实际上在小组中潜在的不满在不断加深。也许更重要的是，肯尼迪明白了在磋商猪湾事件前，自己没有充分考虑究竟应该如何制定决策。结果，主张入侵的热情倡导者掌控了决策过程，并将其导向了自己偏向的结论。在古巴导弹危机事件中，肯尼迪一开始通过制定关键步骤来产生不同的决策选择，由此塑造并影响决策过程，使决策过程实现充分讨论，这么做提高了他和同事制定决策方案的质量。本章我们将审视决策要素——管理者运用这些要素建立一个平台，使得决策制定过程更有效，然后我们会介绍一个概念框架来帮助管理者思考这些要素的影响（见图 2-1 和图 2-2）。

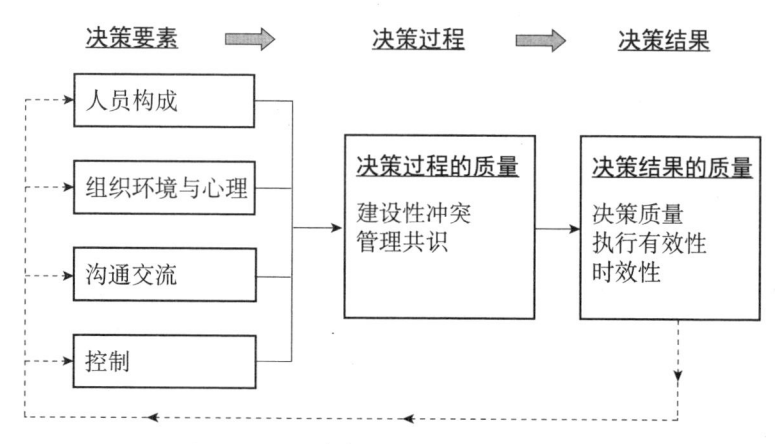

```
决策要素  ⟹  决策过程  ⟹  决策结果

人员构成
组织环境与心理          决策过程的质量          决策结果的质量
沟通交流                建设性冲突              决策质量
控制                    管理共识                执行有效性
                                                时效性
```

图 2-1 塑造高质量的决策过程和结果

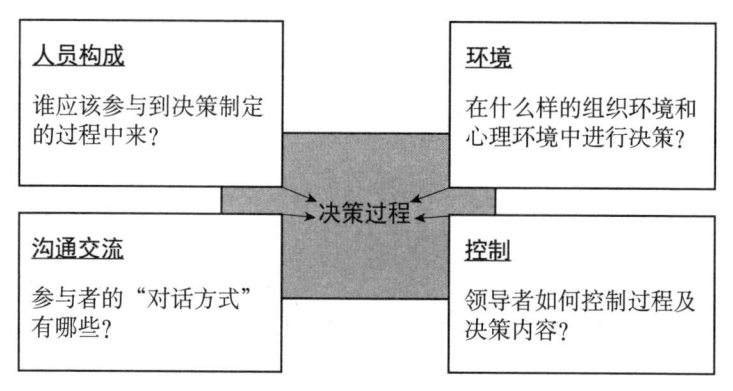

```
人员构成                              环境
谁应该参与到决策制定                  在什么样的组织环境和
的过程中来？                          心理环境中进行决策？

              决策过程

沟通交流                              控制
参与者的"对话方式"                    领导者如何控制过程及
有哪些？                              决策内容？
```

图 2-2 建立平台：四个关键决策要素

决策要素

一个管理者要抓住四项重要的决策要素，来影响他培育建设性冲突的能力，并建立持久的共识。首先，管理者要决定一个决策主体的组成、谁应该有机会参与到这个决策过程当中、什么能够推动这些选择。其次，管理者营造磋商的环境，决定有哪些标准和基本规则来约束讨论。再次，管理者决定参与者如何进行沟通交流、如何交换观点和信息、如何产生并评估备选方案。最后，管理者必须确定自己在决策中的参与程度和行为，并由此控制决策过程和决策内容。在讨论过程中，管理者扮演什么角色？他如何引导决策过程？我们有目共睹的是，肯尼迪在猪湾事件后的决策过程改进都体现了这四项内容的每一个方面。

人员构成

在制定战略决策时，已经达成一致意见的人会直接报告给总负责人，同时，大多数总负责人不仅仅参考这些人的意见，也不期待这些人做出高风险的决策。要像肯尼迪总统一样，在评估手头情况的实际需求基础之上组建一个决策制定主体。例如，执委会包括许多总统的内阁成员，但并不是全部的内阁成员。它还包括一些不直接向总统报告的人，那些人不经常参加内阁会议。多数情况下，在决策过程公开的时候，领导者乐意听取组织中各个层面人员的意见。当然，领导者在绕过级别高的下属，同那些低级别的人说话的时候要谨慎。必须保证这种沟通交流公开、透明。

每个领导者制定关键决策的时候，都必须面对一个重要的问题，

就是决定工作团队的人数和规模。 许多领导者把团队都集中在一起，那就太大了。广告经理肯·西格尔（Ken Segall）与史蒂夫·乔布斯（Steve Jobs）一起共事多年。他协助乔布斯建立了 iMac 品牌推广战略和"非同凡想"（Think Different）广告活动。西格尔强调，他在苹果公司工作的时候学到了小团队的优势。乔布斯相信，大团队很容易变得精力不集中；他觉得，因为存在动机、信息共享以及协调问题，大团队发挥潜能时会大打折扣。西格尔回忆说，有一天乔布斯开会前首先把一个人请出去了，原因是他认为这个人对手头任务的贡献不重要。西格尔解释了小团队的优势：

> 一开始，由一群聪明人组成一个小团队——要保持小规模。每次小组人数增加的时候，就等于邀请了复杂性参与其中……这是一个基本的观点：房间里的每一个人在那里都是有原因的。没有所谓的"仁慈的邀请"。要么是你对于这个会议很关键，要么不是。这是在做生意，与个人无关。

谷歌公司的拉里·佩奇指示经理把参与决策性会议的人数控制在 10 人以内。直觉软件公司（Intuit）的 CEO 布拉德·史密斯（Brad Smith）也相信小团队的优势。他解释说，在直觉软件公司的开发团队坚持"两块比萨原则"。换句话说，团队必须小到有两块比萨就够吃了。如果每个人吃两小块比萨，那这个原则就会把人数限制在 8 人左右。这是一种相对非常简单的启发——"两块比萨原则"会提醒每个人：团队很容易变得笨拙，成为累赘。

有意思的是，玛丽亚·瓜达卢普（Maria Guadalupe）、李宏毅（Hongyi Li，音译）和朱莉·伍尔夫（Julie Wulf）做了一项研究，是关于高级管理团队的规模变化和组成的。这些学者编辑了一部关于美国公司从 1986 年到 2006 年的资料集。他们发现，典型的高级管理团队的规模在这 20 年间翻番了，从 5 个成员增加到了 10 个。沃顿商学院的珍妮弗·米勒（Jennifer Mueller）做了一项有关团队规模效果的有趣研究。她发现，大团队中成员间的关系不是很好，这会削弱个人的表现力。她解释说："协作是要花代价的。在大团队中，人们可能没有时间和精力去建立一种真的有助于提高他们生产能力的关系。"

领导者需要考虑的是参与决策的人员的类型，而不是仅仅考虑团队的规模。**头衔、组织架构中的职位，以及在公司内的地位和权力，这些不应该成为一个人是否参与复杂的高风险决策过程的首选决定因素。**相反，领导者在选择参与一系列磋商的人员时，应该考虑其他四个因素——专业水准、执行需求、人际关系和个人背景。

首先，具有与目前局势相关的专业知识和专业技术的人员应该参与。在物色潜在参与人员的时候，领导者应该反问自己："那个人能否提供别人没有的数据和信息?"此外,还应该考虑在磋商的时候,那个人是否可能提供新鲜观点,或者是否会反驳多数人在该事件上的普遍认知。在猪湾事件中,肯尼迪总统没能确保国务院中那些熟悉古巴政府和社会的主要人员参与到内阁级别的磋商当中,去一起讨论中央情报局提出的入侵计划。对比鲜明的是,肯尼迪在古巴导弹危机事件中深入低级别的人员中,确保他能从那些具有相关知识的人员那儿获得未经过滤的信息。

领导者还需要在制定关键决策的时候,乐意与组织中多个层面的人员进行直接沟通交流。否则,他们就会依赖那些总结后的数据和分析报告,那些数据和报告为了便于展示汇报,会进行信息过滤——而那些信息有时候是被扭曲的。信息通常会在向上汇报的过程中被标注和过滤。结果,领导者发现他们所面对的一堆分析常常对主要的风险予以低调处理。他们没有看到在低级别官员中关于数据的冲突性的理解和就某一具体建议提供一种有倾向性的辩解的证据。

在"哥伦比亚"号航天飞机事件中,我们看到了一个生动的事例:领导者没有看到制定完善决策应该具备的所有信息,导致他们没有能够准确评估致命的威胁。在发射过程中出现碎片后,一些低级别的工程师变得非常担忧,他们担心在航天飞机重返大气层的时候可能发生灾难。就像我们现在了解的那样,这些工程师以电子邮

第二章　决定如何做决策

件形式彼此交流，质疑由受尊重的技术专家和管理者推动的判断——泡沫碎块不构成"安全问题"。

然而，NASA的高管们在悲剧发生前并没有意识到这种担忧，也没有意识到低级别工程师中的强烈异议。NASA的领导者们在决策过程中太过依赖专制制度下高级别管理者的意见和常规做法。他们本应该积极收集那些知识丰富的基层员工的观点；还应该深入调查，以确保他们理解与发射过程中出现碎块的分析报告相关的不确定性、假设和冲突性的解释。

当然，不能只由专业技术人员参与战略决策过程。领导者还需要考虑如何在组织中执行决策。如果领导者知道某人在执行过程中将会扮演重要角色，那么在决策制定过程中听取他的观点就显得很有意义。关键执行者的参与有两个明显的优势：第一，它能够让高管在决策过程中了解更多的信息，包括执行备选行动方案的花费和面临的挑战等。正如一个航天企业的中层管理者告诉我的一样，他已经参与到一项高级别业务重组决策中，这是因为，作为将来所执行决策中的关键内容的负责人，他能够"以稻草人的角色执行计划，满足投资要求"。第二，领导者通过让关键执行者参与决策制定过程，确保在组织上下建立承诺和共识。当员工被要求执行一项他们几乎没有机会贡献力量的计划时，他们会变得麻木。让执行者在决策过程中发言，这会让他们产生集体归属感。当个人感到这是"他们共同的决定"而不是"管理层的决策"时，他们很可能在执行决策的过程中更加卖力。

在领导者面对重要战略决策，需要确定决策主体的时候，人际关系也应该并能够影响团队的组成。不，在做重要决策的时候，不能依赖密友和奉承者。然而，依靠那些与自己关系非常密切的、相互信任和尊重的人帮助自己思考复杂事情，领导者也会受益。事实上，在一项有见地的有关计算机行业里高级管理团队的研究当中，斯坦福大学教授凯瑟琳·艾森哈特（Kathleen Eisenhardt）发现，更成功的总裁会持续将一些密友作为战略性事件的意见提供者。她把这些人形容为"有经验的顾问"，他们私下与领导者会面，倾听领导者的疑惑和担忧，提供坦诚的建议。艾森哈特在她的研究中发现，"最年长的、最有经验的经理适合顾问的角色"。与之相反的是，我在对多个组织的研究中发现，领导者选择密友不是因为其年长，而是因为他们仰慕那些人的个人性格、智慧、正义感，以及之前很好的工作关系。一位国防承包公司主席解释道："他和我倾向于彼此离线，我们在早上七点或晚上六点彼此比较和检查笔记。我们认识很久，而且在一起工作很长时间了，彼此很尊重。"

领导者在动荡和模糊的环境中做决策时，这些密友扮演着特别重要的角色，因为在制定高风险决策之前，大多数领导者都会在关键时刻有些优柔寡断和迟疑。艾森哈特的研究表明，密友不仅能为领导者提供切实的建议和一些新鲜的观点，还可以帮助他们克服最后的不安，帮助他们避免犹豫不决和拖沓的倾向。在组织面临高度模糊和动荡的环境时，这种倾向是非常普遍的。

领导者还要利用自己的亲信在决策过程中扮演关键的角色。例如，在古巴导弹危机事件中，肯尼迪总统就让他的亲信西奥多·索伦森和他的兄弟罗伯特·肯尼迪扮演"唱反调者"。乍一看，司法部长和演讲稿撰写人参与一项重大的外交决策可能会令人很奇怪，以他们在官场中的地位，显然不可能让他们参与这样的决策。但是，肯尼迪总统非常信任他们两人，重视他们的判断。因为他们两人和总统的个人关系，肯尼迪总统明白，其他人不会轻易忽略他们两人提出的批评意见。除此之外，肯尼迪总统认识到，这两人在挑战他的观点和看法的时候，相对于其他人更自在一些。

最后，当领导者选择什么人去咨询和征求意见时，应该考虑参与者背景的相似与否会塑造和影响决策过程质量。想要一群高度多样化的人员，还是把那些有相似背景的人集中在自己左右？答案很明显。但是，在我们接受传统智慧之前，我们必须看一看关于这个事情的研究发现。

关于顶层管理团队的长期研究提出一个问题：人口异质性能否提高团队和组织的业绩？所谓人口异质性，研究人员指的是团队成员在年龄、性别、团队和组织任期、职能背景等方面的差异。很多学者提出，异质性的团队应该比同质性的更胜一筹，因为前者展示出更广的认知多样性。换句话说，团队成员从不同视角、专业技术、智慧以及解决问题的方法出发，在讨论中交换意见，团队会从中受益。历史学家也提出领导者能从多样性的顾问团队中获益。多丽丝·卡恩斯·古德温（Doris Kearns Goodwin）在她的《敌手之队》(*Team of Rivals*)一书中提到，亚伯拉罕·林肯总统任命多名关键的政治竞争对手为内阁成员，而且他在内战期间从他们的建议和提供的咨询中获益匪浅。

然而，有关人口的异质性对高级团队和组织绩效方面的影响的实证研究得出了相反的结论。我们该如何解释这种矛盾性的结果呢？多样性的团队更容易产生程度高的认知冲突，就像第一章"领导力的挑战"中阐述的一样，强烈的辩论常常引起情感冲突。更进一步讲，高度的异质性有时候与成员间沟通不多、一致性程度较低、对团队的识别度较差以及协调困难的增加有关。结果，多样性的团队在保持建设性冲突和建立管理共识方面会非常困难。

领导者不能因上述分析而得出结论：尽量减少组建多样性团队；而应该在组建顾问团队的时候，根据实际考虑需求。如果手头的决策需要大量新颖的创新思维，那么往常那些顾问团队可能就会陷入趋同思维的陷阱，领导者可能要努力增强异质性。对比鲜明的是，如果决策执行需要频繁的沟通和大量的协调工作，而往常的顾问团队很难接受反差强烈的世界观，那么领导者就可能倾向同质性了。也许，相对于力图达到多样性最佳水平，更重要的是，领导者应该在每个决策过程开始的时候调查关键参与者的人口相似性和差异性，然后寻找办法来抵消因为同质性或者异质性过高产生的缺陷。

组织环境与心理环境

领导者想要建立高质量的决策过程，确保适当的人员比例变成了一项小的挑战。领导者还要有机会在决策过程中影响环境。环境对行为的影响很大，它有两个鲜明的维度：**组织环境包括组织的汇报关系、监控机制和奖惩体系；心理环境包括行为标准和决策制定过程中的情境压力。**

尽管有些微妙的变化可能会对管理行为产生深远的影响，但是随着时间的推移，结构性环境仍然保持相对稳定。通常，领导者不会频繁调整激励机制或者组织结构。面对即将进行的高风险决策过程，他们当然更不想改变结构性环境。然而，领导者需要关注的是，结构性环境在协商和解决问题的过程中是如何塑造和影响个人和集体行为的。

心理性环境可能更具有动态性。在决策中，现实压力肯定变化很大。有人可能会认为，时间压力和紧迫感的变数在管理者掌控范围之外。然而，领导者通常有机会在下属面前或多或少地凸显时间压力,也许是强调对手已经做到的先行者的优势,或者是为决策过程设定一个截止日期或里程碑路线图。在组织中,领导者通常会把增强紧迫感当作一个刺激变化的手段。诚然,加重这样的压力也是有风险的。紧张、焦虑和觉醒可能会弱化决策制定者的认知表现。需要特别说明的是,有关消防员的研究表明,经验不足的个人尤其易受紧张情况的消极影响。领导者为推动快速高效的业绩表现而加重实际压力的时候,必须考虑这些风险。

共同的标准也可能显示出动态性。在组织中,各个小组和单元的共同标准可能有所区别,领导者在决策过程开始时的行为,不论是明确行为还是暗示,都会改变这个标准。例如,肯尼迪总统在古巴导弹危机事件中规范了顾问们的行为,就是重塑行为标准的一次清晰而又明确的尝试。

在决策制定过程中,领导者应该在参与者中建立一种怎样的行为标准呢?正如心理学家理查德·哈克曼(Richard Hackman)指出的一样,许多团队建立了基本的原则,以确保参与者之间可以顺畅和谐地互动。然而,他强调,彼此之间的礼貌和谦虚——比如,不会打扰他人——也肯定无法确保成功的业绩。

在塑造制定决策的心理性环境时,领导者该在何时努力并要达成什么结果?我的同事埃米·埃德蒙森已经向我们展示了,建立一个心理安全的环境是如何在组织中刺激集体问题的解决和学习的。

第二章　决定如何做决策

她将心理安全定义为"能够让一个团队安全承担人际风险的共享信念"。意思是，**心理安全是指个人能够非常自在地在团队讨论中发言，别人不会指责他、将其边缘化或者惩罚他**。只有存在这种共享信念的时候，人们才会去冒险，承担各种人际交往的风险；人们才会分享个人信息、承认错误、请求援助或者分享额外的数据，开始讨论以前不能讨论的话题、表达不同意见。在福特公司，艾伦·穆拉利明确地建立了一套新的标准和一个更加安全可靠的心理安全环境。就像在第一章中描述的一样，他的行为很直率，让人们能安全地公开分享坏消息和讨论问题。

提高心理安全度很困难，特别是在以个人地位差别为特点的官僚制组织中。然而，领导者要采取行动，改变自己作为决策者所处的环境氛围。例如，领导者会承认自己容易出错，承认之前的失误，借此鼓励人们去冒人际交往的风险。在一篇名为《能容忍失败的领导者》(The Failure-Tolerant Leader) 的获奖文章中，理查德·法森 (Richard Farson) 和拉尔夫·凯斯（Ralph Keyes）提供了大量案例。案例中，领导者公开讨论自己的失误，以此鼓励更多的多样性思维，并最终成功地消除沟通障碍。例如，他们写道："罗伯特·戈伊苏埃塔赞助新可乐最终惨败的这个事情，这么多年一直被员工视为笑谈。大张旗鼓地做一百次演讲说公司容忍失败，或者一千次喊出'从失败中学习'的口号，都不如承认自己失败更可信。"

53

领导者也可以改变组织中常用的语言体系。有时候，常用语言体系会认为一些重要的学习行为是可耻的，比如，承认错误。举例来说，朱莉·莫拉特（Julie Morath）——美国明尼阿波利斯市（Minneapolis）儿童医院的首席运营官，认识到：在其所在组织的语言体系中，面对和讨论医疗事故是可耻的，结果，因为无法识别医疗事故或危险状态，组织无法提高患者安全度。因此，她在医院建立了一套"工作语言"——明确规定工作中可使用和不可使用的语言——将其作为一个手段，鼓励医生们更公开地谈论医疗事故问题。很多员工注意到，这一举动有助于在医院里营造一种不同的氛围，使得人们更乐意讨论医疗事故，并从失败中学习。

沟通交流

沟通交流是领导者可以用来提升决策过程质量的第三个要素。在领导者想要使用一种对话手段的时候，他们就面临一次选择。换句话说，他们可以决定如何交流观点和信息，也可以决定如何讨论和评估备用选择。简单来讲，领导者可以在两种截然不同的方法间进行取舍，选择适合的方法来塑造和影响对话与沟通渠道。他们可以采用一种结构性的方法，通过非常具体的过程让参与者提出观点、比较和对比备选项，然后得出一系列结论。作为另一种选择，领导者还可以采用一种大型的非结构性的方法，他们鼓励人们自由公开地讨论自己的见解，不必坚持那些为了规范磋商而制定的程序。

在一个典型的非结构性讨论中，领导者轻松愉快地指导大家磋商。他们鼓励参与者自由交换观点和看法，同时确保每个人都有合适的时机来发表自己的观点。他们鼓励个人用合理的逻辑和有说服力的数据来支持自己推荐的观点，给出自己所提建议的优势来说服别人，同时尊重和承认别人的观点立场。最后，领导者鼓励参与者调和相反的观点，找到共同点。学者把这种方法称为"共识方法"，因为它的重点在于达成一个所有人都接受的方案，它也倾向于培育一种高水平的承诺与团队和谐。表2-2所示为该方法对于决策制定的益处与成本概要。

表2-2　　　　　自由交流方法的益处与成本

益处	成本
大多数领导者经常使用"自由交流"的方法，而且感到自在	在某一具体选择上可能导致不成熟的一致同意和趋同性
需要参与者很低的机会成本：时间、经验和培训	有时候会导致对不同意见的压制，尤其是出现观点趋同的时候
带来较大的团队和谐——可能对执行和将来团队互动产生有利影响	产生低水平的临界评定
可能更适合以充足的数据和备选项为特点的情况	不能揭示许多新的备选项、假设和清晰的视角

当然，过分地收敛性思考也是一件危险的事情。团队成员发现，他们总是贸然地倾向于某个单一选择。因此，领导者可能需要引入

结构性的程序,来培育更多具有创新性和多样性的思维,同时增强冲突和辩论。学者和咨询师已经开发出了多种机制用来组织讨论,以便促进想象性和批判性思考的结合。例如,爱德华·德博诺(Edward de Bono)发明了一种叫作"六顶思维帽"的程序来帮助团队从多个角度考虑问题(见表2-3)。有了这一技术,参与者在审查一项决策的时候就可以使用多种思考方式。例如,在戴"白色帽子"的时候,人们就必须用一种客观的、以数据为导向的方法。与此形成明显对比的是,戴"红色帽子"的时候要通过直觉和情感来审查情况。许多团队觉得这一技术非常有用,可以用来推动个人形成超越常规解决问题的习惯和做法,同时鼓励每个人创意性地思考。

表2-3　　　　　　　　　六顶思维帽

帽子颜色	解决问题的方式
白色	理智、客观、以数据为导向
红色	直觉的、情感的
黑色	集中在所有可能出错的地方
黄色	斗志昂扬和拥有乐观的心态
绿色	想象性的和随心所欲的角度
蓝色	运用主持人或主席的思维

在古巴导弹危机事件中,我们看到,综合运用两种不同的长期有效的程序可以促进多样性思维和热情的辩论。学者们已经把这两种方法分别起名叫作"辩证询问法"和"故意唱反调法"。虽然名字

听起来很唬人，似乎暗示着很复杂和神秘的程序，但是没必要那么紧张。这些方法实际上是培育认知冲突的简单机制。每一种方法都必须把一个决策实体分为两个小组，最好是书面的和口头的，它们反过来催生备选行动方案。这两个小组围绕形成竞争关系的建议书进行辩论，然后在采取许多步骤之前寻求事实和假设的一致意见。最后，小组要集中调和多样性的观点，选择一项与一致事实和假设相符的行动方案。在最后这个阶段，小组通常会催生出新的选择来超越竞争者之间已有的观点。

故意唱反调法也是类似的。一个小组制定一项综合性的行动计划，然后向另一个小组描述。然而，另一个小组可能不会制定竞争性的方案，相反，它会对第一个小组的建议进行细致的评判。然后，两个小组为了达到最好的效果，以书面和口头的形式展示它们的论点。第一个小组再返过头来修改计划，也许为了应对受到的批评和反馈信息，还要创建一项新的选择。如此修改和批评反复进行，直到两个小组在最低程度上就一个共同的事实或假设达成一致意见。在这些问题上达成一致意见后，小组就开始一起制定彼此都能接受的行动计划草案。

这两种结构性决策程序有很多优势（见表2-4）。它们能够激发很多的认知冲突和多种备用选择。进一步讲，它们能够帮助决策制定者识别任何计划中内在的缺陷和弱点，关注不同参与者的潜在假设。诚然,通过设计让某人扮演一定的角色,不管是作为故意唱反调者还是负责寻找创造性的选项,都能使人们获益。然而,通过指导人们在小组中工作可发现,那些持有不同意见的人更容易向其他人表达他的观点。毕竟,对一个站在众人对立面的人来说,很难避免来自组织中的一致性的压力。例如,人们应该注意到,肯尼迪总统在古巴导弹危机事件中安排两个人去扮演故意唱反调的角色,也许就是认识到一个人单枪匹马面对执委会其他成员比较有难度。

表 2-4　　　　　　　结构性程序的益处与成本

益处	成本
引起重要的临界评定	可能会对团队和谐、决策认可度以及执行产生妨碍
为某一具体备用选项勾画出明确的支撑论点（假设、事实）	对于参与者来说必定有机会成本：时间、经验、培训
催生多个备用选择	由于知道别人会仔细审查他们的建议,小组成员可能会催生"安全的"备用选择
避免早期趋同于某一单一的备用选择	辩证询问法：反对性的备用选项综合体会导致平庸的妥协
培育个人对最终决策的高度理解	故意唱反调法：过程可能太过集中于摧毁某一具体的备用选项,而不是创建其他可行的行动步骤
不会强迫个人作为持不同意见者而孤军奋战	

虽然这些程序为领导者提供了很多益处，可以培育创造性思维和热情的辩论，但是它们也并不是全无风险。当然，这个过程可能会出现情感冲突。小组可能会深陷竞争性的位置，而不能调和多样性观点，无法发现共同点，甚至会出现极端的观点，损害领导者建立承诺和共识的能力。批评家在仔细审查他人递交的每一份建议书时变得如此高效，以至于决策者相信没有哪个明确的行动方案能满足组织的需求，导致出现优柔寡断的局面，让人倍感沮丧。相反，在面对僵局的时候，团队可能会采取有严重缺陷的妥协方案。

由于存在这些潜在的问题，领导者在使用这些程序时要非常小心，应该评估某一情况是否存在这种风险。例如，设想这样的情境：领导者知道一个强大的管理者联盟支持某一行动计划，他担心那些人会拉拢其他人一起接受这一计划。出现这种情况，非常适合运用这里描述的结构性程序。同样的，一个领导者要警惕他的下属紧密结合且思维趋同一致。遇到具体的事情，同样可以使用结构性的机制来激发不同意见和辩论。概括来讲，领导者不需要参与每一个决策制定过程，可以授权下属形成和选择沟通方式，以此达到自己的目标；也不应不顾实际情况，以上下级的方式影响决策过程。他们应该争取让沟通过程与现实需求相互匹配。

控制

领导者在影响战略决策的制定过程时，可支配的最后一个要素是，在决策过程中精心设计自己的明确定位。领导者必须决定他想要控制的决策过程和内容的范围。也许最重要的是，他必须决定是否要时不时地"走出会议室"，就像肯尼迪在古巴导弹危机中做的一样，用这种方式来鼓励团队成员进行坦诚公开的讨论。说到积极参与，领导者有四个维度来设计自己的定位。首先，他必须决定**在磋商中何时及如何表明自己的观点**。其次，他需要考虑自己**干预讨论和辩论的范围及方式**。再次，领导者要决定自己**在决策过程中扮演何种特殊的角色**。例如，他可能持续处于"未来主义者"的位置，看得比他的顾问们更远。另一种方式是，他个人可能会扮演故意唱反调者的角色。最后，领导者必须决定他将**如何结束这一过程并制定最终决策**。

领导者们必须选择是否在决策过程开始的时候透露自己的观点。当领导者一开始表明立场，赞成某个做法时，他就会塑造和影响他人就手头的问题进行识别、寻找备选项以及表达自己的观点和看法；有时候，还会给参会人员一种感觉，就是领导者已经做出决定了，因此团队成员根本没有机会影响最终决策。实际上，领导者过早地宣布自己的立场，会对决策过程产生不利的影响

(见表 2-5)。

表 2-5　　领导者过早宣布立场产生的影响

影响类型	陷阱与危险
合法有效性效果	制造一种决策已经制定的印象 培育一种信念：决策过程只不过是"伪装的咨询"
框架效果	让团队陷入单一的思考问题和事情的方法当中 限制别人提供和评估的选择范围
一致性效果	组织少数人意见的出现 鼓励人们歪曲自己的观点或者保留意见去迎合领导者

领导者可能会造成这样一种印象，即：领导者已经决策了，他不可能改变主意。在这种情况下，如果团队成员相信领导者不是真的在进行决策商议，而只是做出一种咨询的姿态，他们就会变得很沮丧。此外，他们会就此形成特定的应对方式，那就是压缩参与者提出的备选项范围。决策框架是"人们为简化和整理世界而创造出的心智结构"。框架能够塑造人们思考问题的方式。它们是有用的，因为它们能让人们去应对复杂情况。

然而，框架也会限制一些可考虑的选择范围，扭曲人们理解数据的方式。当一个领导者在决策过程早期就声明他的立场时，就等于他强加了一个框架，结果会阻碍团队产生更多有关问题的思考。最后，最初声明的立场会阻碍个人表达不同意见和少数派意见。正如前面所言，当一个领导者强有力地表明他的观点时，别人很难公开争论。

一个领导者可以在团队讨论初期不透露他的偏好方案，以此来避免不利的影响。或者，领导者可以提供一个暂时的建议，但是必须强调他对于不同意见持有开放态度，而且如果在讨论过程中有更好的方案出现的话，他非常乐意去改变他的立场。不管是哪一种情况，领导者都应该强调他在听取每一个人的观点和建议的时候态度都是开放的。这种方法会培育一种信念——参与者有潜力通过实质性的方法来影响最终决策。

开始磋商时，领导者可能会积极干预并指导参与讨论的模式，也可能不干预。我与埃米·埃德蒙森和迈克尔·沃特金斯（Michael Watkins）两位同事进行了研究，对过程引导（介入）积极分子模式与更自由放任的方式进行了区分。在介入者模式当中，领导者掌控时间，引导不同个体卷入磋商的参与度。他们邀请特定的参与者提供自己的观点，并且反复询问这些特定的参与者在具体问题上的立场。他们抛出跟进问题来澄清自己的目的，重复人们的陈述来确保他们所理解的是准确的。进一步讲，他们会强调自己认为重要的观点，但是这些观点可能带有某种误解和边缘化的色彩。另一种对比鲜明的领导者模式对于讨论介入的指导方式要求很少。该种模式中的领导者允许参与者更自由地进出磋商会议，而且他们不会试图操纵人们在哪里集中注意力。

决策过程中，当参与者拥有大量隐私信息时（也就是说，其他人无法获取数据以及别人根本意识不到这些数据的存在),积极分子模式就会非常有效。为什么会这样呢?团队成员会在决策制定过程中讨论大量的共享信息,同时不会注意到私有数据。不能让这些数据显现的话,就会导致次优或者根本性失误的决策。通过积极地介入,领导者可以确保人们有大量的机会来揭示未被共享的信息,参与者有合适的机会来认识揭示重要私有信息的意义。因为积极分子模式能在一些参与者中引发不自在,也许会以看不见的方式带偏讨论,所以领导者应该在使用的时候小心谨慎。基于这些原因,领导者在所有参与者共享适当的信息和专业技术信息的时候,应该采用较少的介入模式。

除了要决定如何引导决策过程外,领导者还必须决定是否要在磋商中扮演一个特殊的角色。凯瑟琳·艾森哈特的研究表明,一种用来培育合理辩论的有用技术是"培育不同角色的交响曲"。她发现,高管团队往往陷入一些习惯性的互动模式,在其中,某些团队成员比较持续地扮演某种团队共知的非正式角色。领导者不仅能够鼓励下属扮演一定的角色,在需要的时候,他们自己也要扮演特定角色。

艾森哈特和她的同事发现,许多管理团队中都有一个人扮演着"未来主义者"的角色——在团队深陷短期运营问题的泥潭时,作为一个梦想家,他会推动团队审视长期战略趋势和市场发展前景。其他人持续作为"稳定力量"调和过度自信,提醒人们不要陷入"非理性繁荣"的环境中。领导者也可以扮演另外两个角色。他们可以扮演故意唱反调者的角色,也可以是经常推动"行动导向"的人——在挑战惰性和犹豫不决的同时不断提醒人们对手已在市场优势方面所采取的举动。艾森哈特的研究强调的是,在有些团队中,虽然角色结构具有永久性,领导者不必为了高效决策在每个决策过程中总扮演同一个角色,但是领导者会发现,随着时间的推移,不同的威胁和机会出现的时候,转换角色很有益处。

也许最重要的控制维度是,领导者打算如何结束决策制定过程。我与埃米·埃德蒙森和迈克尔·沃特金斯两位同事对两种不同的方式进行了区分,这是与一群顾问一起选择一个行动方案时的两种不同方式。一方面,领导者可以作为调解者,"尽力把具有不同观点的团队成员聚在一起,达成一个互相接受的解决方案"。在这种模式中,领导者不能把他的意志强加于小组;而是应该尽力在多方参与的情况下,找出共同点来引导磋商。领导者可能会以自己的观点权衡事件,但是不能用他的权力和级别来压制对方,达到某个结果。与之相反的是,领导者可能会采用一种仲裁者的态度,"倾听竞争性的争论,选择最适合组织的行动方案"。肯尼迪总统在古巴导弹危机中采用的正是这种模式。他很明确,要先由对立的双方向他展示他们的建议,再由他评估并做最后的决策。

开始的时候，领导者可能是扮演调解者的角色，在目标不同、兴趣不一致的参与者中起到调解的作用。如果小组成员不能达成共同认可的行动方案，这时领导者会转换为仲裁者的态度。的确，艾森哈特的研究表明，许多高效的领导者采用的正是这种混合的方式。她形容这种现象为"有资质的共识"。在这种模式中，在发现一项大家都满意的解决方案之前，领导者一直试图带动大家。如果时间紧迫，脾气爆发，或者各方真的不能达成共识，领导者会独自负责，来选择一个行动步骤。

对于在具体环境中如何操作，管理者必须考虑很多因素，包括自己的领导风格、时间跨度、各方的性格特征，以及截然相反的参与者的兴趣跨度。为某一特定情况选择一种最佳模式很重要，但也许更重要的是，领导者必须非常清楚：在异议出现而且必须做决策的时候，他们打算如何行动。当领导者的决策方式与他们预期的不一致的时候，个人会变得很容易失望。如果领导者希望在参与各方中建立承诺的话，一个清晰的过程路线图非常有用。

从过往决策中学习的力量

肯尼迪总统在古巴导弹危机事件中的表现向我们揭示了：一个领导者在高风险决策制定过程中，可以运用多个要素来影响决策质量。他的表现进一步揭示了：领导者有机会从之前的失败中学习，并在将来做决策的时候根据这些教训予以修正。当然，领导者需要敢于承认自己的失败，并能邀请别人就以后如何改正提供建议。许多组织文化限制建设性的学习。正如组织学习专家大卫·加文所说的，许多公司文化认为学习是一种分散"正经工作"的行为，会分散工作所需的资源和员工的注意力。

关键决策制定后的学习过程含有另一层重要的区别，肯尼迪总统的行为展示了这一点。在决策失败的时候，很多管理者的精力集中在所涉及的事件上，他们要识别错误的判断和有失误的假设。然而，许多领导者并不去深入调查他们为何做错了。其中很多人仅仅聚焦于内容中心式学习。这么说的意思是，他们研究失败的经验教训，是为了再次面对相同情况时，他们知道如何做出相应的决策。例如，一个服装业老板向我咨询关于进入新型生产领域的决策。当决策被证明是失败的时候，他回顾并总结道：这个公司在时尚驱动型的市场上不具备成功的技术与能力。他决定绝不在时尚驱动型的生意上再做投资。

肯尼迪总统采取不同的学习态度。他致力于过程中心式学习，这意味着，他仔细考虑了为何猪湾事件决策制定过程会导致错误的判断和有缺陷的假设。他总结经验教训，就将来对古巴的政策或者在其他国家支持反对者的行动有了应对之策。不仅如此，他还研究了失败的教训,明确了将来面对艰难选择的时候该如何运用不同的决策过程。

过程中心式学习的力量非同小可。再想想服装业老板的故事。他得出的关于时尚驱动型品类的结论,就是一个很好的内容中心式学习的实例。当然,他没有止步于从失败中总结教训。回想整个过程时,这个老板总结说,他当初过度迷恋于自己创新的想法,致使他没有重视一系列的警告信号,而是把注意力集中在那些与预测一致的信息上,没有听取不同的意见。这个服装业老板究竟从时尚驱动型的市场上吸取了多少教训呢?答案是:远远少于以下情况中出现的教训——这位老板在高风险决策的制定过程中采取不同方法去收集和分析信息从而获益的情况。

最后,在考虑从过去决策中学习的时候,你要考虑如何去选择那些用以反思的经验。传统智慧表明,我们从失败中学到的要比从成功中学到的更多。事实上,人们可以在对比失败与成功的时候有效地学习。以色列特拉维夫大学(Tel Aviv University)的学者撒母耳·埃利斯(Schmuel Ellis)和因巴尔·大卫(Inbar David)做了一项有趣的研究,研究以色列军队是如何从过去的经历中学习的。他们对比了两组士兵,一组进行的是失败后从过去经历中总结教训的练习,另一组不管好坏都要事后分析过去所有的经历。在之后的任务测试中,学者们发现:对成功和失败都做了对比和比较的士兵要

67

比那些只对失败进行研究的士兵表现要好。前者那些士兵发展出更多有关绩效驱动因素的假设，构建了更为丰富的关于因果关系的心智模式。

路易斯·巴斯德曾经说过："机会垂青于有准备的头脑。"的确，在进行某一具体商业问题的关键决策之前，一个头脑有准备的高效领导者会仔细考虑，采用合适的决策过程类型。另外，有准备的人会不断地寻找机会从过去的失败和成功中学习，然后来改善将要做出的关键决策的方式。

第三章　当坦率缺失时

> 不要害怕反对。记住,风筝是逆风而不是顺风飞翔。
>
> ——汉密尔顿·赖特·梅比

1988年1月21日,通用汽车执行副总裁埃尔默·约翰逊(Elmer Johnson)写了一篇长达25页的文章,描述了公司当时面临的巨大挑战。通用汽车的市场份额从20世纪60年代的接近50%,下降到了80年代后期的大约35%。约翰逊阐述了公司面临的外部危险,但是也争辩道:"我们最严重的问题在于组织和文化。"他批评高级管理团队人员思想死板、思维狭隘。约翰逊阐述了通用面临的最核心的挑战之一:

> 许多委员会和政策小组的会议已经变样,不外乎是消磨时间的形式主义。从未有人怀疑过会议的结果和产出。重要的决

策几乎总是在开会前就已经幕后做出了。相应地，缺乏讨论，没有人实实在在地考虑事情……我们的文化阻碍了高管之间开放、坦诚的辩论，以及寻找问题解决的方案。在通用员工中存在着明显的观点：管理层在接收坏信息方面做得不好。通用的管理者在应对问题的时候，明显带有生气和愤怒的情绪。

通用的顶层管理团队忽略了约翰逊的警告。约翰逊在文章发表仅仅6个月后就辞职了。20年后，通用前雇员和咨询师罗布·克雷勃（Rob Kleinbaum）写了一份自己的备忘录。2009年1月26日，克雷勃提供了他关于通用失败的诊断书。此时，公司的市场份额降到了20%左右。2008年秋季，联邦政府不得不为公司提供数十亿美元贷款来维持公司运营。2009年初，公司高管们欠新当选的奥巴马总统和国会一份重组计划。克雷勃说明，如果只强调公司的成本结构和产品战略的话，任何逆转计划都是不完整的。通用需要转变其静态的文化。他说，公司需要改变做决策的方法：

虽然有推翻意见的例子和以消极执行决策的方式反抗的情况存在，但是高管对于和主流观点相悖的强烈不同意见几乎是不能容忍的。在为了设定方向而进行讨论时，更多的人将注意力放在琢磨高层管理者的想法上，而不是寻找合适的方向和方法并努力寻求途径实现。人们都怀着敬畏之心谈论高级管理者，

第三章 当坦率缺失时

很少进行有意义的辩论。

通用公司于 2009 年 6 月份申请破产。公司没有留意 20 世纪 80 年代约翰逊的警告,它的文化在此后 20 余年没有改变。因为通用的管理者没有面对公司的文化弱点,所以许多人失去了工作,股东们看着自己的股票变得一文不值,纳税人还必须支持救助计划。

1981 年 4 月,当杰克·韦尔奇成为通用电气公司 CEO 的时候,他发现公司不可思议地变得官僚化和等级化。在有些情况下,从工厂的工人到 CEO 有 12 个管理层。许多管理者,尤其是集团公司的员工,大多数都工作态度消极,花费大量的时间来审查和批准计划、报告与备忘录。

许多战略审查环节的焦点,变成了通用公司声名狼藉的、有着惊人厚度的计划书。这些计划书中充斥着各种预测和计算,在多个层级间传递,但当 CEO 和具体业务单元的领导进行坦诚对话时,这些计划书毫无用处。韦尔奇很快就沮丧了:战略计划环节不是关于每个业务部门未来工作方向的真诚讨论,而是一场"盛大的表演"。每个人都礼貌地发言,避免"弄皱任何羽毛",整体上"小心谨慎地"做事,而不是公开面对有争议的事情。

韦尔奇把这种气氛形容为一种"表面的和气"。他的意思是,"表面之上是满意的,表面之下却是不满和野蛮在翻滚"。正如他所说的,"这个说法也可以概括官僚们通常是如何做的——表面是对你微笑的,背后却想着要抓住你的'把柄'"。在通用电气这个公司内,大多数的沟通交流都不是坦率的和建设性的。

在过去25年中,韦尔奇改变了通用电气公司的文化。和通用电气公司的其他领导不同,韦尔奇不允许公司因过去的成功而自大自满——尽管在他被任命为CEO之前,公司收入强势增长十年。他也开始着手改变通用电气公司的决策制定方法。公司在他在位期间创造了很大的效益,显著增加了股东股份的价值。

考虑一下你自己的组织吧。你们有没有一种坦诚交流的氛围?在会议中,人们会"表面和气"吗?人们会说"是的",而实际上他们的意思是"不是",对吗?当人们有担心和不同意见时,他们会自在地发言吗?你会以保持沉默的方式来表示赞成吗?在继续阅读之前,对照一下表3-1所列的警告信号,这些很可能表明你的组织内存在严重的交流沟通问题——缺乏认知的或者任务导向型的冲突。

表3-1　　　　　判断你所在组织中是否存在坦诚不足

管理层会议看起来非常安静、礼貌吗?
下属在对某一争议事件做出评论前,会等着接收你的口头的或者眼神的暗示吗?
计划和战略环节大部分都是花哨的汇报准备,还是基本上是一个热烈的、开放的对话?
是不是同样的人在主导所有的管理团队会议?

第三章 当坦率缺失时

续前表

你是不是很少收到来自组织中较低级别的人员的信息反馈？
高级管理会议是不是变成"橡皮章"环节，在其中管理者仅仅是批准早已通过其他渠道决定的决策？
在与组织中横向或者纵向层面人员交流的时候，人们是不是非常注意遵守常规？
你是不是很少听到有人说，他在向管理团队提出建议的时候，非常关心他所遇到的批评和反对的程度？

通过回答表3-1中所列的问题，你可能会发现你的组织的问题和韦尔奇接任通用电气公司CEO时的问题是不同的。也就是说，存在过多的认知冲突。简而言之，人们会争论很多，但是如此之多以至于组织发现很难达成一项最终决策。本书的后面章节更详细地讨论了这一问题。具体来讲，后面的章节强调的是领导者如何培育建设性冲突，同时还要及时结束。然而，对于大多数人来说，很可悲的是，你们自己的组织非常缺乏冲突和坦诚。本章剩余部分集中于理解这一具体问题。

当你考虑1988年约翰逊对通用汽车公司的描述，或者考虑韦尔奇在1981年对通用电气公司的描述时（或者你完成对本组织的评估后），你可能会得出这样的结论：公司需要换人了。开除那些通用汽车公司和通用电气公司的官僚主义者，计划会议环节的对话性质就会改变了。听起来很有道理，不是吗？也许很多官僚主义者就没有

73

勇气去表达自己对于棘手问题的观点，或者是因为他们对于自己的工作太过于满意和自在了，不喜欢去质疑他们已经习惯的现状。也许是通用汽车公司和通用电气公司雇用了一大堆管理者，他们不具备相应的人格特征，无法与智慧的同级、上司一起投入建设性冲突和辩论中。另外，有人会质疑：管理者在计划会议环节阻碍人们投入坦诚的交流中，是因为他们没有能力和专业水准去提供明智的判断。好的管理者具有丰富的经验，对公司业务有深入的理解，可能会更乐意投入坦诚的对话和热烈的辩论中去。

遗憾的是，谈到在组织中鼓励更多坦诚和建设性异议的时候，更换参与者或玩家通常不能改变游戏的结果。在大多数情况下，不乐意发言、不愿表达异议、不敢挑战盛行观点，并不仅仅是因为组织中的关键人员存在性格缺陷或者技能缺陷。这个问题隐藏得更深，它存在结构性和文化的根源，而且有很深的渊源，变得很难改变。简要来说，那是系统性的问题（见表3-2）。即使是新人，把他放在同样的环境中，也很有可能做出一样的举动。

表3-2　　　　　　从两个视角看讨论不发言现象

	利己主义视角	系统性视角
审查沟通失败期间的焦点	讨论和磋商期间的个人行为 在当前情况下做出的具体判断	影响个人行为的组织和历史因素 过去长期形成的沟通和决策制定的典型模式

续前表

	利己主义视角	系统性视角
沟通失败的因果解释	技术缺乏 专业技术不足 缺乏勇气或信念 个人偏好	等级结构 现状差异 常规文化标准 认知信念或心智模式
对沟通失败的反应	归咎责任 行政处罚或纪律 改变薪酬 更换人员	简化或改变组织结构 改变奖励机制 加强培训开发 为沟通创建新的平台 改变语言体系 为决策会议和过程制定新的基本原则

为了理解该问题的系统特征，我们以"哥伦比亚"号事件为例，看看 NASA 的管理者和工程师们在"哥伦比亚"号航天飞机灾难性的最后一飞时是如何去做的。

"哥伦比亚"号灾难性的最后一飞

2003 年 1 月 16 日，当 NASA 的工程师得知在"哥伦比亚"号发射过程中会出现泡沫碎块时，有一些工程师开始担心，因为从碎块的外观尺寸看，它会撞击航天飞机。该领域的专家罗德尼·罗洽回忆说，发射那天他看到碎块撞击的照片时"喘着粗气"。很快，NASA 成立了一个临时小组调查该事件。工程师称该小组为碎块评估小组，他们选举罗洽为该小组联合组长［另一人叫柏姆·马德拉（Pam Madera），是NASA在该航天飞机项目的主要承包商方面的工程师管理者］。

在第五个飞行日，琳达·哈姆（Linda Ham）主持了一次任务管理团队例会。碎块评估小组负责监视"哥伦比亚"号的飞行任务，并解决在飞行过程中出现的重大问题。在泡沫碎块撞击发生后，琳达提醒每一个人：在之前的任务中都曾出现过碎块撞击的情况。的确，泡沫碎块几乎影响过每一次任务，最早的那次可以追溯到1981年。虽然原来的设计说明提示不应该有泡沫碎块出现，但是，工程师和管理者逐渐对碎块习以为常，他们也已经接受了碎块不会威胁到航天飞机这一概念，而且，他们认为这种撞击仅仅是一个维修问题，可能会延长两个任务之间的维修时间。在这次会议中，琳达·哈姆强调泡沫碎块这个事情"在飞行中不是一个问题，因为我们对其无计可施"。她的意思是，即使撞击会带来关系到"安全飞行"的风险，她也认为NASA没有能力在执行任务过程中采取任何措施来确保航天飞机安全重返地球大气层。

与此同时，碎片评估小组得出结论：需要更多的额外数据对泡沫碎块撞击造成的损失进行准确的评估。该小组决定请求处在工程管理链中的上级帮忙寻求更多关于航天飞机的图像，这一请求需要NASA从国防部那里寻求帮助，因为国防部可以调用间谍卫星在太空对航天飞机进行拍照。有趣的是，他们没有向哈姆直接请求，明显是因为他们担心这样的举动会与常规相矛盾。

在任何情况下，航天飞机管理层都不会从国防部官员那里寻求额外的图像数据。罗洽愤怒了，他写了一封措辞非常尖刻的邮件，详细说明了他对于管理层不批准图像请求的感受。他与自己部门的人分享了这封邮件，但是他没有发给上级或者其他高级航天飞机项目管理者。后来，他解释说："工程师经常被告知不要给比自己级别高的人发信息。"在这里，我们有自己明确的立场，那就是罗洽没有做到坦诚沟通，他对于表达自己不同的意见迟疑不决。

许多天以后，在一次任务管理团队会议上，碎片话题又一次出现。罗洽与其他人一起参加了这次会议，包括航天飞机项目负责人罗恩·迪特摩尔（Ron Dittemore）。哈姆收到了一份由管理者送来的来自碎块评估小组的简报，她从罗洽以及他的团队那里获悉了最新进展。那个管理者强调说，该小组在计算机模拟的基础上得出结论：碎块撞击不是一个有关飞行安全的问题。他没有提到要求额外图像的愿望，也没有说出现有的计算机模型并不是为分析这种碎块撞击而设计的事实。哈姆很快就肯定了这一结论，并向她的团队反复强调那不是有关飞行安全的问题。她强烈地主张泡沫碎块撞击代表的是检修事宜。虽然罗洽对此深表怀疑并持保留意见，但是在会议上他没有发言。

事实上，工程师当时没有更强烈地表达他们极大的担忧。后来在被要求对这一事实进行评价时，飞行指挥官勒罗伊·凯恩（Leroy Cain）告诫工程师说："作为团队中的一员，你们有责任说出你们的担忧，尤其在事关飞行安全的时候。你们不必要去抱怨。你们应该站起来说'这是我所担忧的，这是我感到不自在的原因'。"罗洽不买账，他说："我不能那么做（指急切地说出来）……我的级别太低了……作为上级，她（哈姆）在那里。"

我们在看待这个悲剧的时候，可能会问："如果其他人站在哈姆和罗洽的位置上，事情会不一样吗？"也许会的，但是我们仔细看看相关情况就会发现不是那么回事。"哥伦比亚"号航天飞机事故调查委员会在调查该事故时，发现在这场悲剧中许多管理者和工程师的行为反映出多年来在 NASA 存在着的固有文化标准和行为模式。只要航天飞机在飞行，该机构就会按照等级程序和严格的常规来运行。沟通交流常常附带了一系列的指挥，工程师很少与组织中高级别的管理者直接互动。多年来，等级差别形成了阻碍，工程师和高层无法对话。泡沫碎块不会引发危险这一论断已经成为固有假设，使得很长一段时间内，即使存在有见地的辩论和关键的技术分析，作用也是微乎其微，因为即便有碎片撞击，航天飞机也还是返回了。管理者和工程师形成了一种自信：碎片撞击不代表飞行安全面临威胁。哈姆的行为不仅仅是糟糕判断的单个案例，更反映出 20 多年来逐渐形成的固有的心智模式，也可以从中看出 NASA 约束管理者和工程师互动的那些行为规范。前航天员吉姆·巴吉安（Jim Bagian）是这么评论的："在 20 世纪 90 年代的高层那里，不同意见是不能容忍的，因此人们就了解到：如果要在该组织中生存，就要闭嘴。"

事实上，导致"哥伦比亚"号灾难的沟通问题可以追溯到 17 年前的"挑战者"号惨剧。在评论这次事故与"挑战者"号事故相同点的时候，前航天员萨莉·赖德（Sally Ride）作为一个调查了每一次航天灾难的委员会成员，评论道："我认为我听到了悲剧重演。"她的意思是，尽管两次事故的技术原因有所不同，但是组织原因有着惊人的相似之处。17 年前，有人虽然担忧技术问题，却无法进行坦诚的对话和辩论，现在仍旧如此，NASA 没有从系统上解决这一问题。黛安娜·沃恩（Diane Vaughan）——一位研究了两次灾难的社会心理学家，解释了为何 NASA 没有进行建设性的内部辩论，最终导致每一场灾难的发生：

> 在我参加的一个 NASA 会议上，有人指出，罗德尼·罗洽和罗杰·博斯乔伊（Roger Boisjoy，在"挑战者"号灾难前担任 O 型密封圈的工程师）两人在组织中被公认为多虑之人、喊着"狼来了"的男孩，因此，他们不具备多高的可信度。某些人的想法是"我们是不是可以把这些人换掉？"并认为那是性格问题。其实，这不是性格问题。这是结构性和文化性的问题。

如果你更换人了,下一个被换上来的人在同样的环境中、在同样的文化里也会被迫做出一样的举动的。

沃恩说的可能有点过头。有人可能会从这些评论中(错误地——我认为)总结出如下结论:她认为这个问题仅仅在于结构和文化层面,而不承认航天飞机项目管理人员的领导能力欠缺。不论我们如何理解她的观点,重要的一点是:即使为了坚持系统观点,也完全不必免除个人的责任;对于阻碍开放对话和辩论,个人也是有责任的。

硬性障碍 VS 软性障碍

当我们感到说话不自在时,通常会把问题的原因归结于坦诚沟通的"硬性"和"软性"障碍(见表3-3)。硬性障碍在性质上是结构化的,而软性障碍包括阻碍坦率对话和辩论的文化障碍。常见的硬性障碍有组织结构的复杂性、角色或工作职责定义的模糊性、信息过滤机制的存在以及决策制定主体的组成。通常的软性障碍有地位差别、讨论问题和错误时的语言体系、组织文化中长期固有的影响思考具体问题的心智模式和认知框架,以及关于人们应该如何交流的"理所当然的"假设。你能够想象得到,结构性因素代表着更容易通过管理杠杆进行修改,而软性障碍通常在改变的时候更耗费时间、更加困难。

表 3-3　　　　　　　　　　硬性障碍和软性障碍

硬性障碍	软性障碍
结构复杂性	地位差别
模糊的工作职责或角色定义	语言体系
信息过滤机制	事情的框架
决策制定主体的组成	"理所当然的"假设

硬性障碍

(1) 结构复杂性。花一点时间试着勾画出你所在组织的结构图。这项工作难吗？存在多少种虚线关系？你的组织是矩阵型的吗？有没有一些汇报关系尚不清晰？组织中有哪些是临时的或者非正式的小组，它们是如何适应等级制度的？对于大组织中的人来说，这项工作是令人沮丧的。当你画图时，有时候你会非常迷惑，你会感觉自己被那些令人头晕眼花的方格、箭头、实线和虚线排列布局折磨得很沮丧。

结构复杂性是坦诚沟通和建设性辩论的强效抑制剂。简化的结构能够促进新型的有效流动，增强多个单元间的协调能力，增加一种可能性——重要信息不会在一大堆迷乱的虚线关系、临时委员会、庸俗的官僚体制中流失。

韦尔奇用了很多能够唤起共鸣的比喻，来形容通用电气公司中许多层级是如何阻碍建设性对话的：

外套就像［组织的］层级。它们都是绝热体，你出门的时候，穿上四件外套就很难知道外面有多冷……另一个有效的类比是把组织比作一个房子。地板是层级，墙是功能障碍物。要想展示组织最好的一面，地板和墙都应该被挪走，营造一个开放的空间，让观点自由流动，与职责和级别无关。

韦尔奇在通用电气公司任职期间，减少了层级数量，不断地简化组织结构。多数情况下，通用电气公司只有6个层级，而不是他任职之前的12个——那时典型的管理者相比20世纪70年代多了一倍的汇报。在改变的过程中，韦尔奇培育了一种针对组织中任何人提出的任何话题都"简单、直接沟通"的文化氛围。

在"哥伦比亚"号航天飞机案例中，NASA有一个复杂的矩阵型组织结构。航天飞机项目不仅有NASA数千名员工参与，还有许多与该机构长期合作的个体承包商的员工参与。这个项目中的人员并没有协同定位，相反，他们在得克萨斯、佛罗里达、亚拉巴马以及其他的勘察中心工作。许多互动都是通过电话会议和电子邮件，而不是面对面地沟通。最后，临时委员会，比如碎块评估小组，通常是针对某一具体问题而组建的。然而，它们该如何适应层级的问题通常是不明确的。希拉·威德诺尔（Sheila Widnall）——前空军部长和"哥伦比亚"号事故调查委员会成员，就碎块评估小组的困惑评论道："我认为他们的章程很模糊，根本不清楚该向谁汇报，连组长是谁都不明确。他们都不确定该如何请求获得额外的数据。"

（2）角色模糊性。如果一个人对于他在组织中的角色和职责定位不明确的话，坦诚发言和表达自己的不同意见是非常困难的。举一个友军火力误伤事件的例子，这件事情发生在 1994 年的伊拉克北部，两架美国 F‑15 战斗机飞行员错误地击落了两架美国"黑鹰"直升机——它们在"禁飞区"飞行，而"禁飞区"是为了保护库尔德人免受萨达姆政权迫害而建立的。埃里克·威克森（Eric Wickson）队长和兰迪·梅（Randy May）中校驾驶了这两架涉事战斗机。在平日正常的互动中，梅中校扮演的是上级的角色，而威克森是下属。然而，在这一次的任务中，两人的角色互换了。威克森队长驾驶长机，梅中校驾驶僚机。① 这一安排使得两人在飞行的时候，威克森担任的是领导的角色。

那么，角色模糊这一问题在那一天是如何妨碍坦诚对话，从而导致悲剧发生的呢？威克森首先识别了飞机，错误地认为那是俄产伊拉克"雌鹿"直升机。根据常规，作为僚机的梅本应该确认这一识别。但实际上，他没有这么做。当威克森要求梅确认时，梅的回答是"两架"，意思是他确实看见了两架直升机。然而，他并没有说

---

① 长机和僚机是由空战中的战术队形演化而来的名词。长机作战经验要比僚机丰富些，长机对敌机进攻时，僚机负责观察、警戒和掩护。——译者注

"确认'雌鹿'直升机"，暗示着他也相信那是敌人的飞机。面对模糊的回答，威克森把"没有任何清晰的反对意见"当作对自己识别的确认。在梅从未提出任何疑问和担心的情况下，两个人把那两架直升机击落了。为什么梅在不确定识别物的情况下，却默不作声？为什么威克森没有要求一个更清晰的确认？

在关键时刻，他们之间所存在的汇报关系的模糊性阻碍了坦诚的对话。斯科特·斯努克（Scott Snook）就此事件写了一本引人入胜的书，做了如下描述：

> 这种倒置（下属变为长机驾驶员）的关系，除了微妙地鼓励老虎一号（威克森）更果断以外，也会鼓励他较少地规避风险，抓住机会做出命令，即使在命令错误的时候也会自信，因为他那更有经验的长官肯定会指出他的错误……具有讽刺意味的是，我们发现老虎二号（梅）也陷入了一种类似的危险思维中……在由他属下领导的这种独特二元关系中存在一种期望，诱导他陷入一种高度的无意识和一致性的状态……很明显，空军有严格的标准。我们不难想到，一个僚机驾驶员，即便他的级别较高，也很容易将角色变为顺从的下属。

如果角色模糊这一问题能够发生在有着明确命令链条关系的军队组织中，那么，在缺乏正规结构和汇报关系的商业组织中，它也一定会发生。人们会发现，自己领导的特别小组中有一些在正规层级组织中级别更高的人员。换句话说，在非正式组织和委员中，究竟谁具体负责变得不明确，或者在矩阵结构的组织中，可能会引发关于问责制和领导职责的迷惑。多年前，我在一个全球金融公司给很多高级管理人员讲了这一案例。每次我讲这个案例的时候，我都会问他们当中是否有人曾经遭遇过梅和威克森那样的角色模糊，如果是，是否阻碍了沟通。毫无疑问，多数管理者确认，他们不止一次遭遇过这种情况。

（3）信息过滤机制。在许多组织中，结构性机制的存在会妨碍信息沟通。也许更为常见的是，很多商业领导选择的做法是：聘用一个人担当首席运营官或者"二号人物"。这个人就成为一个渠道，通过这个渠道，其他管理者把信息和观点传递给领导者。这也是一种机制，通过这种机制，领导者把很多决策输送给下属。

在有些情况下，领导者可能没有首席运营官，但是他们肯定会指派某个人——正式的或者非正式的，作为他们的"办公室主任"。这个人很像白宫办公室主任，通常负责领导者的行程安排，掌控着下属去见领导者的渠道，主持会议，并扮演一个中间人的角色，从众多管理者那里收集信息，然后以简要的形式呈交领导者。

这两个例子中的组织结构都会妨碍坦诚的沟通和异议的自由表达。尽管这些中间人并无恶意，但是他们可能会限制流向领导者的信息。他们仅仅是为了确保领导者的时间被有效利用；然而，他们的在场常常会阻止下属直接向领导者表达担忧和异议。他们变成了领导者和做实际工作的下属间的缓冲区，这也许还会让领导者对一线出现的担忧反应迟钝或者毫无知觉。

在关于20世纪美国总统使用的决策制定的各种方法的研究中，政治学家亚历山大·乔治（Alexander George）发现，相对正式地利用一个负责人作为信息过滤机制，会让总统很难亲自听到关于重要事情的广泛观点。他担心，当总统持续利用某一负责人作为"他和内阁成员间的缓冲区"的时候，总统可能会"对重要的信息处理准备毫无意识或者不感兴趣"。

在认识到这些风险后，唐纳德·拉姆斯菲尔德（Donald Rumsfeld）在白宫任职声名狼藉的国防部长时给中间人提出以下的建议：

> 一个总统需要多方面信息源。尽管你要密切注意总统的时间，避免过度限制流向总统的文件、人员或者观点，但如果你控制过度了，那是你的"调节器"在控制，而不是他的。只有把龙头开得够大，冒着浪费他的时间的风险，他的"调节器"才会起作用。

遗憾的是，要处理好这种对于高效的需求和对于广泛信息源的需求之间的紧张关系，是很困难的。那些信息过滤机制人员的出现通常会对组织发出一个错误的信号,还会妨碍领导者所渴望的公开沟通,特别是那种关于坏信息的上行沟通。

(4)决策制定主体的组成。决策小组的结构和组成肯定会影响不同意见和辩论的性质和水平。正如前面章节所述,人口同质性会影响团队的活力,尤其是认知冲突的水平。相同民族或具有相同性格、工作和教育背景的人聚在一起,会减少小组中的认知多样性,因此不可能有多种观点出现。人口多样性会带来挑战,常常激发更多的多样性思维和不同观点。

有时候,小组成员的相似度可能略微不同,但是却给团队的活力带来较大影响。细想一下,一个新近组建的团队,由一群之前没有以团队形式互动过的人组成,可以推测,在没有强势的、高效的领导者的情况下,他们之间的彼此信任程度和心理安全感都会很低,就像1996年珠峰探险队成员一样。结果会是,这支新团队可能不会投入高水平的冲突和不同意见当中,因为人们在相对陌生的人面前发言总是感到不自在。在团队成员相处得较为自在的时候,坦诚的程度和辩论的水平就会大幅提高。许多观察家指出,猪湾事件的惨败发生在肯尼迪政府组建的早期,当时总统的外交政策团队才刚刚组建。到古巴导弹危机的时候,同样的团队已经在一起合作两年多了,彼此间的信任程度提升了很多。所以,团队成员在古巴导弹危机期间更容易投入坦诚和热烈的辩论中。

长期的集体任期也会变得有问题。小组会发现它变得思维过于相似,也许还有一些互补。团队成员开始接受这种坚定的、共同的心智模式,而不会投入更为多样化的思维中去。关于世界是如何运转的假设变得想当然而很难去挑战。

许多观察家指出,在曾经辉煌的公司里的那些高级管理团队会摔得很惨——例如美国国际商用机器公司(IBM)、施乐公司(Xerox)和美国数字设备公司(Digital Equipment Corporation)——包括很多曾在一起合作很长时间的高管。想一想奥巴马总统强迫通用汽车公司的里克·瓦格纳(Rick Wagoner)在 2009 年辞去 CEO 的时候,通用汽车公司的高级管理团队的组成。公司的首席运营官弗里茨·亨德森(Fritz Henderson)接任了 CEO。当时,通用汽车公司的高级管理团队成员在公司里平均工作了 28 年之久。顶级管理团队中的三个成员在通用工作超过 40 年。在通用工作时间最短的是 77 岁的鲍勃·卢茨(Bob Lutz)——前克莱斯勒总裁,他在通用工作了 8 年。

理查德·福斯特(Richard Foster)——麦肯锡咨询公司(McKinsey)的高级合伙人,他发现很多公司失去了曾经强大的竞争优势,实际上是因为它们经历了他所谓的"文化禁闭",或者是当外部环境剧烈变化的时候,其成员没能调整好自己的心智模式。福斯特发现,一个团队的共事时间长短和异议及辩论多寡之间的关系呈现曲线趋势（见图3-1）。团队的沟通问题，要么出现在团队组建早期，要么出现在成员们一起工作很长时间后。

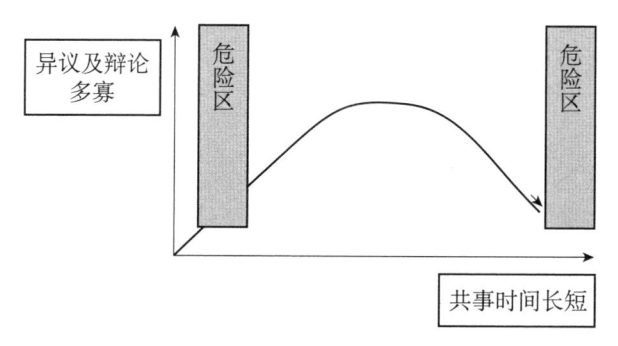

图3-1 共事时间长短和异议及辩论多寡之间的关系

软性障碍

（1）地位差别。就像我们在珠峰事件中看到的一样，地位差别会抑制人们自由地分享观点及担忧的意愿。在许多组织中，地位扮演了很重要的角色。例如，我的同事们埃米·埃德蒙森、理查德·博默和加里·皮萨诺（Gary Pisano）在研究心脏病手术的团队时发现，外科医生和护士之间的地位悬殊，使得护士团队很难去表达担忧或者在复杂的医疗过程中提出合理的建议。也许更重要的是，他们发现，更高效的团队里的外科医生非常注重处理地位悬殊问题，并且欢迎心脏手术团队中护士和其他医务人员的信息输入。简而言之，地位差别并不会让组织注定遭受严重的发言问题——高效的领导者会化解这些阻碍坦诚沟通的障碍。

必须记住，地位不必与正式的组织层级中的位置相互关联。关于这一现象的惊人研究发现源自伊拉克的那次友军火力误伤事件。悲剧发生的当天，预警机上的空军人员有责任去控制"禁飞区"的天空。他们理应对该区域出现的敌方威胁或者友军飞机进行警告。但他们没有那么做。在飞行员击落两架"黑鹰"直升机的时候，他们仍旧保持沉默，甚至连一句警告或者快速询问都没有。实际上，几分钟之前，他们还在该区域跟踪友机。

在问到他们为什么沉默时，吉姆·王（Jim Wang）队长说：预警机人员被训练在执行这种任务时要"闭嘴，保持安静"。当然，他们接受的培训是指导他们不要做这种事，指导他们在这种情况下要"谨慎并克制"。为什么吉姆·王队长会以如此惊人的方式理解这一宗旨原则呢？许多观察家指出了预警机人员和飞行员之间的地位差别问题。飞行员很受尊重和敬畏，他们有在危险的作战环境中以非凡的飞行速度把敌人干掉的能力。想一想汤姆·克鲁斯（Tom Cruise）在经典电影《壮志凌云》（*Top Gun*）中扮演的"马弗里克"（Maverick）。形成明显对比的是，预警机人员是花费时间观察雷达屏幕和分析计算机数据。想一想华尔街投资银行里的行政和支持性的工作人员，与他们截然相反的是那些超级明星交易员：他们拿走公司利润的大头，穿着设计师设计的服装，开着意大利超豪华跑车。

第三章　当坦率缺失时

预警机上的一名高级官员是这样描述他对威克森队长的长机视觉识别反应的："我的直觉反应是……我说……这小子不错……他认识他的飞机。"令人吃惊的是，预警机上的官员竟不顾雷达屏幕上显示的可能是友机这一情况，顺从了飞行员，因为后者正在努力进行有挑战性的识别，同时还在距离直升机 500～1 000 英尺[①]以外的很窄的峡谷里以每小时 500 英里[②]的速度在飞行。

有趣的是，涉事的预警机上的这名高级官员和僚机上的梅中校级别一样，都比在做视觉识别的长机飞行员的级别要高。事实上，机上还有另外两名级别更高的官员。但当时的地位因素在该事件中压过了组织层级中的级别因素。更高级别的官员保持沉默，部分原因是他们放任地位差异去影响他们的行为。

在许多商业组织中也有类似情况发生，通常带来不良后果。例如，20 世纪 90 年代后期的安然公司（Enron）有三个独立的组织——批发贸易单位、天然气管线单位和国际公司——彼此争夺资源和人才。尽管实际上原有的管线业务仍在持续产生最强大的现金流利润，但批发贸易单位已成为安然公司中地位最高的组织，因为贸易代表着未来。杰弗里·斯基林（Jeffrey Skilling）当领导的时

[①]　1 英尺≈0.304 8 米。500 英尺≈152.4 米。1 000 英尺≈304.8 米。——译者注

[②]　1 英里≈1.609 3 千米。500 英里≈804.7 千米。——译者注

候,批发贸易成为了高管和华尔街分析家眼中的心肝宝贝。批发贸易单位是人们在安然公司向往的地方,它的创始人也变成了公司的传奇。有人会禁不住发问:安然公司出现的地位差别是不是妨碍了20世纪90年代后期坦诚对话的商业惯例?

(2)语言体系。组织会随着时间的推移而形成自己的一套语言体系、完整的一整套术语和缩写。语言体系,特别是当它们与问题和担忧的特征与讨论相关时,可能会变成一种强有力的障碍来阻挠坦诚的讨论和对现有观点与惯例的质疑甚至是批判。

例如,在NASA,逐渐形成了一套语言体系来对与航天飞机相关联的问题进行标注和分类。NASA并不是遵照正式的语言体系来把出乎意料的时间标志为"异常",而是开始在"家常事"(in-family)和"家外事"(out-of-family)事件间做出区分。"家常事"指的是NASA曾经经历过的事情,"家外事"是那些还没有经历过的事情。

遗憾的是,随着时间的流逝,管理者和工程师开始把"家外事"当作"家常事"来对待。希拉发现这种滑坡谬论很具有干扰性,他对NASA形成的语言体系提出了警告。他感觉"家庭"这个词语听起来"自在又惬意",这会使得NASA的官员们更容易认为"一切都会好起来的",尽管情况非常严重。

美国林务局(USFS)在1994年史东金山火灾事故中遭遇了类

第三章　当坦率缺失时

似的语言问题，那次事故中有 12 名荒地消防队员在科罗拉多丧生。调查发现事故中消防员没有严格遵守标准程序。相反，林务局的语言体系就像 NASA 经历的一样，留出了类似的滑坡谬论空间。1957 年，林务局为荒地消防队员制定了一份"标准命令"清单；不久之后，又制定了一份"18 种情况要小心"的清单。请注意语言中的有趣差别：后者不一定暗含必须严格遵守的规则；相反，它传递的是一个谨慎指导方针的概念，而不是一套必须严格遵守的程序。

再想一想明尼苏达儿童医院的语言体系。该医院在讨论医疗事故时通常使用的术语传达的是一种对个人"谴责、责备和批评"的文化。在莫拉特接管该医院以后，她创建了一套新的术语，那些精心选取的词汇强调的是医疗事故原因的系统观点和从错误中学习的重要性。语言的转化有助于提升人们谈论医疗失误的积极性。事实上，在莫拉特到医院的第一年，关于医疗事故的报告显著增多。这一证据表明，人们不是在制造更多的失误，而是在以公开坦率的方式谈论问题时更加自在了。

（3）事情的框架。第二章"决定如何做决策"讨论的是领导者在某一问题上采取立场的时候如何设置一个框架，以及这一框架会如何限制备用选项的讨论范围。然而，设置框架也会发生在更广的范围——不仅仅是在决策层面，还包括历时多年的项目和计划方面。在大的集团项目和计划开始的时候，领导者一般会努力给思考该事情的人们提供一种事情将要遵循的方式。简而言之，他们提供了一个框架——一套"放大镜"，人们通过"放大镜"能够理解即将发生的行为。

这种大的框架要比那些在具体时间具体问题上采取立场形成的框架有着更为广泛和深远的影响。

在NASA航天飞机项目开始的时候，为证明投资的合理性，相关人士辩论说，这台机器最终将通过定期运载商业和国防物品进入太空证明自己。在宣布该项目开始的时候，尼克松总统说，这架飞机将会"通过常态化来实现革命化的近太空运输"。请注意这里使用的语言以及它是如何为该项目建立一个具体而又有力的框架的。航天器是一个"穿梭机"，将会在地球大气层外绕着"固定路线"穿梭。通过这种语言的使用，NASA为航天飞机设置的框架是一个运营项目而不是一个研发项目。黛安娜·沃恩做了如下解释：

> 该项目的框架是在常规太空飞行的概念下制定的。航天飞机应该像公交车一样运行：在太空和地球间定期往返，运输人员和物品。从这个意义上讲，对于该项目要作为一个运营系统的全部定义也是一个垮台的开始，因为他们真的在运用一种实验性的技术，但是当时有压力，让其形成固定线路来吸引客户搭载。

第三章 当坦率缺失时

把航天飞机作为常规运营项目来制定框架的结果是，人们在问题出现的时候表现就会不同。在工程师被要求证明其对安全有疑虑和异议的时候——这种疑虑和异议会导致日程推迟，日程压力就会急剧上升。罗杰·德霍特（Roger Tetrault）——麦克德莫特国际公司前 CEO、"哥伦比亚"号事故调查委员会成员，评论说：人们开始"为了争取更多的资金，不再强调风险……但是航天领域内没有人能造出一架新飞机在飞行 50 次甚至 100 次后还敢说能够运行。如果远远低于 100 次的话，那你怎么能宣称那是架运营飞机呢？"总体来说，最开始的项目框架是在工程师心怀忧虑却又很难开口说话或者表达不同意见的氛围中制定的。最高效的领导者在发布新计划的时候非常注重具体框架以外的后果。例如，早在 2002 年初，当克雷格·科伊（Craig Coy）成为港务局 CEO 的时候——负责波士顿地区航空设施和运输港口的运营——他建立了三个业务组，他指导三个业务组的工作并将其作为三个营利中心来管理。过去，这些业务组的经理有权控制预算花费，但是他们在创利活动上面没有权利。现在，每个业务组的领导者负责自己领域内的收益、成本和现金流事宜。

这一改动对该组织文化是个巨大的打击。当然，科伊预先已经料到这种对待业务的新方法可能会鼓励经理们在安全问题、提高利润和增加现金流方面妥协。这些举动会对"9·11"袭击事件后建立的制度有很大的破坏性,特别是由于波士顿洛根国际机场在悲剧中扮演了那样的角色。因此,他迅速采取行动,开始投入大量资金,使波士顿洛根机场成为全国第一个具有电子扫描行李设备的商业航空港。科伊做这件事情的时候没有使用他倡导的非安全项目需要的投资分析。这项早期的行动实质上很重要,对于运营业务组来说也是一个重要的信号和标志:他们不应该允许"营利中心"的思维去抹杀他们关于安全问题的判断。

(4)"理所当然的"假设。最后一项共同经历的软性障碍是设计人们在组织中如何与别人互动的假设,尤其是横向和纵向的互动。每一种组织文化都会随着时间的推移形成这些假设,它们会演变成"我们在这里工作就是这个样"的共识观点。逐渐地,公司中的大多数员工都会把这种假设当作理所当然的事情。正如埃德加·沙因(Edgar Schein)所说,在领导者创立组织的时候,这种文化标准就开始生根,它还通过反复讲述公司初期的故事和神话得到宣传。新成员加入的时候,他们渐渐地被灌输这些非正式但是得到广泛传播和理解的"工作方法"。自然地,一些文化标准会随着时间而改变,尤其是当公司变得更大、更加官僚化的时候。

在 NASA,"哥伦比亚"号事故调查委员会的证据表明,遵守常规程序和协议规则已经在 20 世纪 90 年代变成了很明显的文化标准。人们通常不会与级别高的人沟通。对资历和经验的顺从成为常态。

在对一个专业零售商的研究中，我发现高级管理者理所当然地认为有争议的辩论应该在私下进行，而不是在整个领导团队参加的大会上。这就成为了公司的日常做法，在新成员加入管理团队时，他们很快就学会了在这一套文化下如何行事。我采访的每一个人对此都给出了相似的回应："会议就不是一个进行辩论的平台。如果有不同意见，我们很快就会想着会后再说。"

遗憾的是，虽然新成员学会了"如何做游戏"，但是他们还没有发现这种做法的后果。他们在缺乏公开辩论的员工会议中变得很沮丧。一位高管说他已经对他的前雇主的那一套标准习以为常了，"真正的决定在会议室内做出的……那里有合理的信息交流"。在这种情况下，人们通常没有机会就同事们提出的观点和建议进行反驳，因为这些争论都是在私下与总裁进行的，而不是在大范围的小组中。

当然，不是所有的关于个人行为和集体决策理所当然的假设都反映出不合理的行为，但是它们会产生一个问题，因为这些行为在组织文化中随着时间的推移根深蒂固了。进一步讲，因为这些假设被认为理所当然，人们不会经常质问为什么要这么做。他们仅仅发现自己是在遵守制度中长期形成的做法而已。

领导风格很重要

系统因素——结构性的和文化的都有——会明显妨碍组织中的坦诚对话和辩论。这一章简要浏览一下组织中出现的最常见的"硬性"和"软性"障碍（当然，肯定还有更多的障碍存在）。我说过，这些系统因素常常会影响人们在组织中的行为——那些试图压制不同意见的行为和那些不能表达观点的行为都有。举例来说，军队文化和历史会影响预警机上的官员与F-15战斗机飞行员在1994年伊拉克北部发生的悲剧中的互动行为。如果孤立地看待的话，我们就不能理解预警机上的官员的行为。我们必须审视这些人日常工作和制定决策的系统。类似地，在不了解当时医院乃至整个医疗行业中盛行的那种文化标准和地位关系的前提下，我们也不能理解过去明尼苏达儿童医院护士们的行为，特别是她们在谈论医疗事故和类似情况时的犹豫不决的行为。

然而，我们也不能低估某一具体领导者的风格和个性在组织中鼓励抑或妨碍坦诚对话方面的关键角色。在登山家罗布·霍尔告诉他的团队他不能容忍任何异议的时候，他传达的信息没有比那更强烈的了。系统因素没有影响到他的行为，相反，他的行为反映出他自己在领导探险队方面的偏好。与此相似，在那个大型专业零售公司中，主席过度依赖于线下对话的很大一部分原因，是他在大环境中不喜欢对抗性的风格和厌恶冲突。

即便在系统因素扮演更为实质性的角色时，就像在"哥伦比亚"号灾难中一样，人们仍不应该免除个人问责。结构性的和文化的因素肯定会影响航天飞机项目管理者在该任务决策过程中的方法。然而，人们很容易想象得到，在领导者收集信息、提出问题和召开会议中出现的那些微小的变化是如何在关于泡沫碎块撞击的公开对话和辩论中产生巨大影响的。

也许最重要的是，领导者不能坐等异议流向他们，他们必须积极地在组织中寻找异议。如果是领导者自己发出邀请，请人们讲出自己的观点、意见和对备选项目的看法时，人们会非常乐意地自由、公开发言。消极领导是组织中坦诚对话和辩论的实质性障碍。"哥伦比亚"号事故调查委员会得出的结论是："管理者声称他们没有听到工程师的担忧，部分原因是他们没有发问或倾听。"记者威廉·朗格维舍（William Langewiesche）在发表于《大西洋月刊》（*Atlantic Monthly*）上的关于"哥伦比亚"号事故的文章中写到了一名调查者和琳达·哈姆之间的对话。该对话内容抓住了我所说的消极领导是最终妨碍坦诚对话和辩论的这一观点的精华。

调查者：作为一名管理者，您是如何获得不同意见的？

哈姆：哦，在我听他们汇报的时候。

调查者：从实质来讲，您可能不是在听。

哈姆：哦，有人走上前说的时候我是在听的。

调查者：但是，您使用什么技术获得不同意见？

很明显，哈姆对此没有给出最终的答案。

第四章　激起思想碰撞的火花

真理在朋友间的争辩中脱颖而出。

——大卫·休谟

如果一个组织倡导一种礼貌的谈话、肤浅的意气相投和缺乏心理安全的文化,领导者如何能够激发坦诚?领导者可以用哪些具体的手段来点燃一场热烈的同时富于建设性的混战?要回答这个问题,让我们先看一个故事,看一个总裁是如何创建一个"精心设计的对抗性的"决策过程的。

在 1997 年初,史蒂文·考尔菲尔德(Steven Caufidle)———家领军式造船公司的 CEO,开始考虑组建一个同盟来增强公司的实力,在为美国海军设计和建造新一代船舶的竞争中获得成功。在从多年前的一次竞标活动中吸取经验后,他想快速行动。他的公司在那次竞争中被抛弃，其他行业团队则很快组建起来了，留给他们的是几乎没有可选择的战略合作伙伴。当考尔菲尔德和他的高级管理团队讨论潜在联盟成员时，他变得很担忧，每个人似乎都集中在很窄的两个选择上面。进一步讲，人们关于各种公司的偏见、之前的忠诚和情感似乎要代替仔细的理性思维了。考尔菲尔德决定为深思熟虑的磋商和辩论搭建一个平台。简而言之，他发起了一场精彩的战斗。

最后，一种关于决策过程的适度预见为热烈而又深思熟虑的辩论助添了燃料。在意气风发地磋商后，考尔菲尔德大胆而又快速地组建起了一个由三个公司组成的强大的联盟——这一举动让对手大吃一惊。这些合作伙伴们连续赢得了好几个单子。考尔菲尔德反思了他是如何为一些建设性争辩搭建舞台的：

> 在召开关键性的集中会议前，我们做了大量艰辛的工作。那才是关键的。我和同事经历了很强烈的头脑风暴环节，在其中，我们讨论了谁应该参与，他们的角色应该是什么，以及谁来主持，我们将使用什么样的程序，我在会议中的角色是什么。在这些会议中，我们对即将扮演的角色有着清晰的理解，我们了解我们即将经历的过程。

第四章　激起思想碰撞的火花

考尔菲尔德的故事

因为早期的一些信号表明美国海军将就一种新军舰的设计和建造发起一次竞标活动，所以考尔菲尔德和好几位同事开始为选择联盟成员设计了一个过程。这个小组决定邀请一些选择好的公司经理、外部咨询师以及航天领域的专家参加一系列的集中会议。他们仔细地选择参与者，让他们把一套相关的专业技术带到一起，确保观点和视角的多样化，还营造了一个合理的人格混合环境。这个小组选举了两个人来主持会议，同时因担心会妨碍坦诚的讨论，认为考尔菲尔德应在早期的会议中离席。考尔菲尔德要参与者评估一系列选择，然后呈交给他位列前三的潜在联盟成员名单。他打算批评小组的工作、质询调查问题、测试他们的假设。然后，他希望与参与者一起重新明确他们的推荐内容，就哪个公司或者哪些公司应成为合作伙伴达成共识。考尔菲尔德解释了他的角色内容：

> 我喜欢挑战我的团队，让他们在一个自由和开放的会议中经历头脑风暴，有时候当老板在场时可能就不会那么自由和开放。然后，我进去，很快回顾他们经历的过程，审视他们的建议。我挑战他们思考的过程，反过来，我也邀请他们来挑战我。

在明确了人员角色后，考尔菲尔德和同事开始制定了一份宽泛的应该在会议中讨论的备选项名单，他们知道早期的讨论被过度地限制了。在咨询过组织上下所有人之后，这个小组想出九种可能的结合方式，其中包括至少一眼看去就不可能成功的结合方式。主持人也制定了一套用来评估选项的标准。考尔菲尔德明确要求在召开非现场会议的时候用多种标准同时进行评估。他对早期的讨论很失望，当时每个经理倾向于集中在单个的重要事项上，因此，很快会跳跃到另一个更好的选项上。最后，小组同意了体现六项关键评估标准的名单。例如，供货标准集中在潜在合作伙伴按时和按预算提供产品的业绩记录上，"影响其他工作"的标准审查的是每个潜在合作伙伴可能会如何影响公司在其他项目上与其他合作伙伴和分包商之间的关系。

至于如何针对选项辩论，考尔菲尔德和他的同事决定成立两个小组，这些小组和肯尼迪案例中的略有不同。

第一个小组用三个评估标准审查全部九个备选项，第二个小组用其他三个标准审查。通过这种方式来设计过程，考尔菲尔德和他的同事希望两个小组能够把不同的信息和角度带到最终的辩论中去。此外，他们要求每个小组在决定具体行动计划前认真倾听另一个小组是如何评估的。在这些团队缩小选择范围后，考尔菲尔德和参与者一起倾听、调查和质问所有的结论。他解释了这么做的理由：

第四章 激起思想碰撞的火花

> 我们让小组里的每个人广泛传播专业技术和观点,这样的话他们就不会有预定的答案……[每个小组]这么做的目的是努力消除我们可能带有的偏见和情感……通过强迫人们执行每一项标准并且进行讨论,我们感觉到至少可以强迫每个人选择一个视角,投入一种坦诚的辩论中。为使每个人坚持一样的底线,我们决定必须明确每一个因素或者标准。

的确,在会议开始前,主持人向每位参与者发布了关于每一项标准的详细定义,他们建立了一个从1到5的评价体系来对每个维度的选项进行打分。这些行动通过集体努力来确保人们讲共同的语言而不是"各执一词"。

也许最重要的是,主持人在开会的时候设置了一个过程路线图(见图4-1),包括一系列指导行为的基本规则。他们鼓励人们认真聆听,在辩论中"毫无保留"地为考尔菲尔德提供未加掩饰的观点,用切实的支持证据来支持以事实为基础的争论。考尔菲尔德起初设立的基调是让每个人不要试图期望他要听什么话。他提醒参与者:他们被请来,是因为他珍视他们的专业技术和判断力。他要在制定决策前看到所有的风险和弱点。他呐喊着:"我要所有的事情摆在桌面上。没有观点就是坏观点。每一个观点都是好观点。"

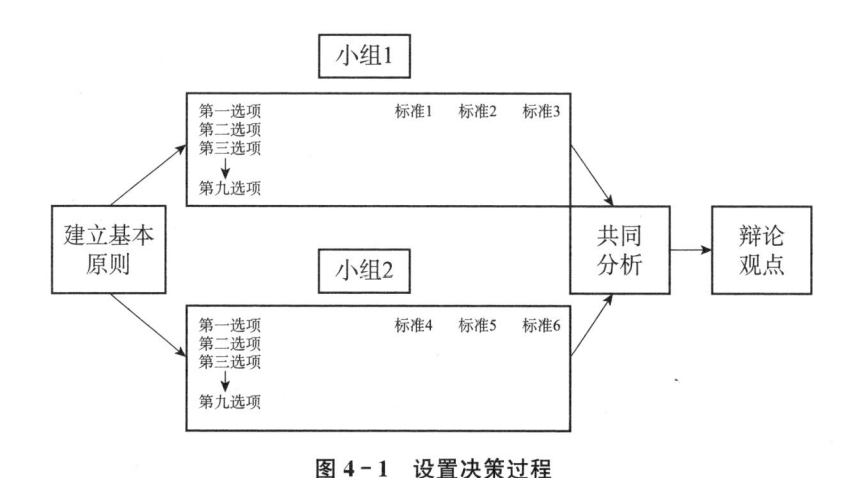

```
                        小组1
         ┌─────────────────────────────────┐
         │  第一选项                          │
         │  第二选项    标准1  标准2  标准3      │
         │  第三选项                          │
         │  ↓                                │
┌──────┐ │  第九选项                          │ ┌──────┐ ┌──────┐
│建立基本│→└─────────────────────────────────┘→│共同  │→│辩论  │
│原则  │  ┌─────────────────────────────────┐ │分析  │ │观点  │
└──────┘ │        小组2                     │ └──────┘ └──────┘
         │  第一选项                          │
         │  第二选项    标准4  标准5  标准6      │
         │  第三选项                          │
         │  ↓                                │
         │  第九选项                          │
         └─────────────────────────────────┘
```

图 4-1　设置决策过程

使用正确的决策要素

考尔菲尔德的故事说明了一个领导者是如何使用 4 个 C——人员构成（composition）、环境（context）、沟通（communication）和控制（control）——来为一项富有成效的辩论和高效的决策过程埋下种子的（见表 4-1）。谈到人员构成方面，考尔菲尔德非常注重对参与者的选择，甚至与主持人一起来考虑什么人应该分配到每一个小组中。考尔菲尔德没有限定向他直接汇报的人数。此外，他在人口区别方面没有明确多样化；相反，他仔细考虑了内部人员和外部人员的平衡问题、专业技术的范围以及背景多元化等问题。考尔菲尔德寻找的是真正的认知风格和视角的多样化，而不单单是建立履历和自传的异质性。

表4-1　　　过程设计：战略联盟决策的制定

决策要素	具体行动
人员构成	选择参与者 邀请外部人员 进行人员配置
环境	建立基本规则 通过最初声明来确定基调 异地行动
沟通	勾画选择和决策标准 修改小组交流信息和分析的体系
控制	从早期会议环节缺席 开发一个过程路线图 扮演故意唱反调者的角色 指定主持人

设定合适的环境成为决策过程中的关键部分。异地行动有助于消除分心并营造一种开放的氛围。通过缺席早期的会议，考尔菲尔德释放出一种坦诚讨论的愿望信号。他最初的声明——比如"没有观点就是坏观点"——进一步强调了他想听到非传统或者非主流观点的意愿。基本规则提醒参与者注意在过程中别人对他们的期望。

通过建立小组、勾画选择、明确评估标准，考尔菲尔德和他同事决定了参与者彼此之间应该如何交流。他们的过程选择激发了早期大量的冲突。在很多情况下，管理者培育冲突来确保出现多样化的备选项。有趣的是，在这种情况下，作用却相反：考尔菲尔德在桌面上抛出范围宽泛的选择来期待更多样化的思考和视角，而不是之前讨论过的那些东西。通过要求小组考虑一些甚至不可能发生的选择，考尔菲尔德把人们赶出舒适区来鼓励新选择的出现——这些事情在磋商中真的发生过。标准的明确定义通过确保人们在争论备选项的时候每个人"讲共同的语言"并且"相互比较"，促进了在通常激烈的辩论中的沟通交流。

最后，考尔菲尔德控制辩论该如何进行，但是没有过度限制磋商的内容。他欢迎有关选择和评估标准砝码的信息输入。在开始的时候，他并不表达自己认为该如何推进的观点。此外，考尔菲尔德非常明确他自己的角色。他很早就设定基调，然后离席，直到扮演故意唱反调者的角色时再回来；通过指定两个主持人，来保证其他人能够从原本在发表异议方面犹豫不决的人那里得到评论，同时又避免自己陷入高度干预者角色当中。考尔菲尔德明确表示他要在组织中找到共识，直到在人们不能达成一致意见的时候再由他来做决定。

现在，我们看到了一个生动的实例，关于领导者如何为决策过程建立清晰的路线图，以此来鼓励人们热烈地辩论，而不是让人感到他期望实现预定的结果。应该注意，考尔菲尔德并不是一个人单打独斗。他吸收了很多人的信息，给主持人很大的自由来指导辩论。也许最重要的是，所有的参与者理解了目标和过程的各个阶段，以及他们应该如何表现。

第四章 激起思想碰撞的火花

领导者的工具箱

建立一个热烈辩论的平台，这要求领导者全盘考虑——同时运用多个决策要素来建立一个高效的决策过程。如前所述，我们已经看见了具体的工具和技巧——比如辩证询问法或者故意唱反调法——在培育冲突和辩论方面能够扮演特别重要的角色。通常，领导者都是从确定他们想要使用的具体技巧开始，然后确定围绕着激发多样性思维的创新机制的其他部分内容。

那么，领导者会使用什么样的技巧呢？总体来说，领导者会使用五种类型的工具来鼓励多样性思维，引导更多的冲突和异议（见图4-2）。第一。他们会使用角色扮演的方法让管理者把自己放在别人的位置上。第二，他们会运用思维刺激机制，鼓励人们设想未来和全面思考事情会随着时间推移发生什么样的变化。第三，领导者可能会通过"非焦点小组"引出挑战性问题或者话题。第四，领导者会让人们用一套多样化的概念模型和框架结构来审查事情。第五，领导者会采用"一点一对位"的方式，就像肯尼迪和考尔菲尔德所做的一样。领导者在使用这些技巧的时候必须记住，有些方法在具体环境和具体个人手里要比其他方法更有效。他们必须评估实际情况和他们要与之一同工作的小组，然后选择他们认为最适合的技巧。

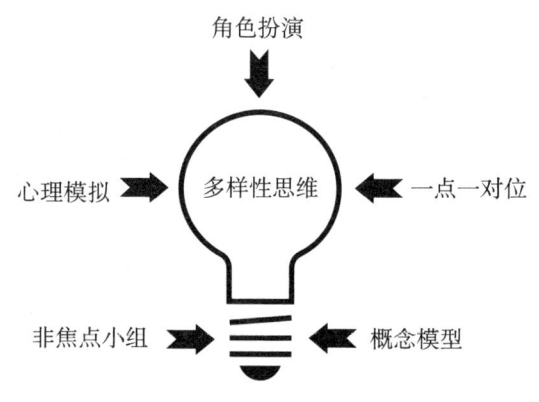

图 4-2 模仿多样性思维：领导者的工具箱

（1）角色扮演。在职业足球比赛中，球队总是把自己置于对手的位置。在一个典型的训练周内，首发阵容中的球员对阵由二线球员组成的"童军队"——他们模拟即将到来的对手一方的球员和阵容。练习开始的时候，教练通常会更好地了解到哪些可以、哪些不行。他们发明了改进的战略，放弃一些分数，想出新的方法来在比赛中给对手制造意外。教练和球员惊讶于这些人的益处——他们几乎能够完美地模仿对手。举例来说，在新英格兰爱国者队于 2004 年一场关键的季后赛中战胜印第安纳波利斯小马队后，获胜队教练比尔·贝利奇克（Bill Belichick）表扬了一名当天根本没有上场的球员——候补四分卫戴蒙·瓦尔（Damon Huard）。戴蒙·瓦尔在一周的训练期间模仿的是小马队的明星后卫佩顿·曼宁（Peyton Manning）。在戴蒙·瓦尔的帮助下，教练修改了一些防守"新技

第四章 激起思想碰撞的火花

巧"——令曼宁在整场比赛中十分迷惑。在那场胜利后，贝利奇克告诉媒体："今天比赛中我们有一名最有价值的球员没有上场，他在我们的防守童军队中的表现太棒了。"

商业总裁也能扮演他们对手的角色。我的研究表明，这种联系能够引导出关于公司竞争性战略和更强辩论的新的思维方法。例如，当一个国家的龙头装甲车生产商开始考虑组建国际合资企业时，一组管理者就会努力模仿可能组成联盟的那些公司的行为。这种练习刺激了新的辩论，投射出自己的弱点，激发了关于对手行为的新看法。一个管理者甚至把这个比作职业足球的童军队：

> 我们实际上有人在扮演其他组建的联盟的角色，他们在对我们做竞争性评估，就像一个足球队一样。这样的结果勾画出了其他联盟对我们的看法，这真是太具有启发性了。

角色扮演练习不需要严格聚焦在对手的位置这个概念上，通常你可以设想有人进入你的办公室，做了你的工作。在 20 世纪 80 年代，英特尔公司在其存储芯片业务市场份额上经历了一次巨大的下滑；很快，财物损失开始增加。然而，高管们仍旧大力投入生产线，当英特尔成为行业龙头时，他们在这项业务上付出了很多。存储芯片代表了公司形象的一个核心方面，从一定程度上讲，也代表了建立这一业务的管理者。在亏损不断增加的时候，公司董事长安德

111

鲁·格罗夫还和主席兼 CEO 戈登·穆尔（Gordon Moore）坐在办公室。格罗夫看着附近一个游乐场内的法拉利车轮胎，问穆尔："如果我们被踢走了，董事会再请来一个新的 CEO，你想他会做什么？"很快，这两位意识到：存储芯片业务亏损后，他们仍在扔钱。他们过度投入他们曾经花费大量时间和精力以及个人名誉在其中的生产线上。格罗大和穆尔决定退出存储芯片业务。格罗夫解释了简单的角色扮演如何鼓励他们转换思维，提出许多假设和新的战略选择：

> 新的管理者对于这些情感投入没有负担……他们比前人更加客观地看待问题。当业务基础经历深刻变化时，现有管理层想要保住工作就必须要适应外部人员的智力客观性……那也是我和戈登象征性地走出门，掐掉雪茄，回来开始做的事情。

研究表明，走出自己的位置能帮助我们更有创造性地思考。来看一个由学者埃文·波尔曼（Evan Polman）和凯尔·埃米希（Kyle Emich）共同完成的令人着迷的实验。他们给 100 多个本科生留下一个巨大的谜团，让他们去解开：

> 一个囚犯想从一个塔里逃跑。他在自己的牢房里发现一条绳子，但是绳子的长度只够他能安全落地的一半长。他分割了绳子，然后把绳子的两端系在一起，成功逃脱了。他是怎么做的呢？

第四章 激起思想碰撞的火花

学者们要一半学生设想自己处在困境当中,另一半学生在试图逃脱。令人惊讶的是,设想自己深陷困境中的学生解开谜团的比例更高。波尔曼和埃米希认为,当解决我们自己的问题时,我们采用的是更狭窄的视角,思考得非常具体;当我们身处别人的位置时,我们会以很多不同的角度看待问题,思考得更为抽象。

奥罗尔罗伯茨大学教授大卫·波库斯(David Burkus)发现了一项能让领导者强迫他人离开自己角色的技术。波库斯描述了咨询师莉萨·波德尔(Lisa Bodell)是如何做一种叫"干掉那个公司"的练习的。许多管理者叫他们的团队做一项传统的强弱危机综合分析(SWOT),然后列出公司面对的竞争性威胁和机会的单子。波德尔采用的是不同的方法。她让一个管理团队设想有一个和自己公司相似的对手。然后,她指导他们思考那个假设公司所面对的威胁和机会。她问他们如何才能让那个公司破产。就像设想有人掉入塔里一样,这些参与"干掉那个公司"练习的管理者比那些仅仅做传统强弱危机综合分析的人想出了更多的点子。

(2)心理模拟。心理学家加里·克莱因(Gary Klein)发现,很多人在做关键决策的时候都会在脑海里模拟未来的场景。例如,他发现,在扑灭熊熊大火时,消防员通常没有时间去比较和对比备用选项。然而,他们通常会确定一个可行的行动方案,然后在心里模拟如果他们选择这一行动方案灭火的话事态会如何发展。如果模拟产生一个可喜的结果的话,他们就会行动;否则,他们会寻找新的备选项。

在组织中让人们设想不同的未来场景和互相讨论这些心理图片是一种强大的工具,能够激发组织内的辩论。许多管理者听说过情景规划——多年来被许多公司诸如荷兰皇家壳牌公司所践行和完善的一项正式的战略规划技术。它包括一种结构性的方法,用以思考工业条件在未来会如何以不同方式呈现,然后考虑一系列的战略备选项会在何种对比鲜明的条件下如何发挥作用。在荷兰皇家壳牌公司,这就意味着设想国际能源市场的多样性变化路径,以及这些变化是如何影响到油价、消费模式和对手行为的。斯坦福大学教授凯瑟琳·艾森哈特说,情景规划在顶级管理层内培育了一种建设性冲突。她解释说:"情景规划强迫管理者从未来开始,回想到现在。这种正常思维的逆转提供了备选项,产出了关于战略事件的非同寻常和令人意想不到的视角。"美国弗吉尼亚大学教授莱斯利·格雷森(Leslie Grayson)和詹姆斯·格劳森(James Glawson)承认,情景建立也许不会帮助管理者了解该使用哪项战略,但的确会激发新的辩论,引导人们呈现并复查很多基本的假设。

克莱因采用了一种不同但是同样有效的方式,来把心理模拟作为鼓励人们在组织中进行多样化思维的机制。他倡导使用一种简单的"提前检验"方法来帮助人们检测彼此的信念——在公司选择某一具体行动方案可能会产生风险和障碍的时候。它是这么进行的：开始的时候勾画一幅完全失败的景象。然后设想导致那场失败的各种不同路径并思考这些情景可能真实发生的可能性；经过讨论，应该得出一份与决策相关的最大担心和风险的重点名单。最后，小组必须决定哪个陷阱可以避免或者组织是否要选择一个完全不同的方案。就像克莱因一样，我也发现这个简单的、结构性的方法通常会让人感到在批评同事的观点和计划时更加自在，尤其是当一个公司日常采用这个方法时。关于如何做提前检验的更多信息，见表4-2。

表4-2　　　　　　　　如何进行提前检验

第一步	明确练习中的参与者，为讨论建立标准和基本规则。
第二步	确保所有参与者经考虑后对决策有一个强烈的共识。
第三步	设想一幅由这项决策导致的完全失败的景象。
第四步	对导致该失败的各种路径和情景运用头脑风暴法。
第五步	明确每个情景的可能性和严重性（不必要进行详细的定性分析）。
第六步	决定最需关注的情景（例如，那些既有可能又严重的情况）。
第七步	我们是不是要做一项不同的决策？或者是否我们要强化执行方法来避免失败？
第八步	为减少损失，你是否会选择推进决策，通过执行计划的修改来阻止不良情况的发生，还是修改计划来处理不良情况？
第九步	总结你从中学到的教训并在决策制定过程中和人沟通交流。
第十步	在决策最终执行的时候，做一个后期检验，回到原来的过程，回顾提前检验的结论。明确可以强化提前检验过程的方法。

美国中央情报局（CIA）在做情报分析的时候使用的是提前检验练习的变形思维模式。美国中央情报局称之为"后退思维"。分析人员设想一些未来发生的意外事件。然后，他们开始向后推理，思考一些导致事件发生的原因。六个月前发生的哪些事情可能导致这一不可能发生的事件？哪一系列的事情会随着时间的推移而导致未来这一结果？许多领导者要努力预测未来。在进行后退思维的过程中，情报分析人员一开始不是辩论某一危险情形发生的可能性。他们没有跳入预测游戏当中。相反，分析人员会尽力理解多种危险情况是如何发生的，即使初步评估表明这些情况不可能发生。这个练习会打开思路，考虑之前不会考虑的可能性。

亚马逊使用的是自己的版本，他们叫作"后退工作"。亚马逊的伊恩·麦卡利斯特（Ian McAllister）如是说：

> 亚马逊广泛使用的一种方法叫作"后退工作"。我们从客户开始"后退工作"，而不是从一个产品或者从它拴住客户的观点开始。在任何具体产品决策上都会使用"后退工作"的方法，这一方法的使用在开发新产品或者特色产品的时候非常重要。新计划开始的时候，产品部经理通常会写一份内部新闻发布稿来通报产品情况。受众是该新产品的客户，包括工具或者技术的客户或者内部使用者。内部新闻发布集中于客户问题、当前

第四章 激起思想碰撞的火花

的解决方案（内部的和外部的）如何失败，以及新产品将会如何替换现有方案。

亚马逊通过撰写新闻发布稿来设想未来。管理者必须预想有哪些核心产品特色，他们将如何以引人注目的方式营销，目标市场是什么，客户和竞争者将有什么样的反应。他们不是仅仅写一个新闻稿。在组织他人的反馈和信息输入的基础上，他们要投入反反复复的工作中。这种想象性的、反复的过程会给各种产品和服务带来很多新的选择和观点。管理者必须简洁清楚地进行交流。否则的话，他们就会回到一个没有明确战略目标的现实中去。

（3）非焦点小组。很多公司在开发新产品过程中都会使用焦点小组。焦点小组环节有助于提炼观点，特别是在考虑现有产品递增量的问题的时候。然而，传统焦点小组很少帮你产出突破性的概念。它们往往不能带来创造性的启发。参与者能够对一些可触摸的和存在递增量的东西进行反应，但是很难在现状之上进行预想和讨论大的突破。

艾迪欧公司（IDEO）——一个产品设计公司，会让会议避开这种传统的焦点小组。他们偏向于在自然的环境中观察和采访人们。艾迪欧公司设计师的灵感来源于观察人们实际上的举止，而不是在一个无菌和人为环境中倾听他们。然而，艾迪欧公司创造了一种技术，他们的创始人大卫·凯利（David Kelley）和汤姆·凯利（Tom

Kelley）称其为"非焦点小组"。

这一观念促进了多样性和潜在性的思维突破。传统的焦点小组包括"典型的"产品或服务使用者。对于一个非焦点小组来说，艾迪欧公司会邀请非同寻常的人。艾迪欧公司形容这些人为"极端使用者"。汤姆·凯利解释了为什么艾迪欧公司要用这项技术来为一个客户设计新鞋：

> 其中，我们在"非焦点小组"中有人有恋鞋癖，有人是女性施虐者。很清楚，他们不在"正常"的随机钟形曲线的宽泛部分内。这一过程要求这些非同寻常的人讲述自己的故事，大胆想一想他们要什么样的新产品或者服务。通过观察他们在发布曲线边缘的需求，我们有时候会发现一些线索和暗示，这有助于我们在发布曲线中间位置稍微吸取一些他们的观点，更好地服务大市场。"非焦点小组"不为常态而去，也不直接奔着发布曲线的中间位置去。它是冲着尾部去的，但是一些启示能够用到大市场中间。

这些使用者肯定听起来不同寻常，但是从这些研究中得到的启示具有启迪性。发布曲线尾部的那些人通常会对某一产品有着非常高的热情，他们在做决策的时候掌握大量的关于想要的产品的专业知识。请记住，你也不要指望他们能提供给你关于下一个产品的好建议，那些非主流的建议不会帮你迎合主流人群。但是，"非焦点小组"能够给你提供灵感，它的成员能够产生不同的思维。

（4）概念模型。有时候，领导者觉得引进一套模型或者框架是有用的，这些模型和框架可能会用到具体业务问题中，然后指导人们在决策制定过程中使用它们。此举的目的是引导每个人从不同的角度提出自己的疑问。当人们一起分享观点和分析结果时，你就会发现他们就公司应该如何推进有不同的结论。

凯文·多尔蒂（Kevin Dougherty）——加拿大永明金融集团（Sun Life's Canadian Group）保险子公司负责人，在多年就采用了这一技术。当时，永明金融的总裁很担心互联网会革命性地改变客户购买保险和其他金融管理产品的方式。遗憾的是，多尔蒂和他的同事在电商领域没有太多专业技术。大多数管理者好像认为网站作为一种业务工具会更高效，但是他们没有考虑过网站可能会如何在金融服务领域内导致根本不同的商业模式。

多尔蒂要求一个咨询师向他的管理团队介绍电子商务趋势的整体概况。然后，这个咨询师描述了四个电子商务模型。例如，被易趣网（eBay）和折扣票在线网（Priceline.com）成功应用的拍卖模型。然后，多尔蒂把大家分为四个小组，要求每个小组考虑某一具体模型如何能够应用到保险业务中。他还要求他们调查那种模型会如何给永明金融带来机会或者威胁。基于这种评估，每个团队都要提出一个关于合资、产品或者服务的建议。布鲁斯·卡斯纳（Bruce Kassner）——保险业的助理副总裁，这么解释他在这一过程中的经验："强迫我待在一个模型中能够使我的思维有些不同，会使我看到更多不曾看到的价值，自由地想出任何业务观点。"

有的领导者认为这一技术太具有指导性，因为它把人们束缚在一个具体的概念层面。因此，领导者可能会尝试一种该技术的变形，在其中他们要求人们针对一件事用多种概念，不把人们限制在某一具体的解决问题的方法上。然而，有些人还是感到这种方法在过度引导他们的思维，也许在有些情况下可以使用：当领导者需要这些人的帮助才能开始他们的分析的时候，或者在刚开始每个人思维步调一致的时候。进一步讲，领导者需要记住，这是一种能发动辩论的有效途径，但是他们没有必要在整个过程中固定在这一方法上面。

（5）一点一对位。肯尼迪和考尔菲尔德的实例展示了在第二章"决定如何做决策"中详细阐述的辩证询问法和故意唱反调法技术变体的力量（关于如何使用这些技术的详细信息见表4-3）。的确，很多成功的领导者采用这种类似的技术是因为它会提供一种激发冲突的直接方法。举例来说，宝利通公司（Pohycom）CEO罗伯特·哈格蒂（Robert Hagerty）偶尔用"红队"和"蓝队"的方法来对潜在的并购进行审查。哈格蒂说："我分给红队的任务是提出我们为什么不能做的理由。蓝队的任务是找出我们要并购的证据。那是将故意唱反调法制度化的一种有效方法。"

表4-3　指导辩证询问法和故意唱反调法过程的方针

辩证询问法	故意唱反调法
团队分为两个小组	团队分为两个小组
第一小组制定一个建议书,提出具体建议、关键设想和支持数据	第一小组制定一个建议书,提出具体建议、关键设想和支持数据
第一小组以书面和口头形式将建议书呈交第二小组	第一小组以书面和口头形式将建议书呈交第二小组
第二小组制定一个或者多个备选行动方案	第二小组对设想和建议进行详细评判,并以书面和口头的形式呈交。第一小组在反馈信息的基础上修改建议书
两个小组聚在一起就建议进行辩论,并寻求一套普遍适用的假设	小组继续在"审查—评判—审查"圈里,直到出现一套普遍适用的假设
在这些假设的基础上,小组继续针对各种选择进行辩论并争取在一套普遍适用的建议上达成一致意见	在这些假设的基础上,小组合作制定一套普遍适用的建议

在有些组织中,领导者选择对一个点——一种对位法进行制度化。他们将其嵌入组织中,这样公司内不同职位的人员之间存在一种自然的紧张关系。想一想电子艺界公司(Elec Vonit Arts)——视频游戏产业的领军企业,是如何管理产品开发过程的。它的绝

大多数对手都会指定一个人全权负责监督新游戏的设计。而电子艺界公司创造了两个分离的领导角色，每个角色都有自己的问责范围：生产方聚焦于产品质量，创建玩家乐于玩的游戏；开发部主任努力控制预算和执行日程。全球工作室（Worldwide Studios）首席运营官保罗·李（Paul Lee）是这么形容这种独特的组织结构的目的的：

> 我们创立了一套有助于形成平衡或者创造性冲突的体系。生产方聚焦的是确保游戏的设计是最好的……开发部主任聚焦的是项目管理、预算、日程、准时交货等事宜。他们之间会有冲突。我们强迫进行这种冲突和讨论，以便团队能够挑战极限。

电子艺界公司并没有在组织中发明设计冲突的概念，也没有发明嵌入企业的技术。事实上，罗斯福总统在20世纪30年代把这种做法用到了极致。他为了诱导竞争和冲突而通常授予下属重叠的任务和司法权。进一步讲，他故意向内阁领导者提供模糊的职责定义。政治学家亚历山大·乔治写道，这种组织模式在罗斯福政府里激发出一些非常有创意的辩论，有时候也培育了混乱的环境。为此，领导者应该在自己的危险处境中模拟罗斯福总统的极端方法。只有像罗斯福这样具有高超政治手段的人才可能管理如此复杂的一套关系。

不管如何，在工作职责设计方面嵌入紧张关系的核心概念都值得密切关注。

领导者的常见错误

在领导者努力创建以热烈辩论为特点的过程时，他们无疑会遭遇很多陷阱。

在很多情况下，领导者在处理问题前关心的是"决定如何做决策"。他们甚至会使用很多我们讨论过的能够激发多样化思维的技巧。然而，很多情况下，尽管出于好意，但领导者向顾问发出的往往是错误的信号，他们没有认识到所使用的技巧的全部潜能。更糟糕的是，他们也许会拙劣地处理一些问题，压制异议。我们一起看看领导者常犯的错误（见表4-4）。

表4-4　　　　　　　　常见的陷阱与错误

意愿	结果	描述
使用故意唱反调法	驯化了异议者	运用先入为主或者仪式化的故意唱反调法，采取自我祝贺的态度
主持对话	建立一个对话中枢和沟通体系	创造了一系列的领导者—成员之间的交流，而不是所有人中开放的对话和宽范围的讨论
时间效益最大化	因效率而排挤辩证	压缩日程，快速转换话题，没有给异议者提供时间

123

续前表

意愿	结果	描述
为辩证询问提供时间	鼓励牢固性和两极分化	使人们变得对小组过分依赖,不能用开放的思维参与到辩论中
做出以数据为依据的决策	追求错误的精度	聚焦于小组定性分析的微小事件,而不是检验设想和逻辑

(1) 驯化异议者。詹姆斯·汤姆森(James Thomson)针对约翰逊总统将越南战争升级做了有见地的分析,他论证说,很多重要的顾问都扮演了故意唱反调者的角色,但是他们随着时间的推移都被"驯化"了。例如,约翰逊经常把"汤姆森"——也在白宫工作——看作他的"最爱"。随着时间的推移,约翰逊对汤姆森固执观点的友好宽容的态度中和了后者热情批评政府政策的效果。约翰逊对于很多异议者,如乔治·鲍尔(George Ball)、比尔·莫耶斯(Bill Moyers)和汤姆森,提供机会让他们定期说出自己的想法,但是他看起来只是象征性地对待他们的异议。故意唱反调法只是会议中一个沦为摆设的仪式而已。约翰逊看起来很喜欢有人扮演故意唱反调者的角色,仿佛他和其他人感到这样就不错了:已经建立了一套让异议者表达异议的制度化机制。正如欧文·贾尼斯(Irving Janis)写的一样,约翰逊和他的支持者好像能够"拍拍自己的后背,能够如此民主地容忍公开的不同意见"。故意唱反调法的使用增强了他们决策过程的合理性,即便没有产生更好的决策。

第四章 激起思想碰撞的火花

这一悲剧情况教育我们：领导者应该警惕故意唱反调法的仪式性使用，尤其是同一个人长时间扮演这一个角色——那会变成一项例行公事来满足一种程序化的需要，而不是作为一种旨在倾听不同的观点的合理化的努力。贾尼斯建议，可以通过在管理团队中轮流扮演故意唱反调者的角色来避免这一陷阱。另外，领导者也可以时不时地扮演这个角色，就像考尔菲尔德在战略联盟决策中所做的一样。

（2）建立一个对话中枢和沟通体系。当领导者在管理团队中激发辩论时，他需要留心人们是如何在对话中定位领导者的。领导者可以选择一种"对话中枢"的沟通模式，在其中，人们把争论瞄向了领导者，试图以自己观点的好处说服领导者。领导者没有必要真正参与到你来我往的交流当中；相反，对话变成一系列领导者与成员之间的对话。这种辩论就变成一种碎片式的一对一对话。下属开始根据领导者想要听到的信息构建自己的评论，或者是在他们过度担心不得不需要直接与老板交流的时候开始沉默。

另外，领导者可以利用点对点的沟通体系，在其中，他鼓励顾问反复互动而不是通过他来结束他们的争论。后者通常会营造一种更加有创意的观点交流模式，它会使领导者退回来，听取顾问们的相互交流，比较和对比争论的客观性。

下属会更加仔细地彼此倾听，他们在别人评判的基础上改进自己的建议。辩论进行得更快,人们会更高效地融合彼此的观点。在古巴导弹危机中,肯尼迪在其人员中培育了大量点对点的沟通。对比明显的是约翰逊在越南战争中的决策方法:顾问几乎将全部的精力集中在总统身上,去说服他采用自己的观点。

(3) 因效率而排挤辩证。领导者常常发现自己尽可能高效地在多个会议间穿梭,每一次聚会都有紧张的日程和一大堆的话题。遗憾的是,过多的日程,加上对高效的需求,通常会与领导者想要刺激辩论的工作相冲突。高效的目标必须要与制定高质量决策的目的以及对已选行动方案的共同责任心保持平衡。

为什么效率会排挤辩论?对有些异议者来说,需要花费一些时间来鼓起勇气表达自己的观点或者详细决定他们将如何表述观点。其他人可能会在提出自己的观点前很好地倾听他人的观点,较好地理解讨论。讨论进程的快速会使得有些人泄气——这些人在新话题开始的时候对于"冒失做事"本就感到不自在。

"哥伦比亚"号航天飞机失事事件为我们提供了这方面生动的例子。在"哥伦比亚"号失事前夕,任务管理团队会议从一个话题到另一个话题进行得很快,每个会议的日程都被压缩了。领导者虽然寻求一种信息输入,但是常常是自己表明一个态度,同时也不会等别人提问或者表示担忧。杜安·迪尔准将——"哥伦比亚"号事故调查委员会成员,强调说会议的节奏和基调变得很吓人,员工们虽然担忧，但是又在努力加工处理令人迷惑和模糊的信息。

（4）鼓励牢固性和两极分化。在谈到决策过程效率的时候，有的领导者会走向极端。在辩证询问的过程中运用竞争性方法的时候，领导者容易犯一个错误：让管理者先花很长时间在小团队中，然后再集中所有人对所有选择进行辩论。领导者的用意是好的，他们仅仅是想为参与者提供大量的机会来调查具体的备选项，仔细考虑它的正反面。但遗憾的是，久而久之，人们会变得在自己一直认定的选择上过度地投入，从认知方面到情感方面都是如此。自然地，他们就会发现自己不再乐意看到别人的选择或者倾听别人提出的批评。进一步讲，随着久而久之的密切合作，他们会与自己小团队的关系更为紧密，而不是大团队。他们会从一个积极的角度来认知自己小团队的成员，对其他小团队的成员以评判性的眼光看待。这种差别会妨碍沟通，会让人们感到作出妥协很困难。辩论也就变得装模作样了。

沃顿商学院的学者珍妮弗·米勒和朱莉·米恩森（Julia Minson）作了一项有意思的研究，是关于小团队变得孤立并拒绝外部建议的倾向性的。他们对比了两组人——与单独工作的个人完全不同——对于外界信息输入的反应。个人和小组的人对于一系列的问题都作出了最初的反应，例如"国会中有多少比例的人是信奉天主教的?"然后，他们都有机会修改他们基于外部信息的估计。正如预料的一样，小组成员在最初的反应中正确率更高一些。人多智慧广，真的没错。然而，在外部信息输入之后的准确率差别却实实在在地消失了。

为什么？因为单独工作的人相对于小组来说对自己的反应作出了更多的调整。学者们总结说，小组有时候是向内聚焦的，因此其可能会拒绝外部的建议。为什么？原因之一可能是一种小组内对抗小组外的动力出现了。人们培养出了一种与小组成员之间的亲密关系。这种小组成员在开始的时候就花费时间增强了彼此的信息沟通和互信。结果，他们会边缘化或者无视外部人员的观点。

多年前，我参与了一个领导力发展项目，这种动力在其中非常生动地出现了。这一环节的主持人埃米·埃德蒙森邀请了一组参与者来到房间的前面执行一个叫作"电迷宫"的团队实验。这一实验的装置包括由电池驱动的程序警报模块。地毯上的每个方格都有压力感应开关。大多数方格在人踩在上面的时候都会发出声音。然而，从地毯的一边到另一边有一条安全通道，个人只有踩在这条安全通道的方格上面才不会触发警报。小组需要决定安全通道的路线并让所有成员通过。埃德蒙森给小组成员一些时间去讨论他们的战略。然后，她给房间里的其他人一次机会向小组提出建议和进行信息输入。到那个时候，小组成员已经对开始修改的战略变得过分依赖和肯定。规划者几乎没有注意别人的建议！有些小组成员仍在继续讨论，根本没注意别人的观点。其他人则以一种相当无意识的方式防卫性地回应着，列举了他们认为建议不可行的理由。一种小组内对抗小组外的动力阻止了建设性观点交流。

（5）追求错误的精度。很多组织在关键决策过程中做了大量正式的分析。如果可能，管理者会尽己所能地去量化更多的关于备选行动方案的成本和益处。定量数据肯定能促进各种选择的比较，也有助于确保辩论基于事实并富有逻辑而不是退化为纯粹的情感抵触。进一步讲，定量分析会引导形成一种决策制定过程的合理性氛围，有助于说服组织内外的其他人。管理者在选择一项行动方案前会做深入的分析。

遗憾的是，要对一项决策尽可能从多方面进行定量分析的强烈愿望有时候也会让人从真正的事件上分心。管理者开始争论数字方面的微小差别而不是侧重备选项的根本性问题。在要求精确数字的同时，人们的时间被耗费掉了。然而，关于未来时间不确定性的程度越高，精度方面的这种努力就越发无用，甚至会适得其反。

想一想某一项典型的并购决策。管理者通常花费过多的时间来完善财务模型，预测随后几年的现金流转。然而，宝利通公司首席财务官迈克·库里（Mike Kourey）说："一天结束后，很多贴现的现金流转模式都被证明是假的。在正确的假设之上，任何交易都会是大有希望的。这就是要仔细检验假设的原因。"遗憾的是,很多公司无休止地修改财务模型,不对现金流转预测背后的潜在战略和运行前提做调查。在把精力集中在财务预测的各种细小变化上的时候,那些对并购背后的战略逻辑有疑问的人可能对于再提问题就会不自在了。他们可能会认为决策已经制定并要推行了,管理者现在仅仅是在决定要向目标公司付多少钱。

熟能生巧

鼓励冲突的确是一项难以捉摸的举动,正如我们所看到的,领导者通常无意中就阻止了异议和降低了辩论的有效性。幸运的是,管理中还有熟能生巧这回事,至少可以获得实质性的改善。研究人员大卫・施魏格尔(David Schweiger)、威廉・桑德伯格(William Sandberg)和葆拉・雷希纳(Paula Rechner)调查了很多小组,研究它们究竟是如何重复使用故意唱反调法和辩证询问技巧的。也许如你所料,小组从这项实验研究中获益了。团队使用这些技巧越频繁,他们就越会投入更高程度的临界评定中并做出更高质量的决策(由专家评审组衡量)。经验减少了做决策的时间。进一步讲,团队成员和最终决策中使用的经验越多,人们就越会有更高水平的满意度。

第四章 激起思想碰撞的火花

很多非常成功的商业领导者，比如杰克·韦尔奇和查克·奈特（Chuck Knight），都展示了标准（而非组织中的其他因素）对于进行热烈的辩论是如何的重要这一点。人们经常在公司的大环境中投入辩论中，就会对冲突感到更加自在。在通用电气公司，所有人很快就理解了韦尔奇想要培育的那种对话类型，他们学习如何快速地投入和韦尔奇之间热烈又富有建设性的辩论中。同事们认可这种做法："杰克会满房间追着你跑，向你提出反驳和争论"，而且，"如果你赢了（争论），你根本不知道是自己说服了他，还是他完全同意你的观点，他只是让你支持你所说的东西"。韦尔奇强化了这些印象，他申明"建设性冲突"是通用电气的核心价值观，那也是他很早就经常高调提及的东西。

查克·奈特——艾默生电器（Emerson Electric）长期在位的CEO，在公司声名狼藉的战略规划过程中设计了对抗。规划会议代表着这个过程的焦点。在一两天的会议中，奈特和多名集团高管和部门经理会面。在这些会议中，奈特极力推动每个人为自己的战略辩护。随着时间的推移，这些会议的对抗模式成为了有关公司的一种民间传说。奈特甚至创造了一个词语来形容他通常用来激发多样化思维的这一过程。"非逻辑的逻辑"指的是，奈特如何提问非传统的甚至是非逻辑的问题来检验每一项战略计划背后的逻辑和假设。在奈特长达30余年的CEO任职期间，这种对抗模式成为公司文化的一部分，也就是说成为了一种"在这里如何做事"的"理所当然"的假设——不仅仅是在会议中，而是在所有对话和磋商的平台上。在经理取得经验后，奈特还是让他们保持对这种计划过程中对抗的特性的自在感受。他们学会了如何准备会议、如何应对关于计划的评判、如何处理装模作样的情况。他们学会了如何使用传统来做出更好的决策。

奈特和韦尔奇把传统作为组织的一种生活方式。遗憾的是，有些领导者在特殊场合试图用一些技术来激发多样化的思维，也许是当风险很大时；在其他情形下，他们都很低调地行事、礼貌地开会，让员工感到非常舒服。如果没有个人或者组织在该领域内的经验，当他们试图点燃热烈辩论时，要么不会激发出他们想要的冲突，要么是争论变得非常不合理。

爱德华兹生命科学公司（Edwards Lifesciences）是一家心脏瓣膜龙头生产商，多年前就承认它需要建立一个安全的环境来让人们投入坦诚的往来交流中。CEO迈克·穆塞曼（Mike Mussallem）和人力资源副总裁罗布·雷拓（Rob Reindl）认为建设性的冲突能够刺激创新和加强产品质量。穆塞曼并不是在做一些关键决策的时候才用这一技术来激发辩论，也不是在做事关公司未来的重大决策的时候使用这一技术来刺激冲突。他想要这种"创意性的辩论"理念渗透到整个组织当中——它已经成为公司的核心价值观。穆塞曼和

第四章 激起思想碰撞的火花

雷拓在高级管理团队内部讨论了这一事情，在领导力开发项目中进行了投资，对员工针对上级的满意度进行了问卷调查。绩效评估还涵盖了劳动者在自己团队中是否激发了创意性辩论的内容。爱德华兹身在会议室里，为所有的员工做了一个提示牌。穆塞曼是这么说的：

> 我们在所有的会议室里都有一小块玻璃——上面中心位置有一个小飓风和一颗心——代表着爱德华兹生命科学公司的创意性辩论，提醒我们应该投入创意性辩论中——请说出你的想法。

伟大的组织和伟大的领导者经常恰当地运用冲突。 他们在此过程中展示出了耐心和恒心。他们勤奋工作来确保冲突嵌入公司的决策过程和价值观当中。他们的经验印证了多年前亚里士多德所说的话："我们最终会成为我们不断重复的。卓越不是一种行为，而是一种习惯。"

第五章 让冲突具有建设性

任何人都会生气，那是容易的事情；但是，要与合适的人，以合适的程度，在合适的时间，出于合适的目的，以合适的方式去生气，那就不是每个人能做到的，那就不是容易的事情。

——亚里士多德

20世纪50年代，喜剧演员锡德·西泽（Sid Caesar）主演了一档最受欢迎的电视节目——《你演出的表演》（*Your Show of Shows*）。该节目的成功可能要归功于非同凡响的喜剧创作团队，他们一起磋商每周的节目剧本。许多团队成员凭借自己的实力成为戏剧界的传奇人物——梅尔·布鲁克斯（Mel Brooks）、拉里·格尔巴特（Larry Gelbart）、尼尔·西蒙（Neil Simon）、伍迪·艾伦（Woody Allen）和卡尔·赖纳（Carl Reiner），等等。他们花费整天

第五章　让冲突具有建设性

整夜的时间在"创作室"里——在那里，观点自由地流动，人们相互激烈地竞争，创意性天才观点从有争议的歧义中涌现出来。

制片人马克斯·利布曼（Max Liebman）经常强调"从礼貌的会议中出来的是一部礼貌的电影"。那些年轻的作家一定把这铭记在心了。在锡德·西泽的自传中，他回忆了发生在创作室里的巨大斗争："墙上的石膏板都被踢出来了，帘子都被撕成碎片了；梅尔·布鲁克斯的肖像常常被其他人挂在墙上用来泄愤。"不过，作家们一周接着一周地创作传奇的短剧，一起高效合作了很多年，几十年以来都是好朋友、好搭档。从某种意义上讲，这种激烈的争论代表着作家梅尔·托尔金（Mel Tolkin）所描述的"好创意之怒"。

可以想象，一个陌生人有一天走进创作室，在不知道这个团队历史的情况下看到西泽和其他人描述的疯狂场面时会怎么想。自然，他很难相信这个团队能够创作出如此精彩的演出，或者这些团队成员能够连续多少年享受在一起工作的时光。明天，如果你试着在你的管理团队中模仿这种做法，你肯定会面临一场灾难。然而，在创作室内，激烈的冲突并没有变成团队的不利因素。西泽有着长期优秀的领导力，创立了一种氛围和一种创意性的决策制定过程，在其中，作家可以用激情澎湃而又富有建设性的方式争论。他创建了一个环境，其中悬挂团队成员的肖像并不代表畸形或者不合理的行为，而是一种用于应对的合理的和"正常的"方式。本章讨论的是领导者如何在决策过程前、中、后阶段做出举动来确保团队中的冲突是热烈的并且具有建设性。本章不提倡直接模仿西泽和他的朋友的行为,我们建立了一套原则,可以运用到各种场合——从创作室到董事会会议室。

对辩论做出诊断

很多组织中,在领导者意识到警告信号之前,辩论已经变得不合理了。诊断这些情形是一种很重要的领导能力。领导者如何才能识别他的顾问是在进行有激情的辩论或他的下属正濒临不合理边缘?想象两种情形。其中之一是,个人继续提出有趣的问题来激发新颖的集体发现。人们理解他人的选择,但是仍旧对新的观点持有开放态度,勇于追求有创意的新观点。另一种情形是,人们重复相同的陈旧争论,反对阵营已经站稳脚跟,最大的声音主导了讨论。人们停止去理解彼此,仅仅是努力去说服别人。只要冲突能够推动集体探究和解决问题,它就具有建设性。如果人们仅仅想去证明自己的观点而不集体去发现解决方案的话,那是没有什么意义的。

领导者需要特别注意反对阵营形成的原因,有时候他们仅仅是在辩论中站在不同的位置,就会变得特别依赖自己在该事件中的站位。另外一些情况是,由不同原因形成的两极分化会造成更为严重的问题。研究表明,团队有时候也会沿着他们口中的"断层线"进行分

第五章 让冲突具有建设性

裂。换句话说，个人会依附于他们熟悉的具有一定人口特性（例如性别、民族、职业和教育背景）的团队成员，或者团队成员因为在不同商业单位或者地理位置工作而出现区域性的"抱团"情况。结果，领导者发现在团队中会形成很多个小单元，而且这些阵营之间会有摩擦出现。当"断层线"出现的时候，团队就很难保证冲突具有建设性。

辩论拖延的时候，领导者必须意识到他们努力维持不同位置的人们之间的建设性对话的良好意图可能弊大于利。例如，有的领导者相信他们能在对立阵营中取得妥协，如果他们仅仅是保证辩论基于事实，同时确保每个人都能具有相同的渠道获得相关信息。的确，我的研究，以及凯瑟琳·艾森哈特和她的同事所做的大量研究表明，聚焦于事实的战术在有争议的辩论中是有效的。然而，当两个持对立观点的小组试图理解同样的信息时，不想要的结果也可能会出现。

一项引人入胜的实验研究强调了"以事实为依据的问题解决方法"隐藏的危险。心理学家查尔斯·洛德（Charles Lord）、李·罗丝（Lee Ross）和马克·莱珀（Mark Lepper）曾经要求一组死刑支持者审查两项关于死刑威慑功效的经验研究成果。一项研究肯定了他们现在的信念，另一项得出了反驳的数据。研究者也把两项研究成果展示给了一组死刑反对者。在每一组分析完数据后，他们关于死刑的观点并不一致。事实上，增强的两极分化意见出现了！发生了什么事情？人们带有偏见地吸收数据，更加侧重支持自己最初立场的证据。正如研究者评论的一样，人们看起来"倾向于接受表面上确定的证据，同时反对临界评定的不确定证据"。

这一教训对于领导者而言是很明显的：聚焦于事实并不总是出现想要的结果。哪怕是在某个小组追求一个"客观和理性的"决策过程的时候，两极分化也会发生。毫不意外，很多警告信号通常在辩论开始变得不合理的时候出现。通过问自己一系列的问题，例如表5-1中所列的问题，领导者可以监督辩论的"健康状况"和在造成损失之前就进行干预。

表5-1	警告信号
• 为了更好地理解别人的观点，人们是否已经停止提问？	
• 小组开始停止搜集新的信息了吗？	
• 在别人评判和反馈的基础上，个人停止修改他们自己的建议了吗？	
• 在理解模糊数据的时候，人们停止寻求帮助了吗？	
• 有人开始重复同样的争论了吗？不过是更加刺耳和大声而已吗？	
• 那些不是很直爽的人们是否已经从讨论中退出了呢？	

情感冲突

辩论中最惹眼的问题信号可能是情感和人际冲突的出现。这种冲突通常和决斗阵营以及观点两极分化一起出现。在这些情形中，人们可能会从事件评估越线到人际批评。在这些情形中，看法比意

第五章 让冲突具有建设性

图更为重要。在讨论一件有争议的事情时，个人可能会对别人进行人身攻击。然而，对别人观点生硬的和有力的批评会引发失落和焦虑的情感，刺激防御性的行为，激发情感反击。

正如第一章"领导力的挑战"所述，大多数领导者很难再投入一场没有激发愤怒、性格冲突和人际摩擦的任务型辩论中。不管是通过观察领导者在现实组织中做决策、做实验研究，还是根据对学生在课堂练习后相互辩论情况评估的经验，都证明那是真实的。后面的结果可能是最惊人的。情感冲突并不会因为风险高或者领导者在具体事件中具有大量政治资本而出现，它甚至会在个人在辩论结果中没有任何物质收获的时候出现。

领导者怎么才能知道他是否在决策过程中有效管理冲突了呢？一项简单的诊断练习可能有帮助。现在请考虑一下表5-2中所列的问题，询问其他参与辩论的人，让他们分享他们的反应。确保人们重复情感冲突的具体事例，解释为什么他们相信人际异议出现了。

表5-2　　　　　　　　　评估冲突的两个维度

认知冲突
·就这一决策的不同观点有多少异议存在？ ·团队要化解多少关于这一决策内容的分歧？
情感冲突
·就这一决策，团队成员有多么生气？ ·在决策过程中，团队中有多少人际摩擦？

你会发现，给小组展示图 5-1 中的矩阵内容会有所帮助。要求小组就决策制定过程找到四个象限当中的一个定位。也许你们当中有人很幸运地发现这个小组对应第四个象限。遗憾的是，我的研究、教学和咨询工作表明，多数小组只在其他三个象限找到了自己的位置。其中的每一个象限，当然都会导致次优的决策制定，要么是因为没有足够的异议出现（第一象限），要么是因为有太多的人际摩擦出现（第二和第三象限）。如果你发现你的决策过程中有很多都是对应其中三个象限，不要泄气。达到第四象限可能没有那么容易，但是领导者可以采取行动向那个方向靠近。诊断问题——在你的组织中建立共识——代表整个改进过程中重要的第一步。现在，我们转向领导者可能会采用的有效管理冲突的战略。

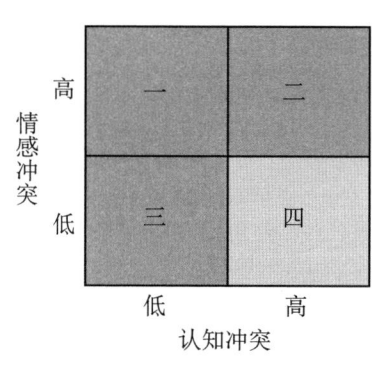

	低 认知冲突	高
高 情感冲突	一	二
低	三	四

图 5-1　认知冲突 VS 情感冲突

第五章　让冲突具有建设性

控制情感冲突

　　有时候，人们认为控制情感冲突需要一种不带情感的、不带偏见的决策制定方法。然而，消除在决策制定过程中的激情和感情不但是几乎不可能的，而且也可能适得其反。在创作室内，西泽的团队取得成功的部分原因是每个人来到桌前都带着对于自己观点的巨大热情和兴奋感情。在电子艺界公司创造新的电子游戏的过程也是这样。布鲁斯·麦克米伦（Bruce McMillan）——该公司的前高级管理者，解释说，激情和感情在商业决策中起着非常重要的作用。他想要某一个观点中带有热心和热情的影子，因为他知道这类情感会催生巨大的动力来促使人们成功执行产品开发项目。一个人不能够——也不应该——简单地让人们把自己的激情放置一边。麦克米伦把这一情形比作你与你夫人的异议。正如他所言："设想你要对你的夫人说：'亲爱的，让我们在这件事上不带感情。'你认为她会作出什么样的反应？"高效的领导者会疏导人们的情感，他们不会消除人们的情感。

　　的确，情感在帮助人们做出更好的决策的过程中扮演着重要的角色。有时候，我们在不知道为什么要做出那样的决策的时候就做出了直觉判断。我们的大脑可能识别到一种威胁或者看到一个问题。这种认识触动了一种感觉或者感情。这种感觉或者感情会助推我们在困难和模糊的情况之下做出一个很好的选择,甚至在我们对实际情形有明确认知之前就可以。

军事研究者史蒂夫·伯内特(Steve Burnett)研究了数百名士兵是如何在伊拉克和阿富汗探测简易爆炸装置(IED)的。这些士兵不可能总是能说清楚为什么他们要做这些选择。爱德华·蒂尔尼(Edward Tierney)中士这样形容一次事故:"我的身体突然变得很冷,你懂得,那种危险的感觉。"当被问到是什么告诉他附近有一颗路边炸弹的时候,他说:"不是一样东西。我只有一种感觉,那就是当你走出房间后把所有事情都忘记的那种感觉。"

南加利福尼亚大学教授安东尼奥·达马西奥(Antonio Damasio)做了关于决策过程中的情感因素的里程碑式的研究。他解释了为什么不能把情感仅仅作为非理性决策制定过程中的因素而排除:

> 不久前,人们认为情感是老话题,就像感觉一样——感觉与理性决策几乎没有关系,或者说还会挡路。现在,这种位置颠倒过来了。我们把情感作为实际的行动项目来理解,去解决问题。这些过程一直在飞行员、探险队队长、父母乃至所有人的工作生活当中存在着。

人们如何在不压制自己激情或者直觉的情况下来控制情感冲突?一种成功的方法涉及一套在决策制定过程前、中、后切实的行动

(见表5-3)。在一个小组开始就某事进行辩论之前,高效的领导者会建立基本规则、明确角色与职责、建立成员之间的互相尊重。这种前期的步骤营造了一种环境。在磋商过程中,当情感冲突开始凸现时,领导者就可以通过新颖的方式重新组织辩论,重新描述重要观点,重新审视重要的事实和假设,来帮助团队解决争议和打破僵局。在决策过程结束后,高效的领导者会花时间反思和学习,修补受损的关系和受伤的感情,确保人们记住富有建设性的争论方法。每一个步骤都需要领导者深谋远虑;他们,在有些情况下包括他们的团队在内,必须为使用这些策略做好准备。需要重复的是,我们认为预先做出过程选择会提高领导者的效率。

表5-3　　　　　　　　管理冲突的领导力策略

前期	过程中	后期
制定规则: 就人们在磋商中如何互动制定基本规则。	**重新组织:** 从完全不同的角度,重新引导人们的注意力并彻底改变实际情况。	**反思:** 评估过程并为将来的应用总结经验。
明确角色: 明确每个人在讨论中应该扮演的角色。	**重新描述:** 以新颖的方式呈现观点和数据,来加强理解和激发新的讨论。	**修复:** 致力于修复在过程中并未完全公开的受损的关系和受伤的感情。
建立尊重: 建立相互尊重,尤其是在团队成员认知风格不同的时候。	**重新考察:** 在团队要陷入僵局的时候重新考察基本的事实和假设。	**铭记:** 确保人们记住甚至是歌颂他们处理困难争议的方法。

辩论之前

在人们就某一件事情磋商之前,领导者能够做什么?本章中的这些步骤会提升人们关于人际行为和组织行为多个维度的共同认知度。这种认知度会促进冲突管理。

(1)制定规则。在团队陷入巨大的争议的时候,个人通常会返回某一固定的常规程序中——长时间在组织中深深扎根的行为习惯模式。例如,当保罗·利维在2002年1月份接任贝斯以色列女执事医疗中心CEO时,他发现部门领导——各自领域内的世界领军人物、成就卓著的医生——通常在有争议事件出现的时候,能够始终表现如一,但徒劳无益。在CEO召集的管理层会议上,事实上他们反对某一行动方案,但是他们仍旧保持沉默。然后,他们在会后削弱该计划,打击不认可他们担忧的管理人员。情感冲突淹没了任务型的争议。

利维需要打破这种低效的常规程序。他需要改变这种"不成文"的行为。为达到这一目的,他采取了很多步骤,如最开始就发布了一套"会议规则",说明他希望人们在他的高级管理团队中该如何表现。注意这一方法和第四章"激起思想碰撞的火花"中史蒂文·考尔菲尔德所用方法之间的相似性。他用了一套明确的过程指导方针来管理公司围绕重要战略联盟决策辩论时的行为。在那个案例中，管理者告诉我说，考尔菲尔德和过程主持人在辩论好像要偏离轨道的时候或者辩论变得过于个人化的时候就会重复强调基本规则。艾伦·穆拉利的"一起工作行为"在福特公司起到了类似的作用——提醒人们如何控制情感冲突。

在贝斯以色列女执事医疗中心，利维的基本规则绝不是革命性的：它们包括了简单的原理，例如"说出你的反对意见"和"不同意，但是不讨厌"。当然，利维知道仅仅依靠这些原则不会提高团队处理冲突的能力。那么，这一套明确的规则的意义究竟是什么呢？社会心理学家康妮·盖尔西克（Connie Gersick）和理查德·哈克曼认为，这种干预能够通过提高人们对自己习惯性但有问题的行为方式的认识来帮助人们学习和提高。的确，在发布这一清单之后，利维召开了一次关于新基本规则的讨论会，这期间他模仿了很多描述的行为。随着时间的推移，在有争议的决策过程中他会参考这一清单，如果有人触犯了他立下的规则，他会"批评那些人的不良行为"。简而言之，基本规则变成了一种基准和准尺，人们根据它来反思行为、评估实时决策过程、启动校对行为。

在艾迪欧公司，一套清晰的基本规则约束着公司的头脑风暴环节。例如，其中一条规则是"鼓励自由创意"。艾迪欧公司的领导者不想让人们在团队讨论的初期就排除看起来稀奇古怪的概念。另一条是"一次一个对话"。艾迪欧公司明白,多方面的对话会分心。如果人们不再认真倾听彼此的话,团队会议很快就变得没有意义。还有一条规则提醒人们要"能看得见"。有时候,人们不同意,仅仅是因为彼此不理解。主持人会定期讨论和强调这些强有力的共同标准。艾迪欧公司甚至在墙上张贴图画来向每个人提醒这些重要的规则。

(2)明确角色。第四章讨论了角色扮演如何能够帮助刺激多样化思维。实践证明,这也有助于领导者最小化情感冲突和解决强烈的分歧的努力。通过把个人放在别人的位置上,领导者能够帮助他们更好地理解动机和争议中持有多样化观点的人们的利益。更进一步讲,这能够激发人们更密切地倾听彼此,因为当被要求去扮演一个不同角色时,人们不可能仅仅重复原来的争论,或者使用自己平常的分析框架。知名谈判学者罗杰·费希尔(Roger Fisher)和威廉·尤里(William Ury)认为,如果人们聚焦于自己的位置,而不是努力去理解彼此的利益,这种冲突会变得很不合理。他们是这么解释的:

> 立场式的谈判变成了一种意志力的竞争……生气和怨恨通常会变成一边倒,认为自己屈从于另一方坚强的意志,而自己的合理关切变得不重要。立场式的谈判因此会限制,有时候还会摧毁双方的关系……这种遭遇产生的痛苦感情可能会持续一生。

在永明金融集团,业务部门领导者凯文·多尔蒂运用指定的角

第五章　让冲突具有建设性

色，一方面激发认知冲突，一方面帮助总裁了解组织中其他部门同级人员的利益和目标。正如在第四章中提到的一样，在2000年秋季为期两天的战略制定会议上，他把管理人员分为四人团队。他把会议设计成团队之间竞争的会议，每个团队寻求制定一项最好的新业务计划。在团队中，他指定每个人扮演特定的角色。这四个角色分别是新业务的首席执行官、首席运营官、首席财务官和市场部副总裁。每个角色都有不同的使命。例如，市场部副总裁审查客户的价值定位，首席运营官分析新业务如何带动现有资源和评估这项业务如何设计与组织。多尔蒂要求每个人扮演他们不熟悉的角色。比如，他要求市场部的员工扮演首席财务官。

这些会议激发了大量的多样化思维。就如何增加公司的收入和拓展新业务，管理团队提出了很多创新性的想法。团队成员间的辩论变得热烈，竞争性的观点开始流动，有一些建议挑战了如何在市场上竞争的长期信念。不过，人际摩擦仍保持在较低水平。当被问到为什么时，管理者指出：他们被强迫远离"自己的小筒仓"（own little silos），他们开始理解为什么别人常常会提出具体的反对意见或在重要决策中能够对备选项进行不一样的评估；他们非常注重支持自己的论点，因为他们处在自己不熟悉的领域内。最后，人们发现自己更加了解自己的偏见和倾向。

多尔蒂的方法看起来煞费苦心，也许是为了一些情形过分设计的。在那种情形下，领导者可以采取一种更简单的方法：他们可以要求人们对自己不支持的立场进行评估和辩护。"新学校的新领导"（New Leaders for New Schools）这个组织是一个旨在为城镇学校培训杰出校长的非营利组织，管理团队在组织建立初期需要做出一项重要的战略选择。在经过大量讨论后，关于组织如何推进仍旧存在分歧。莫妮克·伯恩斯（Monique Burns）——该组织的创始人之一兼主席，回忆说：辩论反反复复地进行，却没有任何进展和结论。这个团队决定让辩论双方撰写出一份完整的战略计划——大概十页篇幅——勾画出他们不支持的战略观点。这一经历增强了人们对于每一项选择的弱项和强项的理解。让他们对于反驳的观点提升了容忍度，主要是因为他们对于别人的具体论点有了更好的理解。最后，他们选定了一项几乎不招人怨、得到所有成员坚定支持的战略。

（3）建立尊重。几乎所有人都会同意团队成员间的互相尊重会增强他们的能力，使他们以一种建设性的方法与别人争执。如果人们看重同事的能力和专业技术的话，或者如果人们尊重团队成员的行事方式的话，人们就会聆听得更加仔细，更加重视反对观点。然而，想把情感冲突减少到最低程度，他们需要调节另一种相互尊重的维度。他们需要培育一种共同的理解和对于人们的不同认知方式的相互欣赏。不必惊讶于《恺撒传》的作者们彼此之间无限地惺惺相惜，也许最重要的是，他们认可并欣赏个人在创作中的不同方式。

第五章　让冲突具有建设性

心理学家马克·坦南特（Mark Tennant）将认知风格定义为"个人的性格特征和组织与处理信息的连贯方法"。已经有很多不同的认知风格的手段和技术被开发出来了。多数人熟悉的迈尔斯-布里格斯（Myers-Briggs）的性格类型指标——多年来使用的一种简单方法，帮助人们思考如何处理信息和解决问题。例如，迈尔斯-布里格斯对基于逻辑和客观分析做决策的人和基于主观价值体系做决策的人做了区分。团队不需要迈尔斯-布里格斯评估每个成员的认知风格时使用的正式调查方法，虽然很多团队发现这么做很有益。频繁的互动和深刻的反思也证明具有一样的启迪性。

莫妮克·伯恩斯的经历表明团队能够从关于不同成员偏向何种信息处理和做决策的方式的坦诚讨论中获益。她指出，组织中的核心团队当初由六人组成：两名商人、一名政策专家和三名教师。你能够想得出，这些人就像伯恩斯描述的一样："解决问题的方法完全不同。"开始的时候，认知风格的多样性对团队来说是项巨大的挑战。人们很难理解他们是如何就某件事件取得一致观点的。有时候，他们一个一个传话，发现找到共同点非常困难。人们一定是带着极大的激情和感情来辩论的。伯恩斯和她的同事开始的时候还没有意识到这个问题。情感冲突的潜力在这类情形中有了实质性的增强。所幸的是，她的另外两个合作创始人乔恩·施努尔（Jon Schnur）和本·芬顿（Ben Fenton）开始认识到这种认知冲突的巨大多样性已经变成了团队中有效沟通的障碍。他们发起一场关于组织中面对的挑战的开放式讨论，帮助他们理解和欣赏团队中的这种重要区别，增强了对于这种区别的认识和相互尊重。团队成员发现他们在新问题出现时更容易投入富有成效的辩论中了。

当然，相互尊重和理解延伸到认知风格之外了。在其他事情中，领导者必须培育出对于文化差异的欣赏。他们要做的远不止强调语言和风俗。团队成员必须理解具体选择的文化差别。在《选择的艺术》一书中，哥伦比亚大学教授希娜·延加（Sheena Iyengar）描述了个人做决策时的很多重要的文化差别。她对世界文化做了大致的区别：个人主义VS集体主义。有些文化，比如美国文化，更加个人主义；但是，其他文化，例如日本文化，则倾向于集体主义。这些文化在很多方式上都有区别。例如，个人主义文化强调自由选择，集体主义文化强调的是个人的义务。

延加做了很多迷人的研究来识别决策过程中的文化差别。其中一个是关于儿童（7~9岁）的研究，一批儿童是亚裔美籍，另一批是英裔美籍。她把儿童随机分为三组。一个小组看一些回文构词法和颜色标签。她告诉他们："这里有六组字谜你们可以选择，你们愿意选择哪一个是你们的自由。"孩子们可以选择回文构词法和颜色标签。她告诉第二组孩子们去练习具体的回文构词法，使用蓝色的颜色标签。她告诉第三组说他们的妈妈想让他们去练习具体的一种回文构词法,使用一个具体的颜色标签。有趣的是,英裔美籍孩子们在获得自主权以后表现得最好。亚裔美籍孩子在得知妈妈的选择后练习了更多的回文构词法,这些孩子比那些自由选择的孩子在回文构词法上花费的时间更多。对比鲜明的是,英裔美籍孩子得知他们的妈妈咨询了这个练习后,表现得很尴尬。

这一实验展示的是个人主义文化中的很多人高度重视自主和选择;集体主义文化中的人们倾向于聚焦在共同的目标和目的上面,而且具有一种责任感。认识这些重要区别在全球管理团队应对重大决策的时候很有帮助。

磋商过程中

所以,要在辩论之前做好全面的准备——认真考虑角色、规则以及尊重认知风格的多样性。尽管如此,有一刻会到来,那就是当管理者发现他们自己困在一个僵局中时——几乎没有倾向要和别人妥协的时候。争论也许开始越线,从论事到论人。这个时候要做什么呢?

(1)重新组织。当个人好像要陷入本位僵局的时候,领导者要找到一种方法来改变他看到的实际情形。经常出现的情况是,当辩论热烈进行的时候,个人开始把这个情况看作一种竞争或者一种对意志力的考验。他们认为是在做零和博弈游戏,事实上当时双赢也可以实现。个人开始停止思考新的可用来审视的信息源,或者比现有的选项都要好的备选项出现的可能。他们开始担心会丢脸，担心决策不以他们想要的方式制定，而不是担心组织遭受的影响。在这些情况中，领导者需要调整焦点，回到需要解决的问题上来。谈判专家威廉·尤里将其称作"改变框架"。他做了如下解释：

> 重新组织意味着要重新引导另一方的注意力，朝着利益关系方向来发明创意性选择，讨论选择的公平标准……而不是反对坚定的立场，要把它当作对讨论的信息贡献来对待。通过这么说来重新组织："那样做很有趣。你为什么要那么做？帮助理解你要解决的问题。他们回答的时候，对话的焦点就从立场转回共同利益的关系上来了。你就改变了这场游戏。"

1986年，在不幸的"挑战者"号航天飞机发射前夕，那次声名狼藉的电话会议就是失去重新组织辩论机会的有力例证。在那次会议中，NASA的承包商莫顿·瑟奥克尔公司（Morton Thiokol）中的一名工程师罗杰·博斯乔伊，试图表达他对航天飞机固定推进器中的O型密封圈在定于翌日发射的低温环境中出问题的担忧。在博斯乔伊坚持航天飞机不要发射，而NASA管理者又十分坚定地反对推迟发射的情况下，气氛变得对立起来了。管理者要求有科学的证据来支持博斯乔伊的担忧。在不能提供证据的情况下，博斯乔伊逐渐带着愤怒重复着基本的争论。双方都陷入了僵局，人们变得很受

第五章　让冲突具有建设性

挫，情感冲突开始浮现。那时候，乔治·哈迪（George Hardy）——马歇尔太空中心（Marshall Space Center）的科学与技术部副主任，有力地评论说，他对莫顿·瑟奥克尔竟然提出要推迟发射的建议非常震惊。想象一下，人们是如何看待反对航天飞机发射用意良好而又富有逻辑的辩证的？带着沮丧感，马歇尔太空中心的拉里·马洛伊（Larry Mulloy）问道："瑟奥克尔，你想让我什么时候发射？明年四月份吗？"显然，辩论已经没有实际意义。

我的同事埃米·埃德蒙森指出，这些与会者本来可以避免不合理的辩论——也许还可以阻止这种灾难的发生——通过把讨论重新组织成一种集体学习和解决问题的过程。她指出，人们没有提出新的问题，而是重复性地为自己的立场辩护。人们没有试图去理解彼此的想法。缺乏质问也就意味着人们不会从彼此身上学习，也不会利用会场内集体的专业技术优势。他们会变得沮丧和情绪化。如果与会者重新聚焦在问题上，试图去理解O型密封圈和低温之间是否有联系，他们很可能就会意识到他们的确有获取数据的渠道，本应该是可以说服所有人去推迟发射的。会议期间，博斯乔伊展示了过去飞行中O型密封圈出现事故的温度数据。这一证据没有说明温度和O型密封圈故障之间有明显的关系，因此，管理者仍旧不相信这种威胁。然而，如果团队把所有的飞行都考虑在内的话，包括那些没有发生O型密封圈事故的飞行，那么与会者将会很快了解到的确有一种关系存在。但是，在辩论过程中没有人要求这类数据。

埃德蒙森强调一种力量，通过提出好奇的但是没有威胁的问题来帮助重新组织一场有争议的辩论并打破僵局。例如，她说有人就应该向马洛伊提问："你究竟需要什么样的数据才能改变主意并推迟发射呢？"埃德蒙森认为，对于这个问题的类似回应（"我想要的是过去的飞行中能够说明温度和O型密封圈腐蚀之间的关系的数据。"）将会在团队当中激发起大量的调查和学习总结。具体来说，团队成员应该一起来揭示能够说服NASA高级管理人员推迟发射的数据。

尤里同意这种重新组织有争议磋商的方案："把对方注意力引向问题的最明显的方法就是告诉他们。但是断言的话，很容易引发他们的抵触。较好的方法是提问。"遗憾的是，人们陷入激烈的争论，常常是停止提问，变成了尖锐的断言。更糟糕的是，他们不再聆听。为此，决策过程的领导者必须采取行动，要抓住机会，通过询问人们的目标、假设以及证据，把团队调整到集体询问的模式。高效的领导者非常注重系统清楚地阐述这些问题。在管理冲突方面，语言能够带来改变（起很大的作用）。领导者可以模拟一种方法，他们想要人们选择那些最不可能引起别人防御性反应的词语（见表5-4）。他们不应该让问题听起来具有对抗性（"你为什么这么说呢？"）；确实，他们应该把提问作为一种个人想要更好地理解他人思想的体现。"挑战者"号的悲剧告诉我们，领导者要记住彼得·德鲁克（Peter

Drucker）明智的劝告："错误的管理决策最常见原因是把重点放在了去发现正确答案，而不是去发现正确的问题上。"

表 5-4　　重新组织辩论：提问正确的问题

问题类型	范例
为什么？	请帮我理解为什么你认为……
为什么不呢？	为什么不选择其他选项呢？
如果是……会怎么样？	如果我们发现这个假设有误，怎么办？
你会怎么做？	如果你在我的位置，你会怎么做？
是什么让那成为最理想的？	你认为那是最优方案？我想听你说说。

（2）重新描述。有时候，冲突变得不合理是因为一些人努力去传达一个重要的观点，但没有采取有说服力的方法来提供支持证据。他们会变得越来越沮丧，因为他们不理解别人为什么就不能找到令人信服的数据——看起来好像很明显啊！很快，他们就会把他人不能理解自己的观点而又不能被说服归咎为后者的不足之处。他们会想："一个聪明人怎么就不能理解呢？"

认知心理学家霍华德·加德纳（Howard Gardner）是人类智能多维度研究领域的先驱，他主张人们可以通过一套他称之为重新描述的方略来避免这些沮丧的情形。加德纳写道："根本上相同的意思和内容，可以通过不同的形式来表达；词汇、数字、戏剧性的表演、项目符号列表、笛卡尔坐标，或者一个条状图……同一观点的多种版本构成了一种特别强大的方法去改变思想。"

加德纳用一个简单的例子说明了他的观点。很多人在开始接触一个任务的时候，都是粗略地针对每个因素花费大概相同的时间和精力。加德纳称之为"五五原则"——他认为这是我们在童年时期使用的概念。与此形成对比的是帕累托最优原则（Pareto principle），即所谓的"八二原则"。例如，某一具体产品的80%的缺陷是由20%的成分造成的。帕累托原则适用于很多任务和情形，但是加德纳指出，在生活中人们的行为常常牢牢遵循着"五五原则"。人们怎么会被说服改变行为呢？加德纳认为，人们可能是用了很多种数据模式来描述"八二原则"的。表格、笛卡尔坐标、条状图，甚至是卡通，都可能被用来描述这个概念。当模式的数量增加时，这个概念变得更加引人注目。图5-2举例说明如何对一组数据用两种不同的方式展现，以体现帕累托原则。

重新描述在理论和实践层面都可行。多年前，在我的一个课堂上，两个学生为我布置的一个案例中的一些事情争执不下。在辩论升温的时候，一个学生意识到其中一人可能以不同的方式看待这些事情。这种重新描述帮助这个人理解了对手的想法。有了这一新的见解，即使辩论仍在继续，沮丧感却消除了。很幸运的是，学生的及时干预化解了潜在的情感冲突。

有时候，人们争执是因为他们不能有效刻画出多种抉择的正反面。你可能会通过模拟多种选择来重新描述观点。想一想波音747

第五章 让冲突具有建设性

的例子吧：乔·萨特（Joe Sutter）在20世纪60年代带领团队设计开创性的喷气式客机。当时显赫的国际航空公司之一——泛美航空，催促波音开启这个发展项目。泛美航空传奇的创始人兼CEO胡安·特里普（Juan Trippe）想要一个能够搭载350人的飞机——比当时最大的飞机还要大两倍。

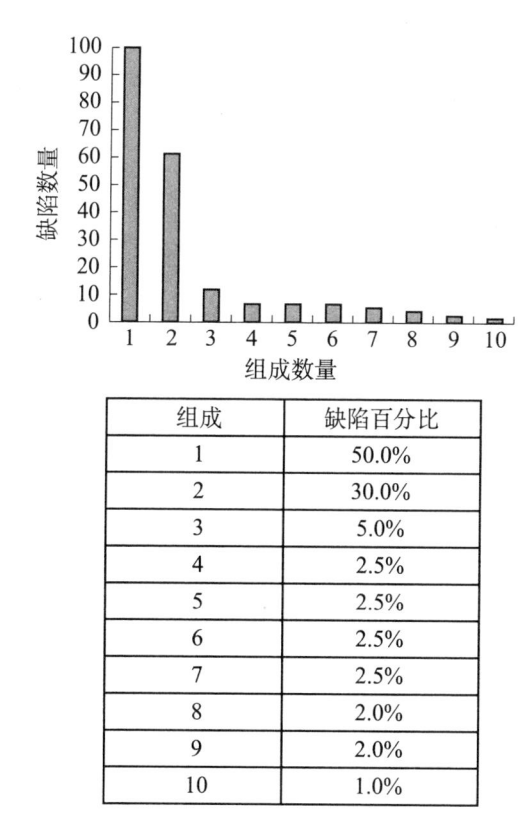

组成	缺陷百分比
1	50.0%
2	30.0%
3	5.0%
4	2.5%
5	2.5%
6	2.5%
7	2.5%
8	2.0%
9	2.0%
10	1.0%

图5-2 帕累托原则：相同的内容，不同的模式

资料来源：R. Koch（1998）. The 80/20 Principle. New York：Currency/Double day.

特里普预想了一种双层飞机。他认为，增加一个层面是有效增加乘客数量最简单的途径。在设计工作开始的时候，萨特和他的一些工程师开始对双层概念产生了怀疑。他们探索了一个备选项——一种很宽大的单层飞机。为了能让飞机搭载更多，工程师把飞行舱置于主体之上。这一观点最初遭遇了很强烈的反对。有些人已经深深陷入双层概念之中。他们担心的是偏移了特里普的最初设想，特里普会做出何种反应。

胡安·特里普、约翰·博格（John Borger），以及其他泛美航空高管来到波音参加一个重要的会议。萨特说："他们来的时候带着怀疑的表情，也没有平时那么热情了。"他知道，他们怀疑单层设计。萨特回忆说，当时"紧张情绪高涨"。萨特和他的团队决定建立两个大概的模型。他们想要让特里普看见和感受这两个选择。萨特和他的团队没有花费多少就很快建立了两个模型。萨特是这么描述泛美航空高管们的反应的：

> 博格和其他人注视着粗制的模型底舱。他们已经明白这种双层飞机不能为乘客或者货物提供多少空间，但是必须眼见为实啊。我从他们的脸上看到了失望……他们在审查底舱的时候，我从下面看着他们。就环境而言，他们关注得很少，更多是被飞机的比例震惊了。

第五章 让冲突具有建设性

然后，泛美航空的高管到了单层飞机模型那里。他们对飞机前部凸起的部分和飞行舱位于机身的主体之上很感兴趣。他们认为这一选择可能有助于搭载更多的创利货物，当紧急情况发生时乘客离舱也更加安全。特里普询问了飞行舱后面的空间。萨特解释说，机组人员可以在长距离国际航途中在那里休息。特里普提出，可以在那里建立一个小的商务舱。他开始接受最初设想的备选项。这些模型缓解了波音和它最重要的客户之间的关系。在情感冲突会使项目偏离轨道和造成双方重要的关系紧张之前，让选择鲜活起来可以解决很多的观点分歧。

（3）重新考察。当僵局出现和激烈的辩论就要炸锅时，领导者也可以让参与者重新考察关键事实和假设。这时候，领导者希望能让人们暂时从他们的位置抽身，帮助他们精确地发现怎么样以及为什么他们对组织合适的行动方案有分歧。通常，这种重新审查和优先假设的过程是信息搜集和分析的新途径。就像其他的技巧一样，这种曲线变通的方法能够帮助人们努力找到共同的因素。如果个人能出面以一种友好的方式解决一项关于重要建设的争议，那么这一点就可以在稍后的磋商中作为一种催化剂来刺激人际关系改善。简而言之，人际关系的改善是通过某一具体的分析或者假设取得一致意见实现的。正如第九章"达成一致意见"将要详细讨论的一样，"小胜利"有助于让团队合龙（结束讨论）。

一位国防工业主管是这样形容他在一个重要的战略选择中摆脱艰难时刻的：

> 通常，人们有争议是因为他们要么认为人们各自的数据不同，要么认为客户想要的东西和现在呈现的不同。总体来讲，我们要做检查，去看看客户是不是想要，去看看数据是不是不同。

这位主管指出，在无数场合返回数据和假设，使得他处理了一件非常有争议的事情而没有在同事中引起大的摩擦。从一定意义上讲，熟能生巧。当人们聚焦于争议的小范围和设法去解决这些争议时，他们就练就了一种以建设性方法处理冲突的能力。这种能力在为组织做最终决策的时候助力不少，决策过程开始时的人际紧张就消除了。

有时候，一个团队要做的还有很多，而不仅仅是重新考察数据和假设。需要把组织的核心价值观作为指针来做出艰难的选择。安妮农庄（Annie's Homegrown）的约翰·福勒克（John Foraker）是这么形容公司的一套价值观的：创始人安妮·威西（Annie Withey）已经把这些原则灌输到了整个组织。约翰·福勒克当上该公司CEO的时候，公司还没有正式的文件来解释公司的核心价值观，尽管有些老员工很清楚创始人的信条。他叫他的团队起草一套有关核心价值观的明确的标准和原则,他感到管理团队可在制定重要决策的时候使用这些标准和原则。团队会问:这个备选项会提升我们的价值观吗?有些选择与我们的核心理念不符,我们应该反对吗?重新考察核心价值观有时候会让有争议的讨论变得明晰化,也有助于人们从不同的角度看待一系列选择。

决策之后

选择决策制定了,辩论结束了。如果幸运的话,整个团队就会全力投入选择的行动计划中。但即便有如此强烈的认同感,你的工作也还不完整。欲使决策管理高效,领导者还需要在决策过程结束后采取特定的步骤来确保个人和组织成功处理情感冲突的能力得以强化。

(1)反思。温斯顿·丘吉尔(Winston Churchill)曾经说过:"虽然我不喜欢被教导,但是我一直乐于学习。"从失败中学习的确是种痛苦的经历。如果一个团队在决策过程中遭遇情感冲突,那么团队成员可能不会乐意去重新审视他们的失误。然而,作为一个领导者,你需要把有规律的反思作为每一个决策过程后续的重要组成部分。发完脾气后再回头看具体的分歧,常常会得出一些重要的教训——本来可以更加高效地进行管理的。

如果吸取经验教训的那些做法能够以系统的方式执行,团队能将其当作一个习惯的话，效果是最好的。虽然很多公司在研究大型项目的时候采用这些做法，但是人们也能够而且应该在评估决策制定的过程中采用相似的做法。大卫·加文的研究表明美军在把反思过去经验作为一项常规机制方面做得尤其好。军队在每次任务的行动之后都会做回顾。这种讨论分为四个阶段推进，每个阶段集中在一个具体问题上：

1）我们要着手干什么？

2）实际上发生了什么？

3）为什么会发生？

4）我们以后怎么做？

在许多组织中，人们在开始反思和回顾过去经历的时候都是直接跳到问题3）和问题4）上。他们想讨论的是出了什么错以及如何修正。但是，军队发现，花费一定的时间在前两个问题上非常关键。人们需要弄清楚目标以及这些目标达成的衡量标准。这时候，人们就会想进行一次关于判断决策过程质量标准的坦诚讨论。你应该分享在具体讨论中你希望取得的成果。军队还发现，在吸取教训之前，人们应该就特定情形中的事情取得共同的理解。想一想你所在的组织中的决策过程。是不是所有的参与者都认可磋商中具体争议是如何以及为何出现的？是不是每个人都以相同的方式感知到人际关系的紧张？也许甚至有的人都没有参加过那些火药味十足的会议。如

第五章 让冲突具有建设性

果要给决策过程出力,每个人都需要有一份完整的划定范围的地图。做到了这些,你就可以去分析冲突为什么会出现以及团队今后应该采取什么样的方法。

在很多组织中,人们都是爱放马后炮,也就是说,他们只有在失败的时候才开始考虑需要反思和回顾。美军的做法不一样,不管是成功还是失败,以及程度有多高,每次任务后都会进行回顾。美军说,在一次基本成功的任务中,也有很多问题出现。反之,即使是一次没有达到最初目标的任务,也有一些事情是做得正确的。不管整体结果如何,都会有有效或者无效的管理内容。领导者需要把每一刻当作学习的机会。

(2)修复。当决策过程结束时,可能总有一位领导者或者是一些参与者发现,有那么一些人感到自己被批评了。有人认为只要是冲突就有建设性,但是其他人可能不这样认为。人们的感情可能会受伤,在一场非常激烈的争论后还遗留痛苦,他们会把这些感情留给自己。领导者要特别注意,不要认为人们都是像自己想的那样来看待冲突。沉默并不意味着对决策过程持有一致的积极态度。领导者应该找出消极情绪、受损的个人尊严以及损坏的人际关系。

如果领导者发现在一场艰难的辩论后有这种结果,他们需要转移到修复模式。在开始下一场有争议的辩论前,他们要勇于直面这些问题,否则的话,之前一小部分人员的摩擦可能会发展而且打乱团队甚至是整个组织的计划。在艾默生电器公司，查克·奈特采取了一种很简单的方法，在艰难辩论后密切注意人们的感受和情感。当一场非常有争议的战略回顾结束时，他总是设法在会议结束后的用餐时间里坐在业务部门总裁身边。当然，那个人很厌烦来自集团员工甚至是他自己的各种质疑。他想用餐间对话来了解这个业务部门总裁是不是对早期的讨论持有消极的感情。不管奈特感到他是以什么方式使得他们之间的关系受损了，他都开始制定一个计划来修复这种关系。

奈特的这种方式也可能不会总是能发现消极情感。在有些时候，人们会进一步畏缩，去压抑自己的感情，担心一旦暴露出来可能会影响他们在组织中的声誉。他们不想让人认为是"软弱的"或者是"脸皮薄的"。为此，领导者就要找出人际关系进展的潜在信号。他们也许会寻找同事之间平时交往中的破裂部分。类似地，他们也要注意某一具体管理者参与度的突然变化。一个平时健谈的人在会议中突然变得很安静，可能就是出于这方面的原因。同样，如果一个很内向的人变得比平时更好辩，也要多留心之前的分歧是不是影响了他。在很多时候，如果领导者开始找寻这些危险的信号，他们会发现其实这些信号并不都是那么难以捉摸的——领导者只需要稍稍注意人们日常行为模式的变化并加以调和。

（3）铭记。最后，领导者想让组织记住建设性冲突管理的一些

第五章 让冲突具有建设性

显著事例。他们想要歌颂这些事例,并把它们收入讲述组织发展历史的"经典故事"的百宝箱里面。领导者那么做,是对那些曾经以积极态度处理分歧的人的表彰。进一步讲,他们应该鼓励人们模仿这种行为。即使个人会设法适度控制情感冲突,他也不会总是对有争议的辩论持积极态度。很简单,他与一位同事投入一场非常有争议的讨论当中——可能还在个人批评的边缘——这会让他们一点都不自在。领导者应该把这个故事告诉其他人,当作一个期望行为的实例来展示,消减人们关于表达异议的焦虑情绪,特别是在过去有"礼貌"的组织文化氛围下。

正如前面所述,保罗·利维负责的那个组织中,人们通常在会议中不公开表达异议,当冲突出现时也不会有效处理。他非常渴望能够改变那种文化。在他上任前的几个月内的一次委员会上,他明显感到有两个人就某一事情有很大的争执,但是那种争执没有浮出水面。他故意刺激两个人打了起来。在座的其他人非常惊讶于这些人竟然互相大声喊叫。在会议结束后,利维表示理解他们的沮丧心情,但是强调他很高兴看到分歧能浮出水面,公开讨论。双方非常有建设性地一起讨论分歧,在利维的帮助下,他们在下次会议之前为组织找到了一个很好的解决方案。当时,利维指出,他相信很多人会因为就分歧公开争执产生不自在的感受,但是他问那两拨"战士"是否就解决分歧感到高兴,那两拨人的回答是他们很满意。

那些人当中的一个实际上在会议结束的时候唱了一首自己就这个事件创作的歌曲。他唱的是"在利维的旁边"——一个冠以 CEO 名字的生动短剧的曲调。利维当然很清楚：这种精彩的解决冲突的故事会传遍组织上下。他加强了这种传播效应。他说得很清楚：他被这些人应对冲突的做法惊呆了。通过那么做，他向组织释放出一个强烈的信号：他期望以后如何处理组织中的冲突。他把这种非常生动的记忆作为一种强大的教导方法。

能力建设

本章节讨论很多用来缓解或者阻止情感冲突的机制方法。我们知道，冲突管理需要很强的技能和前瞻力。领导者必须擅长诊断、调节、教导和促进。通常，他们需要个人亲自去解决组织中管理者之间的分歧。我们已经说过"熟能生巧"；换句话说，领导者更应该随着时间的推移越来越擅长化解分歧。冲突管理已经变成一种个人能力，领导者借助这种能力来确保及时有效地制定决策。

然而，咨询师查尔斯·拉本（Charles Raben）和珍妮特·斯潘塞（Janet Spencer）指出，冲突管理不能仅仅局限为领导者的个人能力。领导者还要教导他们的团队成员，以便他们也能够擅长建设

第五章 让冲突具有建设性

性地管理分歧。冲突管理必须成为一种共同的责任，最终还要成为组织的能力——不仅仅是个人能力。领导者不能面面俱到管理每个分歧。以下文字虽然是作者针对 CEO 行为撰写的，但是这种观点适用于所有层级的领导者：

> CEO 必须提高教导和引导的能力……想要成为一名成功的教导者和引导员，CEO 必须以帮助别人更得心应手地应对冲突为最纯真的动机。最关切解决眼前冲突和让大家回到平常的工作中的 CEO 通常在朝成功迈进的过程中缺乏耐心和责任心。CEO 天然就是缺乏耐心和任务导向型的人；他们看到问题，就想解决问题。要想提高作为教导员或引导员的能力，通常还需要 CEO 培养新的技能并采取一些新的视角看待问题。

自由与控制

领导者肯定不能解决复杂决策制定过程中的每一项分歧。他们需要帮助。他们必须提高下属的技能。进一步讲，领导者在放开多样化思维权利的时候，要连贯性地放弃对一些讨论过的观点和选择的控制。领导力意味着要有一种更大的责任来建立一种让人们表现的环境氛围，以及让人们发起和解决冲突的过程。领导者能够而且

167

应该塑造和指导人们究竟怎样争论，以及辩论进行的氛围。按照这些原则，拉里·格尔巴特真实反映了锡德·西泽领导的有创意性的创作室，格尔巴特说："他拥有完全的控制，但我们拥有完全的自由。"

第六章　那些故意唱反调的人

教练就是能纠正错误却不会让你记恨的人。

——约翰·伍登

罗马天主教廷会宣布一些非常特别的男人和女人为圣徒。圣徒是什么意思呢？天主教廷把这种荣誉授予那些道德特别高尚和品行高洁的人。天主教徒会让圣徒为他们祈祷，代表他们向上帝求情。当个人想要提高自己，更有效地为别人服务时，他们把这些圣徒作为榜样。

要成为圣徒，必须是在死后才可以被提名。然后会有一项调查。教会官员会审查这个人曾经的生活、他（她）曾经写的东西，以及这个人对别人的影响。他们当然还会寻找这个人曾经制造奇迹的证据。要成为圣徒，一个人必须至少制造两个奇迹。

成为圣徒要经过一个叫作追封仪式的过程。几个世纪前，天主教廷的这个过程规定得非常严格，意在让圣徒的提名非常稀少。为确保圣徒名副其实，教皇西克斯图斯五世指定一名教廷官员在追封仪式中扮演一个特殊的角色。1587 年，教皇任命了一个人作为助信者，也被称为故意唱反调者。他指导这个助信者去书面准备某个人为什么不值得成为一名圣徒的所有论点证据。一个人只有应付得了故意唱反调者的反对和批评，才能顺利通过追封仪式。

在位早些年的时候，教皇约翰·保罗二世修改了追封仪式的过程。1983 年，他撤销了助信者办公室。教皇约翰·保罗二世想增加圣徒的数量，建立一种所谓的"快车道"。他旨在为人民提供更多的当代楷模，要展现给人们的信念是：即便在日益世俗化的世界里，人们也能够高尚地生活。他也希望当时那些几乎空白的地域和文化环境下能够出现新的圣徒。

在位期间，教皇约翰·保罗二世追封了大约 500 名圣徒——自教皇西克斯图斯五世以来 400 年间总数的 5 倍之多。撤销作为故意唱反调者的助信者办公室明显产生了重大的影响。没有了强烈的反对意见，更多的人选快速而又顺利地通过了追封仪式。

用"故意唱反调"提高决策质量

最先使用故意唱反调者技巧的可能是天主教廷，但是，几个世

第六章 那些故意唱反调的人

纪以来，其他的组织也使用了这一概念。近些年，很多商业领导者都使用故意唱反调者技巧。他们认为，有时候你需要在对话中嵌入反对观点。这么做的话，你可以提高决策的质量。

想一想以色列机器人制造公司（Mazor Robotics）CEO 欧力·哈多米（Ori Hadomi）的案例吧。哈多米公司生产了最前沿的脊柱手术机器人指导系统。哈多米和他的管理团队每年年底的时候都会审视自我。他们找出过去一年中出现的最大的五个失误，然后为新一年设定目的和目标。哈多米在失误中摸索它们的模式。几年前，管理团队发现他们在制定计划的时候经常停留在美好的假设上。哈多米是这么解释的：

> 最明显的失误就是我们经常选择去相信一种乐观的情形——我们过于乐观。当你要动员其他人、向他们展示未来种种可能时，积极的思想在一定程度上是很重要的。但是，在其基础上制定计划就非常危险。我们就指定一名管理者作为故意唱反调者。

以色列机器人制造公司国际市场销售部副总裁就是故意唱反调者。他发现和调查所有的假设。结果呢，公司制定出了更加现实的目标和计划。哈多米是这么评价的：

> 他实际上非常善于挑战，他知道怎么去提出合适的问题。他让我切记："让我们谦逊对待假设。"最让人惊奇的是，他是

171

国际市场销售部副总裁。人们总是认为销售部副总裁不够现实。但是，他就有很强烈的批判思维方式，而且是如此的具有建设性。我有时候认为，在制定计划和设定期望值的时候，领导者的风险之一就是想得太乐观。

你听说过有的总裁说"让我们扮演一会儿故意唱反调者"吧？在很多组织中，这种话经常出现。然而，故意唱反调法并不总是有助于提高组织的效率，有时候弊大于利。正是这一原因，这种刺激冲突和辩论的方法阻碍了进一步的调查。

研究故意唱反调法

很多年前，一组学者就开始评估故意唱反调法。他们认为这种方法有助于防范群体性思维。第二章"决定如何做决策"中的一系列的实验性研究都把故意唱反调法与辩证询问法做了对比。大多数研究没有发现基于两者的决策质量有实质性的差别。然而，学者们发现诱导辩论的两种方法和第三种"自由讨论"方法之间有着明显的区别。"自由讨论"是一种共识技巧，强调努力以团队的形式取得一致意见。例如，大卫·奥斯维格（David Achweiger）、威廉·桑德伯格和詹姆斯·拉根（James Ragan）在20世纪80年代中期进行了一项实验性研究，来对比这三种方法在群体决策方面的区别。他们让MBA学生团队处理一个战略决策案例并为该公司的管理团队提出建议。一组专家

第六章 那些故意唱反调的人

评委评估了他们提交的决策。大卫·奥斯维格、威廉·桑德伯格和詹姆斯·拉根三人发现故意唱反调法的产出要比共识方法更好。一项后续的研究肯定了这一结果,研究中的那些团队是由世界500强公司的管理者组成的。

故意唱反调法是如何又是为什么能够提高决策质量呢?它仅仅是有助于对抗新观点和假设吗?我和同事最近做了一项研究,审查故意唱反调者另一方面的潜在效应。我们假设故意唱反调者能够揭示出别人私藏的信息。通过这么做,团队可能做出更加明智的决定。

很多年前,加罗德·斯塔瑟(Garold Stasser)和他的同事做了一系列关于团队信息共享的有趣研究。在其中一项研究中,他们设计了一个谋杀谜案,有一系列的线索能用来追踪是谁犯的罪行。他们提供了三个嫌疑人。如果人们能正确分析线索的话,就能够排除两个人,并确定第三个人就是凶手。学者们让个人去处理这个谋杀案并且追踪他们的成功率。然后,他们让小团队解决这一谋杀谜团。学者们给这些团队发布的信息是不均衡的。他们对所有人都只给了一部分信息,给部分团队成员一些特定的线索。因此,在团队成员中就存在私有信息和共享信息混杂的情况。研究者发现,在这一任务上,个人在很大程度上要比团队强。

团队为什么不行呢?斯塔瑟和他的同事认为,团队没有把未共享的信息集中起来。团队通常集中在所有团队成员共有信息的讨论上，个人通常不会暴露出别人不知道的数据信息；即使在团队有共同目标的时候，不完整的暴露也会发生。在团队成员不公开个人私有信息的时候，团队表现通常就会打折扣。有些任务和决策需要每个成员的信息和专业技术的融合，即使只有一个人不公开和分享私有信息，也会影响团队有效完成任务的能力。

我和同事布赖恩·沃德尔（Brian Waddell）、苏基·尹（Sukki Yoon）决定重新组织审查这一个谋杀谜团。为做研究，我们没有把个人和团队做比较，相反，我们审查了两个团队的表现。团队中的一半人员按照斯塔瑟原始实验的明确说明进行解谜；剩余人员想办法解决同样的谜团，但是我们指定一人作为故意唱反调者。我们发现了什么？有故意唱反调者的团队远远超越了另一个团队，他们在解决这一谜团方面取得了更高的成功率。我们的研究表明，故意唱反调法不仅仅能引导出关于假设和备选项更好的评判和评估，还有助于带出原本可能不会被共享和有效融合的信息。

故意唱反调者的缺点

故意唱反调者可以提高团队决策的质量。他们有助于让隐性危险浮出水面。他们也会帮助我们把原本不会被共享的更多信息带到桌面上来。有什么缺点呢？想一想我们经常听到的关于形容故意唱反调者的话语："他是个背道而驰的人。他指出了我们论据中的漏洞。""她把我们的计划撕碎了。""他暴露了我们论据中的所有缺陷。""她说我们的想法不可行。"想一想这些话语,它们听起来像是在描述建设性的批评吗?

在太多的情况下,故意唱反调者花费了大量的精力用于拆解团队成员提出的观点。他们就是别人提出的每一项创意性观点的路障。某一观点的支持者很快就会变得防御性很强,情感爆发,导致人际冲突上升。如果故意唱反调者在组织中有足够大的权力和足够高的地位,他很可能就会用一票否决权。大声加大权,会让一个故意唱反调者把自己的意志加强给团队。其他人会变得很沮丧,因为他们很难取得新的成果和改变。故意唱反调者看起来会维持现状。

"唱反调"如何激发多样化思维

如果不带来沮丧、生气和防御,故意唱反调者如何能够帮助团队呢?我们必须重新考虑这一技巧的目的。在团队中,我们一定要为故意唱反调者设想一个与众不同的角色。好的故意唱反调者不是要把别人搞垮,或者是从呈交的计划中找出弱项;相反,他们会鼓励人们就某一问题采取不同的思维。他们助推别人采用不同的观点来审视一件事情,或者提出更多解决问题的选择。

一个高效的故意唱反调者是努力去打开询问的新通道,而不是仅仅否决那些看起来有缺陷或者不合适的建议。一个高效的故意唱反调者不会总是旨在把别人拉到自己的立场上来,相反,他会提出一个场景或者一套问题,这样的话人们自己就会发现新的选择。一个富有建设性的故意唱反调者不会挑战另一组人员的论点。他会努力鼓励一种对话,就同伴呈交的逻辑和证据提出质问。简而言之,富有建设性的故意唱反调者争取激发更多的多样化思维和打造一种深思熟虑的对话,而不是仅仅触发对抗性。表6-1呈现了关于建设性和不合理的故意唱反调者的全面比较。

表6-1　　　　　　　两种类型的故意唱反调者

建设性故意唱反调者	不合理的故意唱反调者
目的是鼓励多样化思维和打开问询新通道	目的是说服所有人采用他的观点
塑造和影响决策过程,但是对于结果不专制	对于他反对的意见努力一票否决
去激发更多选择	否决现有的建议,但是不提供新的选择
与他人自由分享信息,以便他们能够形成自己的结论	集中可能会使别人投入有产出的辩论中的信息
提出很多新颖的问题	很强势地宣告他的观点
就某一主题承认知识的不完整;认可情况的模糊性	断言就某一话题的全面理解;低调处理不确定性
聚焦在某一程度方面——假设它会使每个选择令人过度悲观或者过度乐观	仅仅聚焦在与他反对的具体建议有关的负面风险上

第六章 那些故意唱反调的人

不仅是要改变他人的观点

一连串有趣的研究对于少数人在一个团队中如何影响大多数人的思维做了仔细考察。在早期的一项研究中,莫斯科维奇(Moscovici)、拉加(Lage)和纳佛力肖(Naffrechoux)组建了几个由六人组成的小组。他们叫每一个团队仔细查看同一张幻灯片上的颜色——这些幻灯片上的颜色非常明显,都是蓝色。在每一个六人小组中,研究者都安排了两名同伙(也就是他们被提前告知该如何表现)。研究者让同伙把蓝色辨认为绿色,结果他们的同伴也都说那是绿色;在其他的情况下,他们能正确辨认出蓝色。最后,在管制条件下,小组成员都能辨认出真实的蓝色。

究竟是怎么回事呢?有四个被试者在单独工作的时候以及在管制条件下都能正确辨认为蓝色。有趣的是,他们在同伙没有坚持表示异议的时候依然能够准确地辨别出颜色。然而,当同伙总是断言幻灯片的颜色是绿色的时候,大约有80%的被试者附和多数人的观点(其实那是不正确的!)。该实验表明,一贯的不同观点能够在团队中对多数人产生影响。它实际上能够动摇人们的立场,甚至是从正确的选择变为一个不正确的选择。

加州大学伯克利分校心理学家查兰·内梅特(Charlan Nemeth)

认为，少数人仅仅是通过说服别人来改变别人观点的这种一贯作风是不会增加价值的。异议者能够通过激发多样化思维来增强团队的有效性。她是这么表述她的观点的。在一项实验中，她设计了很多类似的这种字母组合：PATren。她叫参与者辨认他们最初看到的三个字母。自然地，大多数人在没有被提示该如何分析这一组字母的时候会说"pat"来回应。

内梅特设定了两种实验情况。在第一种情况下，她告诉被实验者：在看到PATren这组字母时，有三个参与者倒序辨认为"tap"。在那种情况下，大多数被实验者追随了多数人，在随后的情境中开始以倒序的方式看字母。

在第二种情况下，内梅特告诉被实验者：有三个人在每一组字母中都是以顺序的方式看到例如"pat"的，但是有一个人以倒序的方式看到的是"tap"。非常有趣，当人们随后对字母组辨认时，他们就没有一种固定的模式了。人们没有局限在一种顺序或者倒序的模式中。他们通过多种方式组合字母——顺序、倒序以及混合型。以这些方式组合起来的字母比以先前两种方式组合起来的字母要多得多。简而言之，知道有人以完全不同的方式组合字母会刺激参与者以多种视角寻求组合。少数人的异议的确拓宽了人们的思维。

故意唱反调者不需要旨在改变人们对于某一事情的立场。事实上，改变人们的思想是没有用的，有可能导致他们更加强烈地坚持

第六章　那些故意唱反调的人

固有的观点。强迫人们放弃先前存在的立场可能会引发人际抵触，由此还会分裂组织或者使组织偏离轨道。相反，一个好的故意唱反调者可能会仅仅植入一粒种子来帮助人们以不同的方式看待这个世界。

建设性技巧

故意唱反调者可能会使用一些技巧来增强他们的有效性。首先，他们会采用从即兴喜剧中吸取教训的方式。如此一来，他们将学会如何以一种积极的方式去批评别人。我们可以看看皮克斯动画是如何在即兴演员们使用过的技巧的基础之上提出一套建设性批评的方法的。其次，故意唱反调者有必要对照镜子来检查自己的偏见。有时候，这些"盲点"会让故意唱反调者在评估别人观点的时候很难保持客观和公正。最后，故意唱反调者必须学会提出更好的问题来。许多批评家和持相反意见的人花费大量的时间来做陈述而不是去质问和调查。他们对某一些观点提出反对意见或者就某人的论点和计划——列举其缺陷。高效的故意唱反调者会花费更多的时间去提出问题而不是发布申明。接下来，我们要看的是可以用到的最有效的问题类型。

（1）加法技巧。皮克斯，一家电脑动画制作电影公司，在过去二十多年中创作出了一系列大片。皮克斯的第一部特色电影《玩具总动员》，在1995年上映后红极一时。因其广受评论家赞扬，在美国票房达两亿美元，所以在接下来的几年中，皮克斯又创作并公映了一些电影，例如《海底总动员》《汽车总动员》《超人总动员》。

这家公司开始制作一部电影的时候不是写剧本，而是做出粗略的故事情节串联图板。皮克斯对这些早期的观点进行激烈的批评，然后不断重复。安德鲁·斯坦顿（Andrew Stanton）和他的团队为2008年发布的奥斯卡获奖影片《机器人瓦力》做出了近十万个故事串联图板。

在皮克斯，激烈的批评是怎么进行的呢？电影制作者如何保证对话是积极且有效的呢？皮克斯从那些即兴喜剧中学习经验。当演员在即兴表演的小品中彼此互动时，他们接受彼此的观点并继续在此基础上构建。他们使用的是"是，还有"这样的方法。他们接受提供给他们的所有东西并在此基础上继往开来，而不是将其当作一个奇怪荒诞的观点予以摒弃。

伟大的喜剧女演员蒂娜·菲（Tina Fey）的职业生涯始于美国"第二城"喜剧团（The Second City）——世界上最好的即兴喜剧剧团之一。接着，她在全美广播公司（NBC）喜剧短剧《周末夜生活》现场主演了十年之久。菲在她的畅销书《天后外传》（*Bossypants*）中这么描写"是，还有"这种方法："如果我们是在即兴演出，我说：'别动，我有枪。'你说：'那不是枪，那是你的手指。你在用手

第六章 那些故意唱反调的人

指指着我。'那我们的即兴场景就完了。但是，如果我说：'别动，我有枪！'然后你说：'那是我给你买的圣诞礼物！混蛋！'那样的话，我们就开启了一个场景，因为我们都认可我的手指就是圣诞礼物枪。好了，现实中我们不会总是认可别人说的每一件事情。但是君子协定提醒你要'尊重搭档的创造'，还要至少从一个思想开放的环境中开始。从'是'开始，看看究竟能走多远。"

菲接着解释为什么一种"我能"的态度要比那种消极的思想更有效。她评论说，很多人开始对话的时候都是列举某个观点不可行的所有理由。她发现，"不能"的思想是非常适得其反的：

> 作为一名即兴演员，我在现实中遇见一个开口说"不"的人时总是觉得很刺耳。"不，我们不能那么做。""不，那不在预算中。""不，我不会为一美元握你的手。"那是一种什么方式？即兴创作的第二条规则是不仅仅说"是"，还要说"是，还有"。你是要认可并加上你自己的内容的。如果我说："我真没有想到这里这么热。"你说："是啊……"那我们就陷入了一个僵局。但是，如果我说："你以为呢？我们进地狱了……"或者我说："我真没有想到这里这么热。"你说："是啊，对于蜡像来说可不是好事。"或者我说："我真没有想到这里这么热。"你说："我跟你说过不应该爬进这狗嘴里的。"这样的话，我们就有进展了。对我而言，"是，还有"意味着不要担心做出贡献和付出。

你的责任就是有所贡献和付出。一定要确保你给讨论增加了一些东西。你的观点值得拥有。

通过采用"是，还有"的心智模式，即兴演员尽力去避免否定跳跃性思维或者尽力引入新的信息流。他们想要对话向前推进而不是倒流或者重复之前的部分。他们可能会把对话转移到一个不同的路径上，但是绝不会回到走过的路上。

借助于即兴喜剧的原则，皮克斯采用了一种人称"加法"的技巧。导演和监制在大多数情况下不会立即反对提出的观点或者小品。他们会努力寻找其中的精华并在那方面下功夫。他们可能会承认具体方法的价值，然后询问如何能以不同的方式去做。通常会问"如果……会怎么样？"之类的问题。动画师维克托·纳沃内（Victor Navone）解释说："你总是想要以建设性的方式展示你的观点并尊重其他动画师的感受。我通常的建议都是以这类问题开始的：'如果……会怎么样？'或者如果这个演员这么做'会不会更清楚呢？'"

皮克斯的导演们尽力不去让人们采用不同的方式做事。相反，他们尽力推动那些人稍微调整一些方向，然后让动画师做具体的工作。他们不想面面俱到地去指导动画师的工作。但是，他们的确想争取卓越。他们不停地推动着，以达到一定的不可思议的精度水平。然而，这些导演采用"加法"来提供反馈信息，同时给动画师就提高电影质量方面留有大量的自主权。

第六章 那些故意唱反调的人

要想让"加法"技巧有效,你需要建立一种能够容忍失败的文化。有时候,不能通过争论来解决问题。两个人可能持有不同观点,在建设性的辩论中又没有明确的答案。信息仍旧模糊,有太多的假设不能仅仅通过分析和争论得到有效验证。在这些情况下,故意唱反调者应该鼓励人们进行小规模的、快速的、费用较低的实验。如此一来,人们能够得出新的观点,总结得很快。他们能够验证假设并向前推进而不是继续回顾没有意义的辩论。

皮克斯鼓励人们冒险并承认会有失败发生。动画师持续实验并产生新的剧情观点,当然,还会善于在失败的时候减少损失。动画师从失败中总结教训,然后进行下一次的尝试。皮克斯大学前校长兰迪·纳尔逊(Randy Nelson)认为:"创新者的核心技能是对错误的纠正而不是避免失败。"艾迪欧公司也建立了一种容忍失败的文化。创始人大卫·凯利赞扬了这一箴言:"失败往往会更快地导向成功。"公司践行"启迪的实验与错误"和快速原型,而不是永无休止地辩论相反的观点。

(2)面对自己的偏见。在很多情况下,故意唱反调者总结说某个具体建议书的支持者"需要把眼罩摘掉"。换句话说,他们认为这些支持者在某件事情上采取的是狭隘的视角。他们抱怨别人的狭隘思维。但是,故意唱反调者常常不承认自己的偏见。没人会把别人的批评不当回事。我们都会把之前的概念和假设带到某一件事情中

183

去。为了更有效，故意唱反调者必须努力去除这些眼罩。把板子擦干净并不意味着批评更加"理智"或者有逻辑性。公开诚恳地面对自己的偏见会让人觉得故意唱反调者尽力做到了公平。我们在后面的章节会看到，在磋商性的决策制定过程中，对公平的感知意义重大。

心理学家已经表明认可偏见是决策制定者面临的最具危害性的陷阱之一。简单来讲，人们倾向于聚焦于那些支持他们已有观点和立场的信息，此外，人们通常会避免或者低调处理那些挑战他们先前信念的不一致的数据。

想一想在第五章"让冲突具有建设性"中斯坦福大学查尔斯·洛德、李·罗丝和马克·莱珀所做的研究。他们叫151名本科生回应一份对于死刑态度的简单调查问卷。那些学生是否赞成死刑？是否认为死刑具有威慑效果（也就是说阻止人们去谋杀别人）？几周以后，洛德和同事把这些死刑支持者和反对者聚集在一起。他们叫人们仔细审查关于死刑作为一种威慑手段的研究结果。每个人都有机会来分析那些支持或者不支持死刑作为威慑手段的假设和概念。

学者究竟发现了什么呢？死刑支持者发现，那些支持他们原有立场的研究比反对他们先前观点的研究更加具有说服力、更加明确。相似地，死刑反对者发现反威慑研究更加具有说服力。也许更加有趣的是，在审查研究之后，每个人的观点都变得两极分化了。支持

第六章　那些故意唱反调的人

者变得更加支持死刑，反对者更加坚持反对的观点。简而言之，就同一件事情从两个角度看待，同样数量的信息不会把人们聚在一起，不会影响他们的认知。相反，人们会变得更加固守自己现有的立场。为什么？当然是认可偏见。人们聚焦于支持自己现有观点和信念的信息。

我们在处理信息和审视事情的时候都会遭遇认可偏见。组织在向我们推销产品和服务的时候有时会利用这种偏见。我们拿大的媒体组织来举例吧。福克斯新闻（Fox News）和全国广播公司（MSNBC）都很明显认可偏见。正因为如此，这些组织中的制片人在报告和分析新闻的时候不会刻意去"折中处理"。相反，他们会提供我们想听见或者想看见的东西——也就是那些支持我们现有政治信仰的新闻和评论。

故意唱反调者不可能完全避免认可偏见。我们不能公然反对人性。然而，故意唱反调者能够倒回去看看他们先前的信念。他们可以质问现有的观点是否扭曲了他们对于团队的批评。作为一个故意唱反调者，请问问自己这些问题：你是否倾向于支持或者反对某一具体的概念或者计划？你在批评这项计划的时候需要收集整理哪些信息？你允许现有的观点扭曲你的分析和总结吗？具有不同现有观点的人会如何审视这件事？

故意唱反调者必须忠实于自己。如果他们不能放下已有的信念，那么他们肯定会走偏。他们应该找其他人在决策过程中扮演这个角色。领导者也必须评估故意唱反调者。他们应该尽力去决定这一角色可以提供哪种程度的公正批评。如果一个人做不到公正，领导者就应该指派另一个人来担任这一角色。

除了评估领导者在认可偏见方面的脆弱程度，故意唱反调者还应该评估领导者的期望。领导者期望团队成员有哪些倡议和行为？就某一事件具体而言，他们希望看到什么样的分析结果？他们期望看到各部门和组织的各单位提出什么样的日程来？

期望在很大程度上塑造了我们的行为。在很多情况下，我们看到了我们期望看到的东西。结果，我们可能会得出错误的结论。故意唱反调者必须对事实敏感，包括他们期望的人、团队以及可能会扭曲他们某一具体建议的事情。

要深入理解期望的力量，让我们看看华盛顿特区某一天早上地铁站的情况吧。2007年，《华盛顿邮报》（*The Washington Post*）记者吉恩·温加滕（Gene Weingarten）与小提琴家乔舒亚·贝尔（Joshua Bell）一起去检验他们能够在当地市民上班的路上发现些什么。乔舒亚·贝尔因其音乐天赋广受褒扬，曾与世界上很多著名的管弦乐团和交响乐团合作过。几年前，他获得了埃弗里·费舍尔（Avery Fisher）奖——一个专门为在音乐领域有突出贡献的美国人设立的知名奖项。

第六章　那些故意唱反调的人

在繁忙的工作日早上，贝尔走到华盛顿特区儿童广场地铁站。他穿着 T 恤衫，戴着棒球帽。贝尔在电梯旁找到一块空地，然后拿出了他价值 350 万美元的斯特拉迪瓦里小提琴。贝尔把琴盒打开，接受路人的捐赠。接下来的一个小时，这位获奖小提琴家就在地铁站里演奏。他开始演奏的是巴赫的《恰空舞曲》。贝尔形容这支曲子"不仅是最伟大的曲子之一，还是人类历史上最有成就的作品之一"。这支曲子富有激情、情感丰富、结构完美。

很多人——事实上是 1 097 个路人，经过但是没有注意到贝尔。他们像平常一样走路。只有 7 个人停下来一小会儿聆听了他的美妙音乐。27 个人为他捐了钱。他收到了 32 美元。贝尔为华盛顿特区的通勤者上演了一场免费的音乐盛宴，但是他们没有欣赏。多数人不知道他们看到和听到的究竟是谁。

从贝尔的故事中我们能学到什么？我们看到了我们期望看到的，听到了我们期望听到的，但是没有人指望在那种环境中欣赏到世界著名小提琴家的演奏。那天早上，经过的一些人甚至对经典音乐知之甚少，很多人并没有欣赏也不懂那种音乐。他们的期望蒙蔽了他们的判断，期望使得他们对现实视而不见。

故意唱反调者必须注意，期望会扭曲他们的判断。他们如何才能完成这一艰难的任务？对于新手来说，在投入决策制定者团队之前，他们应该考虑他们期望看到和听到的行为、事件和信息类型。

团队中通常的行为模式是什么？人们从这类数据中得到的结论是什么？然后，故意唱反调者要花费时间去看待那些可能会使团队成员震惊的行动和事情。他们不希望看到和听到什么东西？列出两份关于期望之事和不期望之事的清单，有助于克服给很多评论带来失误的偏见。

（3）提出问题，而不是发布声明。1973年由约翰·豪斯曼（John Houseman）扮演查尔斯·金斯菲尔德（Charles Kingsfield）教授的《力争上游》电影，描述的是哈佛大学法学院一年级学生的生活。在开始的场景中，我们看到的是这个班第一天的生活。金斯菲尔德教授叫詹姆斯·哈特（James Hart）提出他对于一个涉及医疗渎职的法律案件的观点。哈特没有对此做准备，因为他期望的是金斯菲尔德教授在第一堂课上会自己讲。严厉的金斯菲尔德教授考问了一会儿后，哈特惊呆了。课后，哈特跑到卫生间吐了。电影进行到稍后一段时间，金斯菲尔德教授向踌躇满志的法学院学生解释了苏格拉底式问答法。他解释说：

> 我们在这里用苏格拉底式问答法。我叫你们，问一个问题，你回答。为什么我不讲课？因为通过我的问题，你可以学会自学……问与答。有时候，你认为你找到了正确的答案。我肯定那完全是你自己的幻觉。你永远找不到正确的、绝对的和最终的答案。在我的课堂上，永远都有随后的问题。我们在这里要

第六章 那些故意唱反调的人

做脑部手术……你们自学法律，但是我会训练你们的思维。来到这里，你满脑子都是脆弱的情感；离开时，你会像一个律师一样思考。

故意唱反调者有时候可能会倾向于就某一建议的评判提出严厉的声明。他可能会断言计划中存在缺陷或者团队没有认真考虑很多严重的风险。有时候，看起来绝对的和坚定的声明会激起计划支持者的防御性举动。人们可能退回两极分化的大本营去，愤怒的火花也会迸发。

一个高效的故意唱反调者从来不以严厉的声明开始。他践行苏格拉底式问答法，很像金斯菲尔德教授在《力争上游》中表述的那样。一个成功的故意唱反调者首先聚焦于问题而不是声明，他会调查或者质问论证背后的逻辑、事实和假设。故意唱反调者努力去解释存在的或者不当假设存在的因果关系。对于问题的使用而不是声明，旨在激发一个计划支持者的自我反思。通过苏格拉底式问答法，故意唱反调者鼓励人们去识别自己计划中的弱项和风险。如果深思熟虑的问题能够激发自我批评，那么对话就会更有建设性。

但是，故意唱反调者也不会单独提出问题。在苏格拉底式教学中，导师也不会提问所有的问题。一位好的案例法教授会精心策划一场对话。那样的话，他就成为一个引导者或者是主持人。对话也不仅仅局限在师生之间进行，而是在所有的学生当中进行。当学生提出一个立场时，教职员有时候会自己扮演故意唱反调者的角色。在很多案例中，导师会请学生担任故意唱反调者，请其他人提出问题或者提出反对意见。故意唱反调者要做一样的事情。他是一个引导者，不仅仅是单独的不同意见持有者和批评者。故意唱反调者应该邀请其他人提出深思熟虑的问题和具有建设性的问题。

故意唱反调者通常能够提出的最好问题是："你考虑过其他选择吗？"故意唱反调者花费太多的时间指出某一具体行动计划中的缺陷和风险。他们不提供一个备选项。IBM前CEO路易斯·格斯特纳（Louis Gerstner）过去经常说："不要和我说洪水的事，给我建造一条船（诺亚方舟）。"借助诺亚方舟的故事，格斯特纳想要提醒异议者不要把焦点仅仅放在提出问题上，而是要提出潜在的解决方案。通过在桌面上提出有创意的选择，故意唱反调者可以激发团队的多样化思维，即便有时候其中的一些观点不切实际或者牵强附会。故意唱反调者可以使用的诱发性问题列表参见表6-2。

表6-2　　　　　　　　　　发人深省的问题

如果这几个假设不正确，怎么办？
我们如何能够验证这些假设的有效性？
这些传统智慧在哪些方面落伍了？
当我们执行行动计划时，会出现哪些类型的障碍？

续前表

我们的竞争对手对此会做出何种反应？
我们会有哪些备选项？
最有可能发生的风险有哪些？最不可能的呢？
哪些风险具有最消极的后果？

如何避免"唱反调"失灵

故意唱反调者能够使用本章中所有的技术和技巧，但是有时候仍旧没有效果。为什么？因为个人扮演的角色往往被认为是在走过场。此外，这个人一直持续扮演故意唱反调者的角色，时间长了，其他团队成员在厌烦了他类似的批评后会开始不理会他的评论。

查兰·内梅特做了另一项研究，认为真实性是故意唱反调者效果中最为关键的因素。在很多实验中，查兰·内梅特把真实的异议者和扮演了故意唱反调者的角色但是实际上不相信他所持的立场这两者做了比较和对比。实验表明，一个真实的异议者会更加高效。内梅特认为："那是非常有可能的，因为真实的异议者会放大激发人们重新思考的坚定信念和勇气。"

尽管这些实验是发人深省的，但我们从实验中研究得出结论的时候还是要谨慎。第一，领导者在团队中不总是会有自然发生的异议。有时候，我们必须通过指定某个人来制造辩论。第二，真实的异议者在实际的管理团队中通常有他们固有的立场。他们的论点可能会激发情感冲突或者助推观点的两极分化。一个真实的异议者的代言并不总是能够催生发人深省的思考，它也可能导致僵局。底线是：领导者不能指望一个真实异议者出现。他们必须在辩论不能自然发生的时候促成对话。使用故意唱反调者法是一种潜在的激发热烈讨论的有效技巧。

如果成为被打破的纪录，又有什么问题呢？长时间重复的批评一定有损于团队管理。如果故意唱反调者把人们拉回同样的令人疲惫不堪的论证中，人们就会很沮丧，不再倾听。这种情况下，领导者该怎么做呢？他可能会考虑让手下轮流担任故意唱反调者的角色。然而，叫其他人担任故意唱反调者也有风险。那些有经验的人会更好地扮演这一角色，但是，当故意唱反调者变得孤独，没有人听他的话时，领导者也需要冒那样的风险。

第三，领导者可能想要两个人扮演故意唱反调者。为什么是两个人呢？因为两个人力量大吗？在激发不同意见方面，力量是可以测量的。当一个人提出一个非常不同的观点时，其他人可能会认为那是误导或者信息错误而不予理会。但是，如果是两个人一起来表达一个不同观点，其他人可能要注意了。团队成员不会很快改变他们的观点，然而，他们会停下来重新思考一会儿。他们可能会自己想一想："如果两个人都那么想，也许反对观点还是有一定道理的。"

第六章 那些故意唱反调的人

请记住古巴导弹危机。肯尼迪总统非常高效地运用了故意唱反调法。有趣的是,两个人担当的是同一角色。泰德·索伦森和罗伯特·肯尼迪扮演智力监察员,在当时研究备选行动方案的时候调查和质问小组成员。请注意,这两个人都是肯尼迪总统的亲信。他非常信任他们,而且在一起共事多年。故意唱反调者应该是在团队中有一定地位的。为什么?如果故意唱反调者在团队中有一定的权力和地位,那么他就不会轻易被冷落和忽视。肯尼迪政府中的成员都知道这两个人深得总统的信任和尊重。结果,他们很认真地倾听那两个人提出的不同意见和调查提问。我们并不能把任何人都指定为故意唱反调者。我们必须选择大家会倾听的那些团队成员。

第七章 什么是"不能做决定的无能"

考虑要慎重,决策要果断。

——拉丁谚语

1996年,马萨诸塞州波士顿地区两家大型的受人尊重的医疗机构贝斯以色列医院和女执事医院合并了。这一合并的实体把1 000余名很有成就的外科医生聚在了一起,带来了近10亿美元的收入。新组建的贝斯以色列女执事医疗中心的高级管理者高呼这一合并是"合适的",并预计节约"数百万美元"的成本。并不是每个人都确信此举是成功的。《波士顿环球报》(*The Boston Globe*)评论说:"这一概念是吸引人的,但是现实恐怕有点麻烦。"

保守来讲,这次合并的前几年并不顺利。财务亏损快速升级,在1998年至2001年间,每个财年亏损高达5 000万美元。很多管理

第七章 什么是"不能做决定的无能"

者在尝试逆转计划的时候都失败了。马萨诸塞州的首席检察官给董事会施压,让他们把这个机构卖给一个营利的健康卫生公司。在这场动荡中,保罗·利维于 2002 年 1 月接任 CEO。利维在评估机构的时候,注意到前管理层做了大量的工作来分析医院的问题,讨论备选方案来重振组织的财务。很多咨询公司做了大量的研究,也向高管提出了合理的建议。但是,实质性的组织变革从未实现。该组织好像是"只说不做"。利维解释说:

> 这并不是一个不知道去做什么的问题。人人都知道要做什么。这绝对是一个执行上的失败,也就是说,最终是领导的失败……贝斯以色列女执事医疗中心领导层不能达成一项系统的计划协议……我将这个问题定义为一种不能做决定的无能。

贝斯以色列女执事医疗中心可能听起来是个特别无能的组织,但是实际上很多组织都被这种"不能做决定的无能"折磨着。在很多情况下,管理者投入大量的辩论中,但是不能取得共识。领导者无法让磋商收尾,不能做出决定,不能做出一个行动计划。当竞争者占据上风时,自己的组织仍旧困在原地。管理团队变成了一个"辩论社",自己已经"分析麻痹"了。在其他情况下,在决策过程中出现了一种错误的共识。也就是,人们不会在会议上表达反对意见。相反,他们在决策过程中使劲,在背后要毙掉项目,在执行初期让决策偏离轨道。领导者还认为决策已经制定并在执行,但是很快就发现新的计划还没有启动。在这种组织中,决策表面上是制定了,但是它们不会持续太长的时间。

拿破仑·波拿巴曾经说:"没有什么事情是困难的,因此更准确地说,没有什么事情比能做决定更困难的了。"他认为,很多领导者在面对模糊信息、动态环境条件和冲突性建议的时候,自己不能做出决定性举动。他们不能让辩论收尾,不能及时选择一项行动计划,不能建立有效执行计划所需要的承诺和共识。

在本章中,我们要考察为什么组织会出现"一种不能做决定的无能"。具体来讲,我们要考察的是行为模式——深深嵌入组织文化和组织决策过程并会导致组织决策过程无法收尾的系统无能。在接下来的两个章节中,我们要考察领导者如何能够克服这些障碍,建立承诺和共识,及时收尾。

优柔寡断的组织文化

人们通常认为,组织的优柔寡断和无能反映出领导风格和具体管理者个性的问题。他们指向了管理者的迟疑不决、不自律或者过度谨慎——这些描述很适合那些在关键决策方面很难决断的管理者。然而,这种"不能做决定的无能"现象远远超出了具体个人的领导

第七章 什么是"不能做决定的无能"

能力。在很多情况下,那是一种贯穿于整个组织的行为模式。团队不能达成一致意见,是因为不合理的对话和决策习惯已经变成了很多人的第二特征。这种习惯本身在很多场合被放大:在公司层面发生的对话和磋商中,在很多正式的和非正式的团队和委员会中。

拉姆·查兰（Ram Charan）——很多《财富》500强企业CEO的知名顾问,把这种问题描述为"犹豫不决的文化"。所谓文化,我的意思是一个组织中理所当然地认为事情该如何处理、人们应该如何解决和思考问题。换句话说,某些特定的行为模式逐渐变成日常工作的一种模式,有时候这些模式会导致在进行关键决策的时候出现慢性无能。

随着时间的推移,这些行为模式变成了理所当然,人们不多做考虑就会套用这些模式。在我的研究中,我发现这种不合理的决策文化有三种形式:一种说"不"的文化,一种说"是"的文化,一种说"可能"的文化。每一种形式都有自己互动和对话方面可预见的和可辨别的模式,也都有自己深层的原因。但是,它们都会导致一个类似的结果——一种从传统到共识、从磋商到行动的慢性无能。

一种说"不"的文化

当路易斯·格斯特纳在1993年成为IBM公司CEO的时候,他面临着巨大的挑战:几十年来的计算机行业内的主导巨头业绩急剧

197

下滑。公司的股票价格六年中跌了70%。主机收入——曾经是公司的支柱——自1990年以来下降了近50%。仅在1993年，公司就亏损了81亿美元。在格斯特纳到任之前，董事会甚至讨论要把公司拆分为多个小型的独立公司。

格斯特纳开始诊断公司的问题了，他发现IBM公司文化中存在很多根深蒂固的问题：公司曾经的竞争强项变得孤立而僵化；公司没有跟上计算机行业内动态变化的步伐；公司对客户的需求缺乏深刻了解，也没有切实掌握竞争对手在多个领域内的竞争优势。

格斯特纳形容公司在20世纪90年代初期的问题之一是"一种说'不'的文化"。一个由交叉部门组成的团队可能会花几个月的时间制定一个问题的解决方案，但是如果有一个经理因为方案会对他的业务部门产生有害影响，他就会提出反对意见，妨碍方案的执行。用IBM的行话来说，一个单独的异议者也会在这种情况下表现得"决绝"，把建议书封杀在路上。格斯特纳发现，公司实际上在公司战略计划过程中设计了一个正式的拒绝体系。在一份令人难以置信的备忘录中，格斯特纳发现总裁管得太多：他要求每个业务部门指定一个"决绝说'不'的协调员"来负责拦截与本部门目标和利益冲突的项目和建议。格斯特纳就这一点做了如下描述：

> 这种说"不"的文化最不同寻常的表现之一就是IBM公司声名狼藉的拒绝体系……实际结果就是在达成关键决策的时候

第七章　什么是"不能做决定的无能"

不合理地延误了,各部门在自己心仪的方法上继续付出双倍的努力、痛苦的个人争论,多少个小时的工作将会受到一个单独的异议者的危害或者破坏。多年后,我听说这种文化中没有人会说"是",每个人都可能说"不"。

一种说"不"的文化并不是培育不同意见或者鼓励人们扮演故意唱反调者的角色。事实上,它损害了我们支持的公开对话和建设性辩论的很多原则。它意味着异议者在决策制定过程中有一票否决权,尤其是这些人比同事拥有更大的权力、更高的地位。说"不"的文化会使这些拥有最大权力和最大声音的人把自己的意志强加于他人。

说"不"的文化不需要在人们发表反对意见的正式体系中显示自己,就像20世纪90年代初期的IBM公司里的官僚程序一样。它仅仅贯穿在组织的非正式激励结构和交流模式中。在有些文化中,人们说的和做的会得到奖励。在会议中听起来有智慧、有见地的人会得到关注和表扬。展示过程中传递一种"明白了"的信息,在这种组织中已经变成一种荣誉。团队讨论变成了一种令别人印象深刻的平台,而不是一种就关键事件促进举动的方式。

学者杰弗里·普费弗(Jeffrey Pfeffer)和罗伯特·萨顿(Robert Sutton)形容这种现象为"聪明谈话的陷阱"。他们的研究表明:"经常谈话的人更有可能被别人判断为有影响力和重要的——他们被认为是领导者。"乍一看,这一发现可能不会警醒你。领导者不需要在公众场合精确而有说服力地表达自己的观点。然而，杰弗里·普费弗和罗伯特·萨顿还发现，"聪明的谈话"过度倾向于消极和复杂。当人们在会议中给别人留下深刻印象时，他们会倾向于解释一个建议书为什么以及怎么样不会有效，而不是描述它为什么会成功。为什么要持续强调消极性？在实地研究和实验研究的基础上，杰弗里·普费弗和罗伯特·萨顿认为，个人更可能通过批评来让别人增加对他智慧的感知，而不是通过积极回应大家正在讨论的建议和观点。他们发现，很多组织鼓励"一种通过不提供积极因素来毙掉一个观点的倾向"。聪明的谈话变成了公开的有建设性对话的阻碍，阻止了公司从分析到行动的步伐。这种行为在整个公司流行，因为人们相信——通常正确地以为——这种聪明谈话有助于他们前行。遗憾的是，很多组织不了解他们的奖励结构——尤其是机构中的非正式奖惩体系——是如何促进这种不合理的说"不"的文化发展的。

一种说"是"的文化

保罗·利维面临的问题和格斯特纳在 IBM 公司遇到的问题有些不同：异议者在医院里没有公开表达他们的反对意见。与拒绝体系完全一样，组织中也没有聪明谈话的特点存在。医生们的声誉和影响力来源于他们公开的突破性研究，而不是在会议上提供的聪明声明信息。在行政管理讨论中，医生们总是坐在那里默不作声；尽管

第七章 什么是"不能做决定的无能"

如此,该组织仍旧发现很难在关键决策上取得一致意见。利维追踪了医院中这一日常性的却不合理的行为模式的问题:

> 关于本部门如何回应一项既定建议,人们是不会在会议中说出真相的……人们就坐在那里默不作声,直到一周后你才会发现他们对一些事情持反对意见……这种行为成为了一种标准/典型做法。如果你反对一项建议,你就不要在会议中出声;稍后,走出会议室后,你再破坏会议上出现的一致意见。

这种环境下,新来的管理者可能会认为沉默就是同意。但是,利维发现医院的文化不鼓励人们在同事和上级开会的时候说"不"。相反,在开会的时候,人们更加自在地表达一种"是"的感觉,但是,在会后一对一的对话中,他们就会表达他们的担忧和反对意见。因为缺乏公开坦诚的对话,医院管理者经常发现自己要不断地重新考虑已经制定的决策。随着时间的推移,新来的员工就会通过看别人的表现来了解该如何与文化标准保持一致。对于已经接受的行为习惯的强烈的默认已经开始影响组织的行为了。

很多公司都发现自己处于类似的困境当中(见图7-1,表述的是优柔寡断的动力)。拉姆·查兰汇总了世界各地许多总裁的经验,指出在他观察到的很多实例中,"会议室里的真实情感和表面的共识是相反的"。他认为,这一问题的原因有过度强调层级、过度的形式以及人际间信任的缺乏。老实说，我能够回忆起一次教职工会议上就有类似的动因特点，就当是说管理学教授并不总是践行他们推崇的东西吧！

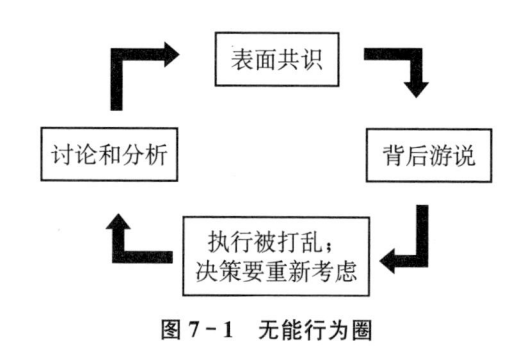

```
       ┌──────→ 表面共识 ──────┐
       │                       ↓
   讨论和分析              背后游说
       ↑                       │
       └── 执行被打乱；  ←─────┘
           决策要重新考虑
```

图 7-1　无能行为圈

仅仅是提醒人们这种不合理行为的意识，通常不会改变这种"说'是'的文化"。多年前，我办过一个全天候的关于决策制定的培训班，和我一起的是一家成功的投资银行的高级管理者。一天中的大多数时间，我们都在讨论如何鼓励更加开放的对话和建设性的异议。这个团队对组织的决策制定方法做了一项深入的诊断，总结出该组织中"说'是'的文化"占据了一部分讨论。在这一天快要结束的时候，该环节的最高总裁提出一项建议，是关于就他们发现的问题如何推进改变的。他问团队成员们是否同意他的建议，没有一个人提出反对意见。于是，很快就结束了这一天的培训。但是，就在第二天早上，无数个电话和电子邮件潮水般地涌向他，表达了他们对于该建议书的担忧！

有些领导者通过设计他们自己的决策过程来培育"说'是'的

第七章 什么是"不能做决定的无能"

文化"。也就是,他们制定一套日常的程序来分析和审查备选行动方案,实际上是鼓励管理者在背后阻挡他们不同意的决策。

举个唐·巴雷特(Don Barrett)的例子吧,他是全明星体育的部门总裁、一家折扣体育用品零售商。他的直接下属们形容他是一个在最重要的事情上要争取共识的人。然而,即便巴雷特承认这一点,他的管理团队也常常很难达成共识:"我们倾向于让事情重现……如果人们不同意某一价格决策,他们就会想着让事情来来回回,这样的话就会导致决策中发生变化。"他的直接下属们的想法是一致的。正如一个团队成员指出的,"有些事情会阻止我们实际达成一个最后的结论"。

是什么造成全明星体育的问题呢?巴雷特有一个很庞大的高级团队,除了他之外还有12名成员。在这么庞大的一个团队中,决策过程变得很烦琐而缓慢,而且情感冲突也是巴雷特所担心的。因此,这个团队养成一个习惯:就有争议的事情在线下询问小团队来进行分析。小团队与巴雷特紧密合作来审查各种备选项。小团队在完成大量的分析之后,呈交给巴雷特一份暂行的建议。巴雷特审查这些分析,讨论小团队的假设,通常要求做更多的工作。在这些环节中,异议和辩论进行得很自由。最后,巴雷特和小团队一起选择一项新的方案来交给管理团队,他们最终对这个决策负责。

巴雷特希望大团队能够就这项建议提出问题,但是这种询问和反对意见很少出现。他们认为,小团队提交的建议是一个既成事实,因为之前小团队是和巴雷特一起完成的；因为知道巴雷特认可了小团队的结论，他们在集体会议上保留了自己的担忧。

但是，冲突通常会在会议结束后通过非正式渠道出现。人们经常会问，"我们不是已经决定了吗?"会后游说变成了全明星的标准。正如一个管理者观察的，"人们不会对会议内容投入太多，会议上不适合提出反对意见……因此人们都在会后行动"。总的来说，除了他们良好的意愿，巴雷特和他的同事们还制定了一个相当僵化的决策过程，养成了一种"说'是'的文化"。图7-2总结了"说'是'的文化"和"说'不'的文化"是如何让不同的方式产生同一种结果的。

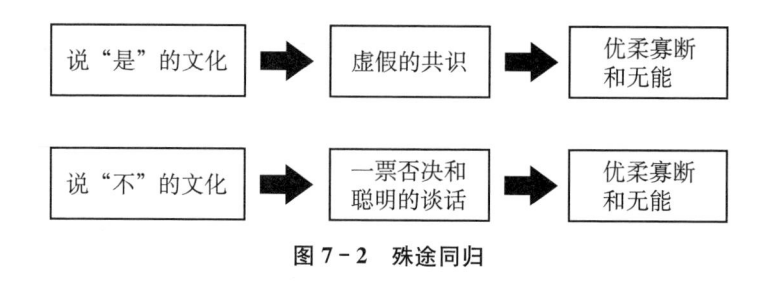

说"是"的文化 → 虚假的共识 → 优柔寡断和无能

说"不"的文化 → 一票否决和聪明的谈话 → 优柔寡断和无能

图7-2 殊途同归

一种说"可能"的文化

有些组织有很强的分析文化。管理者会在制定决策之前争取搜集大量的客观数据。他们会尽力用量化分析，他们会竭尽全力评估各种应急预案和情况。学者詹姆斯·弗里德里克森（James Fredrickson）和特伦斯·米切尔（Terence Mitchell）认为这种决策

第七章 什么是"不能做决定的无能"

过程非常全面。当然,这种决策方法有其长处。在他们的研究中,詹姆斯·弗里德里克森和特伦斯·米切尔努力去确认这种全面性能够带来更好的公司业绩。他们发现,对于那些在相对稳定的环境下运营的公司的确是这样的,但是对于那些在相对不稳定的环境下运营的公司来说,其业绩受到消极影响。

他们假定这种全面性降低了决策过程的速度,因此变成了那些身处动态市场环境的公司的危险障碍。

一些组织和其中的领导者发现很难应对动荡环境下的不确定性。他们花了很大的力气来搜集更多的数据,进行正式的分析,希望能够减少与各种应急方案和选择相关的模糊性。他们在一个本就不确定的世界中争取确定的东西——想让每个可能的事情变成是或者不。如果管理者不能意识到争取更多的信息的成本,优柔寡断和没有结尾的结果就会出现。

史丹利·蒂尔(Stanley Teele)——哈佛商学院前院长,曾经说过:"管理的艺术就是从不足的事实中做出有意义的归纳概括的艺术。"但是,有些组织文化不鼓励管理者从有限的数据中得出结论。一种"可能的文化"大行其道,在其中,人们发现自己在无止境地追求解决每一个没解决的问题,而不是在衡量搜集更多信息和进行更多分析的成本。当新增的、边际的和额外的信息的价值开始下降时,很多组织认识不到这一点。当这些新数据的边际效益开始急剧上升时，他们继续搜集更多的信息，而此时增加的效益很有限。

图 7-3 展示的是一个管理者面临的信息搜集方面的概念描述：当组织收集第一批与决策有关的信息时，增值收益很大，成本很小。当组织努力搜集更多信息时，搜集工作变得愈发困难而且耗时。当额外数据的边际效益随着时间推移逐渐消失时，每一项新增的信息的增值效益最终开始急剧上升（即：图中的成本曲线开始变陡，总效益曲线开始变平）。在总成本和总效益之间差距最大的时候，即达到搜集信息的最佳水平。当公司靠近那一点时，额外数据的增值成本要超过边际效益。当然，公司不会有万能药方来计算出信息搜集的价值或者如图所示的比例。我们提供这个图的目的在于形成一个重要的概念。但是，管理者能够认识到图中所示的动态，在组织开展行动之前搜集更高水平的确定性的和无可辩驳的证据的时候，增强人们创造或者毁灭的意识。

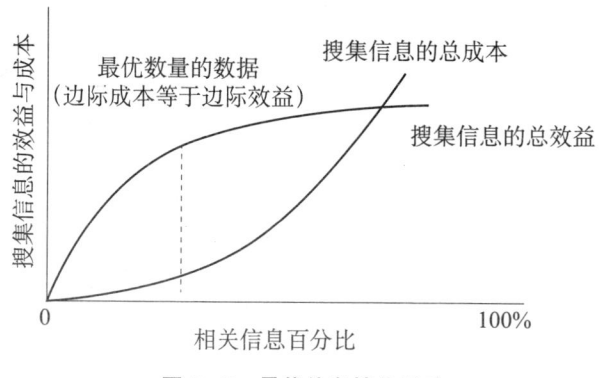

图 7-3　最优信息搜集活动

第七章 什么是"不能做决定的无能"

有时候,管理者搜集的大量的信息和数据会把他们淹没。他们不能区分最有价值和最有用的信息。他们不知道哪里才是值得重视的。有些组织寻求建立一个"仪表盘"来快速精确地诊断业务的健康状况。"仪表盘"用来追踪公司的关键业务指标。随着时间的推移,很多"仪表盘"变得很复杂。对于每一项业务步骤,管理者都要测算、制表和分析。决策制定变得停滞不前,因为人们不再区分哪些地方需要给予最多的重视。公司执行董事会提供以下建议来避免分析瘫痪:

> 管理者的"仪表盘":如果管理者不能评估的话,即使是最相关和最有意义的数据也不会对组织起到多大的作用。我们的研究表明,管理者把数据转化为对自己团队有用的信息能够提高24%的业务绩效。因此,应让管理者聚焦于他们需要高效的个性观点。流线型的在线"仪表盘"能够给管理者提供本团队或者本组织全面情况的调查结果。理想化的是,它们的重点是强势的业务,给每个管理者提供需要改善的机会以及要完善的资源。

许多因素解释了为什么组织在面对模糊性和动态环境的时候会深陷"一种说'可能'的文化"。例如,有些公司很多成员的个性和认知风格决定了其会喜欢理智地和客观地解决问题的方法,从而可推测这些公司的企业文化中也可能带有这种行事痕迹。进一步讲，管理教育和培训项目会宣扬系统化分析技术的价值。通常，员工在面临复杂问题的时候会回到这些方法上面。

深挖一步，有人发现人性的自然倾向也解释了为什么很多组织如此重视分析和信息搜集，即使是在这么做成本过高的时候仍然如此。心理学家欧文·贾尼斯和利昂·曼（Leon Mann）认为，很多人在做关键决策的时候会经历预期后悔。换句话说，一旦决策不能像预期一样，人们在设想拥有那些消极情感经历的时候就会焦虑、担心和厌恶风险。

高水平的预期后悔会导致优柔寡断和延迟。学者们发现，这种焦虑和缺乏自信会影响很有成就的人——从美国总统到硅谷总裁。在一些组织中，很多管理者回到正式的分析、计划体系和激励性市场调研中来克服预期后悔。遗憾的是，管理者通常在这种情况下达到的是一种错误的精度，这些手段延缓了决策制定的过程，没有真正解决一些重大的问题。

令人惊奇的新研究表明，花费太多的时间做决策会增加道德越轨的可能性。怎么会呢？多伦多大学的钟晨波（Chen-Bo Zhong，音译）和几位合作者一起做了一项实验研究——关于较长的磋商对道德行为的影响。他们开发出了一系列的环节，涵盖了很多情况。每一个环节都有很多选项。独立的评分人为每一个选择的道德程度

第七章 什么是"不能做决定的无能"

打分。

实验开始的时候,学者们要求140人解读12套插图;然后,要求每个人对前4套插图立即做出决策。他们要求参与者花费一定的时间去考虑其他8套插图。两周后,学者们要求参与者对其中4套插图做出决策,然后留出时间让他们继续磋商剩余的案例。又过了两周,学者们收集了剩余4套插图的决策。

钟和他的同事发现了一种意外的模式。相比后面的插图,人们在前4套插图上做出了更加道德的选择。当人们有更多的时间去磋商时,却做出了更不道德的选择,为什么?学者们说,我们当中的很多人如果凭直觉自动做选择,都会面临伦理决策。但是,当我们有更多的时间去磋商时,我们就会回想过去的行为。我们会反思做过的良好的伦理决策。思考这些良好的伦理决策会让我们自我感觉良好,我们会为自己的伦理决策进行"道德加分"。但是,我们也可能在当前情况下做出不太道德的选择,因为我们会把它看作我们之前所做的。我们会做一个与从存款账户里取钱一样的不道德选择。简而言之,花费过多的时间去考虑问题会让我们把不道德的决策合理化。

另一项研究表明,个人有把简单决策过度复杂化的倾向。学者罗姆·思科瑞福特(Rom Schrift)、奥代德·内策尔(Oded Netzer)和拉恩·科维茨(Ran Kivetz)发现,人们倾向于认为一定量的努力与决策制定有关。这一概念来源于人们的信念，即认为天道酬勤，不付出则没有结果。如果一项决策很简单，我们有时候会认为有偏好的选择"太好了，都不可能是真的"。因此，我们复杂化了这项选择，让我们感觉好像在这个决策过程中花费了适当的时间和精力。遗憾的是，我们在浪费时间和精力去复杂化一些决策。我们可能会最终选择一个次优的选择。即便我们选择了最优的决定，我们也可能因为行动太迟而错失良机。

接下来要描述的三种不合理的决策动因总结详见表7-1。

表7-1　　　　　　　　三种决策文化

说"不"的文化	说"是"的文化	说"可能"的文化
个人撕毁建议而不提供备选项，践行一票否决权，聚焦于障碍而不是机会	个人在会议中压制反对意见，但是在幕后削弱之前达成共识	个人通过正式分析争取解决所有的问题，为得到信息投入耗资巨大的搜集活动中

不管用的破解办法

当管理者为组织的无能感到沮丧的时候，他们自然就会施展各种策略来促进决策的制定。有的管理者总结说，决策的复杂性和模糊性使得组织瘫痪，因此他们运用技巧来简化这一情形，以便能快速简单地做出判断。例如，他们运用类比推理法、经验推理法等来

第七章 什么是"不能做决定的无能"

模仿和复制成功组织的经验。这些策略可以帮助管理者在很模糊的情形下做出准确的判断,采取一种富有创意的方法来打破僵局、拓展思路。进一步讲,这些技巧并不要求大量的正式分析,而且很理智的和分析性的思想者认为这些决策策略很吸引人。

遗憾的是,每一种策略都有其弊端。在使用这些技巧的时候,很多领导者得出了错误的结论,做出了有偏见的估计,追求有缺陷的政策,或者阻止了管理团队成员责任心的提高。也许更为重要的是,这些决策制定的捷径并没有解决持续存在的内部优柔寡断和无能行为所折射出的根本性文化问题。它们可能会使一个组织很容易达成一项具体决策,但是在将来,同样不合理的行为模式还会继续保留。

(1)类比推理法。商务领导者在组织不能得到外力帮助和提出解决方案而面临复杂问题时,通常会与过去的经历做类比。他们会与自己的经历或者别的组织中类似的情况和环境做比较,然后从中总结经验教训。

想一想词霸命名公司(Lexicon)的案例吧,它是专门为世界各地的客户公司创立品牌名称的一家公司。该公司创造的品牌赢得的收入多达 2 500 亿美元。客户找这家公司是因为它的创意、它对消费者趋势的理解以及语言学方面的专业水准。它是怎么工作的呢?丹·希思(Dan Heath)和奇普·希思(Chip Heath)描述了他们在

211

李维斯牛仔裤项目中是如何利用类比推理法来激发灵感的：

> Lexicon 的领导者通常会建立 3 个由 2 人组成的团队，每个团队关注一个角度。有些团队对客户和产品不懂，就要从相关领域内寻找类比。例如，在命名李维斯 Curve ID 牛仔裤的时候，他们为不同的体型提供了不同的类型，相关团队深入研究了测量学和工程学方面的参考信息。

约翰·劳（John Rau）——前 CEO 和商学院院长，认为类比推理法提供了很多信息："经济学、财务程序、人类行为与互动的基本原则不会因公司或者行业而变化。了解其他公司使我成为更好的决策者，因为那会提供给我丰富的类比。"的确，研究者发现：各行各业的人们，从外交官到消防员，都会用类比推理法来推理。当决策者不能获取完整信息时，或者他们没有时间与能力来对备选项进行全面分析时，类比推理法就特别有用。它会使人们快速诊断一种复杂的情况并仔细思考明确一套管理选择方案。

遗憾的是，多数类比是不完美的。没有两种情况是完全一样的。很多决策者很可能发现两种情况之间的相似性，却忽略它们的差别。在外交政策领域，官员们通常在制定决策的时候参考"慕尼黑类比"。在面对国际侵略的时候，很多国家领导人通过对比 20 世纪 30 年代希特勒的好战来反对绥靖政策。他们认为，1938 年英国首相的

第七章 什么是"不能做决定的无能"

决策纵容了希特勒,事实上是鼓励他进一步扩张。政治学家理查德·诺伊施塔特(Richard Neustadt)和欧内斯特·梅(Ernest May)指出,并不是每种情况都和20世纪30年代的情况一样。例如,他们认为,杜鲁门总统本应该能够辨别出1950年的朝鲜和1938年的捷克斯洛伐克之间的区别。忽略这些差别有损美国在朝鲜战争中的战略。

商务领导者通常也会运用不完美的类比。例如,在20世纪90年代末的网络热潮中,很多市场调研公司通过对互联网和其他形式的媒体做类比,预测到在线广告的增长。它们审查了这些领域内广告的历史增长情况,通过自认为最合适的类比,预测到在线广告的增长。但这样一来,它们就没能认识到互联网和其他形式的媒体之间的重大区别,比如电视和广播。类似地,很多市场调研公司通过对录像机、个人电脑和手机做类比,预测到新技术的需求,而这些技术之间存在着很大的差别,但是它们没有予以足够的重视。

战略研究者简·里夫金(Jan Rivkin)和乔瓦尼·加韦蒂(Giovanni Gavetti)认为,商业领导者在开始"以一种方案寻找一个问题"的时候会遭遇很大的困难。相对于通过类比用一种解决方案去寻找一个具体的问题,管理者有时候会在脑子里形成一种偏好的方案。他们有一种过去起效的框架或者模式。然后,他们就自己喜欢的解决方案寻找新的可以适用的领域。有时候,他们会强行把这一

213

方案用于和他们之前成功实施的完全不一样的情况当中。

很多年前，前艾默生电器公司主席兼CEO查克·奈特到访了我的MBA课堂。艾默生想要用已证明的技术在成熟而相对稳定的市场上竞争，该公司在这些领域内有推动生产力方面的良好记录。在奈特任职CEO期间，艾默生的收入从15亿美元增长到150亿美元，连续27年盈利。奈特把公司的成功归因于有纪律的战略计划过程。在奈特向我的学生展示的过程中，有一名学生问他："如果您今天被硅谷一家发展得很好的公司聘请，您还会使用艾默生的管理系统吗？"奈特回答说，他会忍不住在硅谷使用那些已被证明的技术。他解释说，他会使用过去用过的东西。他进一步解释说，受制于这种诱惑也会导致惨败。他认为，以过去的经验做类比是有诱惑力的，但是竞争环境和组织环境都大不相同。

（2）经验推理法。在很多情况下，管理者会寻求使用经验推理法，或者启发式地去简化一项复杂的决策。这些捷径减少了决策者需要处理的信息量，缩短了分析复杂问题的时间。通常，整个行业或者职业都会采用一种共同的经验推理法。例如，抵押放贷者假定消费者每个月的月供贷款或者房产相关的支出不能超过月毛收入的28%，这就为消费者避免高风险提供了一种简单的方法（不顾这一原则使得很多放贷者陷入2008年房地产市场崩溃的泥潭中）。计算机硬件工程师和软件编程人员也会使用经验推理法来简化他们的工

第七章 什么是"不能做决定的无能"

作。我们很多人都很熟悉这样一条规则——摩尔定律,它预测计算机芯片的处理能力大约每18个月就翻一番。最后,风险投资领域内传统智慧的应用表明公司在首次公开募股(IPO)之前应该展示连续四个季度的盈利——很多风险投资者后悔在20世纪90年代末的网络热潮中摒弃了这一原则。

在大多数案例中,经验推理法能够让管理者以高效的方式做出合理的判断。但是,经验推理法也是危险的,它并不总适用于所有的情形——规则都有例外。然而,很多行业和公司使用很多特殊的经验推理法,研究中也已经发现很多普遍的经验推理法可能会导致在判断中出现系统性偏见。让我们看看两个显著的捷径:可用性和锚定。个人通常不会去做关于某件事情在将来发生可能性的统计分析。相反,他们会依赖可用的信息来评估这种可能。鲜活的经验和近期的事情很快就会进入人们的脑海并对人们的决策产生过度的影响。这种可用性启示通常被人们用得很好。然而,在有些情况下,容易被想起的信息不会与现有的情况相关,可能还会扭曲我们的预测。

在做预测的时候,很多人也会从当时可用的信息初始数开始,他们会从这个初始点上下调整预测。遗憾的是,初始数通常是过度强大的锚定,会阻止个人做出充分的调整。研究者表明,这种"锚定偏见"会影响决策制定,即使人们知道这个初始点是从一个旋转的轮盘中随机选定的。总而言之,许多不同的经验推理法提供了一种快速决策的有力手段,但是在人们认识不到它们的弊端和局限的时候,它们也有损于管理判断。

(3) 模仿和复制。有些商业领导者在面对有争议和复杂的决策时会模仿其他成功公司的战略和做法。毕竟,为什么要做无谓的重复工作呢?简化一个复杂问题的方法之一就是看看是否有人已经解决了它。向别人学习能够产生巨大的红利。在通用电气公司,前CEO杰克·韦尔奇于1988年发起了一项重要的"最佳经验"活动倡议。这一活动倡议就是要为通用电气在提高生产率方面带来根本性的改革。韦尔奇和他的管理团队确定了大约20家公司,它们都有比通用电气更快速提高生产率的良好记录。一年多的时间里,通用电气的管理者认真学习了一些公司的做法。他们借鉴这些组织的观点,改造出适用于通用的战略和过程。例如,他们从沃尔玛学习快速获取市场情报,从惠普和克莱斯勒学习新产品的开发手段。随着时间的推移,模仿别人已经成为通用电气的一种生活方式,产生了惊人的效果。

所有这些学习听起来很棒。但是,模仿也有它的不足。在很多行业内,公司都投入模仿的行为中。它们采用类似的商业战略而不是去开发唯一的竞争优势资源。例如,在信用卡行业,很多公司尽力去模仿第一资本银行开发的非常成功的商业模式。随着时间的推

第七章　什么是"不能做决定的无能"

移,公司的市场营销和分配政策开始变得相似,竞争加强了,行业利润被侵蚀了。想一想,在很多案例中,某一行业内的龙头公司决定和一个对手合并,触发一股全行业内盲目的并购潮。

有时候,管理者感觉到模仿对手比单独开发一种新颖的商业战略要安全。但是,一项优秀战略的精华就是开发出一套独特的活动体系来让组织与其他竞争者不同,或者用比对手更低的成本来提供产品和服务。仅仅是复制竞争对手的战略和做法不会形成一种独特而且有利的战略地位。当对手都随大流时,孤军奋战是需要很大的勇气的,但是那样的话会赢得很大的红利。与众不同并不意味着公司拒绝从别人那里学习。例如,通用动力公司在国防行业动荡的20世纪90年代早期很认真地研究了对手,他们发现很多公司决定追求商业多样化来补偿减少的军事花费。该公司的历史分析表明,航天企业在过去的多样化努力中没有兴旺过。因此,尽管在行业需求上预期减少,他们仍旧选择聚焦在国防方面。当时,很多竞争对手都嘲笑这一战略。但是,十年后,通用动力公司给股东带来的收益要比那些最大的竞争者多得多。

这些制定决策的捷径——类比推理法、经验推理法和模仿——明显都有优点。除了我们已知的局限和缺陷外,这些策略对于管理者在信息不完整的情况下做出复杂决策很有帮助。但是,这些技巧对于改变优柔寡断文化来说于事无补,那种文化常常是组织中决策及时高效执行的真正障碍。应对优柔寡断文化需要领导者不仅要聚焦解决问题和判断问题的认知过程，还要注意决策中的人际、情感和组织方面的情况。如果领导者想要改变这种优柔寡断文化的话，他们就需要改变人们之间彼此互动的根本方法——在决策制定会议中或会议外都一样。他们要教别人投入更高效和建设性的对话和磋商中去。他们也必须以一种培育责任心和共识的方式引导决策过程——这一重要议题将在下一章节讲述。

优柔寡断文化的起源

本章已经讨论了形成优柔寡断文化的不同行为模式。领导者需要切记的是这种文化可能会导致现在的不良业绩，但是这种文化的根源早在组织业绩良好的时候就已形成。的确，由于内外部条件的变化，完全一样的行为在过去能带来成功，但现在是有问题的。

从果断的文化到优柔寡断的文化，这种转变是怎么发生的呢？与过去具有建设性和互动性类似的不合理行为是从哪里出现的呢？想一想肯·奥尔森（Ken Olsen）的例子——他是美国数字设备公司的长期掌门人兼CEO。在看待公司的历史方面，麻省理工学院教授埃德加·沙因是这么表述奥尔森的决策理念的：

我也观察了很多会议，奥尔森也是一个很犹豫说"不"的

第七章 什么是"不能做决定的无能"

人。他喜欢集体或者让负责经理去做决策……采访中反复指出的是，美国数字设备公司很多的创新不是奥尔森的点子，但是他营造了一种支持新观点的氛围，因此下属们感觉到被赋权来努力尝试新的和不同的事情。

奥尔森喜欢把公司看作一个观点的集市，他感觉最好的战略和决策会从集市上的冲突和竞争中出现。他喜欢扮演故意唱反调者和探测人们的思想，但是他不想为他的同事做决定。他让他的人消除差异。奥尔森管理哲学和风格的文化，换句话说，他制定决策的方法，贯穿于这个公司。当公司几乎没有层级、业务范围较小、人们彼此很熟悉时，公司的这种决策方式效果很好。随着时间的推移，多个管理单位出现了，它们的利益多样化了。人们对于不同职能部门的人不了解。观点集市瓦解了，好的理念很难被重视和获得资源，不好的观点看起来从未消失。情感冲突、政治僵局和观点与建议的无止境重复成为公司决策制定过程的特点。简而言之，奥尔森创立的文化变得僵化了，它没能适应由外部环境和内部组织结构变化带来的需求和压力。

唐·巴雷特在全明星体育经历了类似的问题。当巴雷特为零售商建立目录部门时，当时的小型管理团队是由具有类似背景和认知风格的人组成的，他可以和一位经理一对一地处理复杂的事情，然后交给团队讨论和批复，其他人在员工会议上坦诚地表达自己的担忧和反对意见而不会犹豫。但是，随着目录部门快速壮大，公司变得更加复杂。通过并购，这一部门壮大到拥有多项业务。

管理团队的规模扩大了，最终由不同背景、个性和领导风格的人组成。当巴雷特和其他人采用过去效果很好的决策方法时，却事与愿违。管理团队的新成员对于线上线下的方法感到不自在，团队也感到很难及时达成一致意见。环境改变了，决策文化没有能够适应。

本章讨论的慢性优柔寡断反映的不仅仅是有问题的领导风格或者是一个组织中领导者的个性缺陷。这个问题根源于该如何与别人互动与合作的不言而喻、理所当然的假设。优柔寡断通常在组织的多个层级、各个职能部门和各个业务范围内存在。习惯性的对话和人机互动模式根植于组织的历史当中，也许还可以追溯到创始人的影响。这种模式很难改变，部分原因是这种行为曾经给组织带来过成功。

作为新上任的领导者，目睹一个组织优柔寡断的倾向，能够通过审查自己与其他高级管理成员的互动来采取初步的措施改变这种文化。在引导高级管理团队的决策过程、培育建设性冲突、以一种及时高效的方式达成一致意见的时候，领导者可以通过模仿理想中的行为来改变这种文化。团队成员会从这些对话和磋商中学习。有了一些灵活的指导和及时的反馈，这些管理者就会改变他们和下属

第七章 什么是"不能做决定的无能"

互动的方式。正如拉姆·查兰所写的,"利用每一次和员工见面的机会来进行公开、诚实和果断的对话,领导者就为整个组织定下了一个基调"。那么,领导者该为其他人做出哪些模范的行为呢?人们该如何培育承诺和共识并最终增强在某一有争议事件上达成一致意见的可能性呢?这些重要问题的答案且待下章分解。

第八章 公平合理的程序

让一些事情合法比让它们合理更容易。

——塞巴斯蒂安-罗克·尚福尔（法国剧作家）

马克·阿格（Mark Ager）的公司设计出来的一款软件应用程序受到重要客户热烈好评。美国军队运用该公司的创新专家诊断系统来控制、维护和修理复杂的武器。在20世纪90年代末，该公司的工程师和编程人员发现：很有机缘，一个汽车行业的公司对这款软件应用程序感兴趣。该公司很快就和这个非国防公司签订了一份合同。技术人员非常狂热地开始为这个客户改编程序来满足其需求：在发现大范围非军事用途的客户有可能存在的时候，他们的兴趣大增。作为业务部门的负责人，阿格认为公司缺乏把这项技术成功商

第八章 公平合理的程序

业化所需的市场营销和配送能力。在他看来，公司需要一个战略合作伙伴。他开始寻找一个完美的搭档。进一步讲，他开始向他的同事兜售一个联盟或者合资的概念。

很快，阿格确定了很多提供类似产品的公司，他开始与组织的每一个成员进行非正式的对话。他就这些潜在合伙人咨询同事，但是他在了解更多和达成一些结论之前"小心谨慎"。不久之后，他聚焦于一个快速发展的公司，该公司被认为拥有很强大的国内销售组织和一条能弥补他们新的专家诊断系统不足的生产线。此时，他开始密切地与负责软件产品开发和财务绩效部门的经理合作。通过更多地与潜在合伙人讨论，他的直觉告诉他选对了，他的同事全心全意地支持他。这个时候，他让同事都参与了进来。

在高级管理者中达成共识的时间要比阿格预想的要长，他也在中途遭遇实质的障碍。为什么他会发现要让人们对他的建议买账如此耗费时间和具有挑战性呢？有趣的是，几乎没有人报告关于这项建议的担忧，他们不担心他是如何管理决策过程的。一名管理者说：

> 作为冠军，他卖出去了。他兜售给我们的概念是必须有一个联盟或者合作伙伴。这个过程开始的时候还是相对秘密的。我知道那事在进行。如果我提出一个尖锐的问题，我会得到答案，但那不是简报，没有讨论，也不是传阅文件，就那么一回事。

223

这名管理者的感觉反映了阿格很多同事的担忧。他们认为，阿格没有管理一个公开透明的过程，其中人们有多样化的角度、兴趣和专业技术并有机会影响最终决策。有些管理者指出，他们感到这项选择是在他们有机会提出自己的观点之前就"提前决定"的。这种对决策过程的不满影响了对于执行既定行动计划的承诺。阿格的问题是所有管理者的重大教训。人们不仅关心决策的成果，还关心决策过程的性质。具体来讲，如果一个组织中的成员感到决策过程不公平、不合理，即便他们同意该计划的很多方面，他们也很可能不会执行既定的行动方案。本章探讨的是过程公平与合理的意义，审查这两个过程如何为管理共识添砖加瓦，铺平通往顺利执行的道路。

很多领导者在自己公司建立共识和达成一致意见的时候是不会思考这些事情的。当然，他们认为，在复杂事件上建立共识需要一定的说服和利益经常冲突的高级管理团队成员之间谈判妥协的能力。但是，建立承诺和共识都是从为一个决策过程建立一个坚实的基础开始的，领导者需要通过营造公平合理氛围的过程来为建立共识耕耘肥沃的土地。此时，领导者才可以通过组织中各主要参与者强大的买账来使用协调和说服的能力。当然，通过这么做，领导者需要有效管理冲突，以便人际摩擦和个性冲突不会侵蚀承诺或有损公司执行计划的能力。

第八章 公平合理的程序

程序公平

在一个决策过程中,有些人的观点会被接受,但是其他人的建议几乎得不到支持。每一个备选项的支持者都会加强他们的观点,认为他们必须改变别人的观点才能获得执行过程中的承诺和合作。这种必须改变别人的观点来确保他们支持计划的想法被证明是错误的。一致同意往往是一个组织难以达成的目标。不管如何艰难地改变反对者的观点,都不会是人人同意并最终选择的。有人认为,缺乏一致同意会为执行制造障碍。但是,如果每个人都觉得组织的决策程序是公平和公正的话,那么没有这种绝对的同意也不是一个问题。没有必要非得在人人都同意的情况下才能去执行组织的决策。**如果人们感觉磋商程序是公平的,即便他们不同意选定的行动计划方案,他们也很有可能在执行中开展合作。**引导程序公平不会确保责任心,但是会实质性地增强可能性。

什么是程序公平

程序公平究竟意味着什么?要回答这个问题,我们先看看在法律领域内一些有趣的研究，这些研究对于那些关注在商业组织中如何进行决策的人有巨大的影响。学者约翰·蒂博（John Thibault）和劳伦斯·沃克（Laurens Walker）首先展示的是法律纠纷中的人们不仅仅关心分配公正（也就是，结果是否包括各方公平公正地享有资源）。他们的工作挑战了人们的根本概念，认为人们只关心在过滤过程中会收到什么程度的中意裁决。约翰·蒂博和劳伦斯·沃克阐明了辩护者对于一项裁决的满意度受到是否赢得或者失去这项辩论以外因素的"实质性影响"。事实上，在法律争议中，程序的选择非常重要。例如，他们展示出争论者非常关心某一具体程序是否提供了更多的或者更少的偏好机会来影响结果。

汤姆·泰勒（Tom Tyler）和其他人在随后的研究中发现，个人和机构对程序公平的感知度越高，对法律过程的赞许评价也越多，对整个法庭过程的满意度也就越高。

泰勒还展示出使用程序公平会为当权部门在做对参与者客观上不利的裁决时提供一种"缓冲支持"。当程序不公时，收到有利裁决的人对于法律过程表现出很高的满意度。但是，当程序公平时，收到不利裁决的人表现出的满意度和收到有利裁决的那些人的满意度是接近的！其他研究也确认了这种公平法律程序"缓冲支持"的效果。图 8-1 显示了阿德勒（Adler）、亨斯勒（Hensler）和纳尔逊（Nelson）在 1983 年研究的结果。

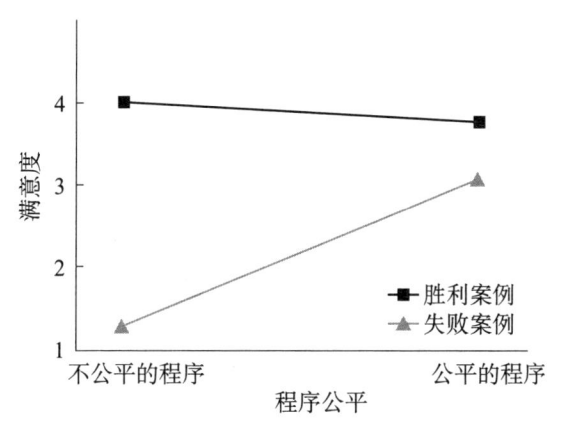

图 8-1 程序公平和"缓冲支持"

这些法律领域内的研究结果是如何让我们理解商业领导者在自己公司内做出重要决策的时候建立共识的呢？结果发现，个人非常关心组织决策过程中的公平，正如关心法律程序中的公平一样。有些管理者把公平等同于"发言权"，也就是让每个人都有机会表达自己的观点和看法。但是，决策公正不仅仅是让人们公开坦诚地表达自己的观点。人们想要在说话的时候有人听，渴望有真正的机会来改变领导者所做的决策。他们不想要领导者投入我同事迈克尔·沃特金斯所指的"伪装的咨询"当中——由领导者把握的达到预先决定结果的一种过程（见图 8-2）。

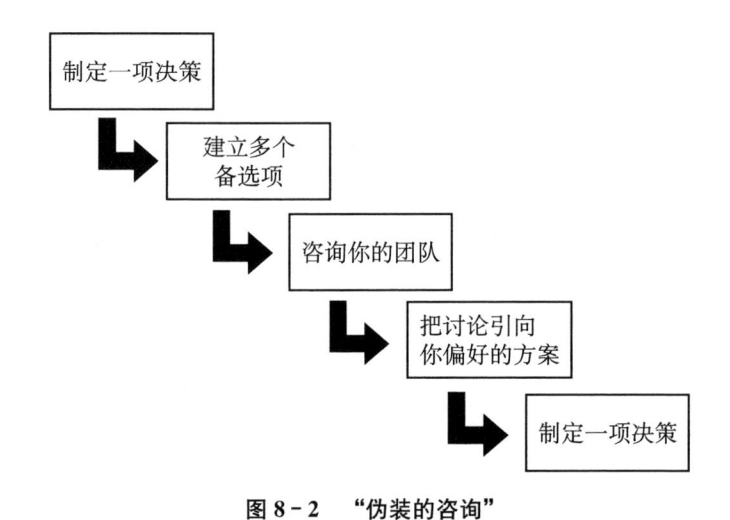

```
制定一项决策
    ↓
  建立多个
  备选项
      ↓
    咨询你的团队
        ↓
      把讨论引向
      你偏好的方案
          ↓
        制定一项决策
```

图8-2　"伪装的咨询"

具体来讲，人们感觉决策过程是公平的，如果他们：

——有大量的机会表达自己的观点、讨论如何以及为什么他们不同意其他团队成员的观点。

——感到决策过程是透明的（也就是，磋商没有秘密、没有幕后指使）。

——相信领导者认真倾听他们的观点，在决策之前全面认真地考虑他们的看法。

——感觉他们有一个真实的机会去影响领导者的最终决策。

——对于最终决策的合理性有一个明确的理解。

领导者要增强程序公平

领导者做什么才能增强决策制定过程的公平性？这个问题回答起来很简单，但是有时候很难实际解决。领导者必须展示出对于他人观点的真实考虑。也就是说，领导者必须展示出他们对于同事和顾问提出的建议有足够的重视：他们在选择一项行动方案之前，对于这些建议做了认真和真诚的考虑与评估。在一项有趣的实验研究中，奥德里·科尔斯戈德加（Audrey Korsgaard）、施魏格尔和哈里·萨皮恩扎（Harry Sapienza）指出："领导者诱导、接收和回应团队成员信息的方式影响他们对决策和包括领导者在内的其他团队成员的态度"；简而言之，展示出对于别人观点的思考能够增强人们对公平和最终决策的承诺，提高人们对于组织的依恋程度以及对于领导者的信任（见图 8-3）。

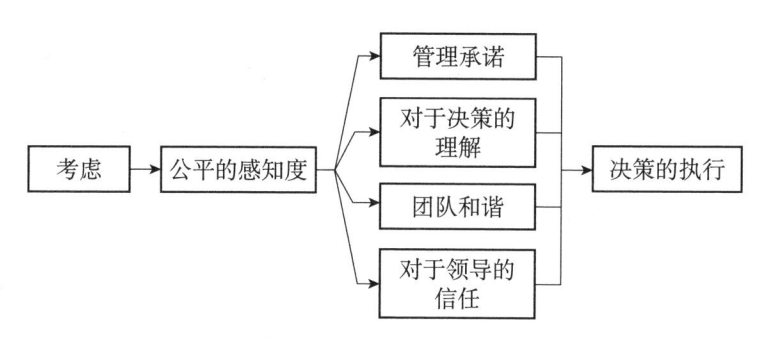

图 8-3　领导者对别人观点的考虑为决策带来的影响

领导者可以用很多技巧来确保其他人的观点以一种真诚的方法被考虑（见表 8-1）。开始的时候，领导者要提供一个明晰的程序路线图，意思就是他要描述决策过程将如何展开。他解释过程中的关键步骤、他在讨论中将扮演的角色以及他希望团队以何种方式对对话有所贡献。他还要非常明确最终决策将会如何制定（也就是他要在什么时候以什么方式结束讨论并选择一个行动方案）。这种理论很简单：不要有意外！

表 8-1　　　　　　　　　　展示考虑

领导者的技巧	举例说明
提供一个程序路线图	这是决策过程中的主要步骤，我计划这么去做决策。
强化开放的思维（模式）	我有一些关于我们该如何推进的想法，但是我的立场是暂时的。对于改变观点，我持开放的态度。我来告诉你们过去我是如何修改我最初的观点的。
积极倾听	我认为你的意思是现有的选择没有一个能够达成目标。我的理解对吗？
解释决策合理性	我选择这一行动方案是基于以下标准……
解释信息输入如何被使用	你对于决策的观点和建议在以下方面影响了我的思考……
表达感谢	我非常感谢我所收到的这些信息和建议。大家的评论都很有价值……

例如，如果有领导者要在决策过程中运用辩证询问法，他就会将团队分成几个小组，提出备选项，然后互相评判彼此的建议。他

第八章 公平合理的程序

甚至还会提供一点点指导——指导小组如何彼此展示自己的建议（也就是书面和口头明晰的假设阐述、明确的支持证据等）。领导者然后就会解释他打算如何与小组互动，也许还会说计划在听完小组之间的最终辩论后再做决策。

当然，一名领导者必须保持灵活性，而且在磋商和意外曲折出现的时候要乐意去改变过程路线图。很明显，人们必须记住，要明确地沟通为什么以及如何根据变化的情况改变原来的路线图。

建立了程序如何展开的愿景之后，领导者必须防范决策已经制定的这种印象。他必须确保没有人认为他是在制造一种表面的决策制定过程。在很多组织中，人们都习惯了"伪装的"决策过程。尤其是在这种情况下，领导者要在行动之前战胜那种根深蒂固的偏见。有些领导者是这么做的，他们在决策过程开始的时候不表达自己的观点，但是会声明他们需要倾听所有人关于手头事情的观点和看法。其他人可能会在这件事情上表明自己的最初立场，但是必须明确自己是对改变思想持开放态度的。在向那些提出与自己完全相反的观点或者重大判断的人咨询的时候，领导者甚至会列举一个近期的实例。

在磋商开始的时候，领导者会通过积极地倾听来展示他的考虑，而不是消极地坐在那里等别人阐述自己的观点和建议。积极倾听表明领导者非常重视发言者，而且在非常努力地、全面准确地理解每个人的观点。当一位领导者投入积极倾听的时候,他会为大家的进一步解释和明确事情提出问题,验证他的理解,不会打断别人的发言。他会在每个人发言的时候做详细的笔记,"回放"他听到的内容。也就是说,领导者总结每个人的评论,然后问人们重新表述的内容是否是对他们的建议的准确描述。最后,如果人们认为自己被误解,需要给他们提供机会,让他们重新表述自己的建议。为评估你的倾听技能,请思考表8-2中所列的问题。如果你对于多数问题的回答是"是的",那么就要花功夫来提高你积极有效的倾听技能了。

表8-2　　　　　　　　您是否在有效倾听

在别人对您讲话的时候,您会避免眼神交流吗?
在开会的时候,您会一心多用吗?
在别人说话的时候,您会经常打断吗?
您在讲话的时候很少停下来收集反馈信息和问题吗?
在别人展示观点的时候,您是不是很容易分心?
在开会的时候,您是不是经常开小差?
在讨论的时候,您是不是提出的答案比问题多呢?
您是不是很少重述别人的观点来确认您的理解?

有些领导者认为,磋商完成了,他们已经选定一个行动方案了,考虑展示也就结束了。这是错误的认识。具体来说,领导者在选定行动方案之后对行动方案的合理解释能够提升人们对程序公平的感

第八章 公平合理的程序

知度。一种有效的解释通常能勾画出用于评估各种备选项和选择行动方案的标准。领导者还应该解释他是如何把每个人的信息囊括到最终决策中去的,以及他为什么没有采用有些人的建议。人们想知道他们是如何为最终决策出力的,通常他们甚至渴望知道领导者为什么没有注意他们建议中的关键部分。

菲利普·克兰皮特(Phillip Clampitt)和李·威廉姆斯(Lee Williams)认为,领导者通常在制定一项重大决策之后不会投入"决策下载"中。换句话说,他们不会很清楚地交流和解释一项决策。这一失误降低了人们对于决策的认可和支持程度。在人们传闻某一具体决策已经制定的时候,谣言和猜想就会传播。学者们解释了一名领导者在制定一项艰难决策后的感受:

> 那个时候,他们通常在一项决策上花费了很大精力,他们觉得不需要再解释了。他们甚至可能会因为这个要求把一些事情解释得"可理解"和"合理"的提议而变得愤怒。那些没有参与到决策过程中的人的看法可能大相径庭。他们可能会认为这项决策不可理解、令人迷惑甚至带有威胁性。

菲利普·克兰皮特和李·威廉姆斯认为高效的决策下载发生在四个阶段。第一,领导者必须考虑他们的决策会如何影响不同的组成部分。第二,他们应该在多个场合和层次沟通交流他们的决策。

233

第三，必须要有跟进工作，以便领导者能够紧扣公司中各个层面和部门员工的脉搏。第四，有了反馈，领导者就有能力去澄清误解并为决策提供进一步的合理性。

杰克·韦尔奇认为，要想成功地执行一项计划，你必须重复沟通交流同样的核心信息。他说：

> 改变人们思想的唯一方法就是连贯性。一旦有了想法，就要不断地提炼和完善；你的观点越明确越好。你要沟通、沟通、再沟通。连贯、简约和重复就是一切。

学者保罗·伦纳迪（Paul Leonardi）、伊丽莎白·格伯（Elizabeth Gerber）和采戴尔·尼利（Tsedal Neeley）做了一项研究，展示了重复沟通的价值。他们发现，管理者通过多媒体为团队成员发送多余的信息收到了最好的效果，这些经过沟通的团队成员实际上可能比那些没有经过持续额外沟通的人更快地执行项目。有趣的是，他们发现权力和正式权威较小的管理者更频繁地运用多媒体进行额外的交流沟通。这些管理者好像在没有权威要求持之以恒的情况下也理解这一道理：你必须通过不同的方法和各种渠道来反复解释你的决策。

最后，如果管理者在公布决策之前感谢那些团队成员的信息输入的话，就会提升公平的感知度。在与团队成员交谈的时候，管理

第八章 公平合理的程序

者要注意,尽管团队成员珍视他们的观点,但是在决策过程中可以不选择。例如,安德鲁·格罗夫——前英特尔公司的 CEO,对他的团队成员说得很明确:他很重视他们的信息输入,也会努力去倾听和理解,但是他不会在所有情况下都采用这些建议。安德鲁·格罗夫在会议上说:"提出你的观点,明确并且有力地提出。你参与其中的标准就是别人听到并理解。很明显,辩论中不可能各种观点盛行,但是所有观点在形成正确答案的过程中都有价值。"

在马克·阿格尽力去说服同事们有关公司要找一个软件供应联盟的时候,他考虑了一个选择,但是他没有考虑别人对于程序公平的感受。在确定自己的思想的时候,他咨询了很多人,很难相信他把这样一项决策导向了自己期望的结果。虽然他也问了很多人的想法和观点,也很想听一听他们的看法,但是大多数人想知道的是他们是否可以影响决策进程。唐·巴雷特在全明星体育也遇到了类似的问题。当他叫整个高级管理团队批准他之前和小团队制定的决策时,很多管理者认为影响最终结果已经为时太晚。由于不透明导致的沮丧心情和感觉他们不能逆转整个决策,他们通常在会议上不再说出自己的想法,也不会提出反对意见。

如果你没有选择他们偏好的行动方案,如何让他们投入?你怎么做才能保证他们投入执行计划的工作中?亚伯拉罕·林肯总统给我们上了有趣的一课。在关于解放黑人奴隶的辩论中,很多人强烈反对彼此。最终,林肯选择发布一份《解放黑人奴隶宣言》。他不顾一些顾问的反对做出这项决策。历史学家多丽丝·卡恩斯·古德温解释了林肯是如何避免孤立那些持反对意见的内阁成员的:

> 例如,几个月来,林肯让他的内阁辩论是否以及何时应该废除奴隶制。最后,他决定发布具有历史意义的《解放黑人奴隶宣言》来解放黑人奴隶。他把内阁召集在一起并告诉他们,他不再需要在主要事情上进行思考——但是他想倾听他们关于如何以及何时执行决策的看法。因此,即便是一些仍旧不支持林肯观点的内阁成员也感到林肯是听他们的了。他们的确是被倾听了。有一个内阁成员建议等战争胜利的时候再发布这个宣言,林肯采用了他的建议。

林肯领导了一个多数顾问认为公平的决策过程。他不但赋予人们发言权,而且让人们感觉自己的观点真正得到了认真的倾听。林肯在决策制定之后仍旧给人们空间去进行信息输入。但是,他没有给人们机会去推翻这项决策或者重新审视这项选择。相反,他让人们讨论如何最好地去执行这项决策。结果,有人就他的政治举动和内战胜利之间的关系提出了很好的建议。继林肯模式之后,很多领导者可以用公布决策之后的那段时间来和团队进行对话。他们可以把对话从是否做某事转移到如何做某事。这么一来,

第八章 公平合理的程序

领导者又给了其他人发言的机会，同时就执行过程方面强化了集体所有的意识。

行动中的公平

在保罗·利维来以色列贝斯女执事医疗中心之前，前面的管理层在没有建立集体所有意识的情况下就把计划展示给了员工。人们感觉这些计划是既成事实了。主要负责人（医院各部门负责的大夫）通常变得很沮丧，因为他们认为管理层没有倾听和考虑他们的观点。利维花了很大的力气去改变这种环境和氛围，来确保人们有机会在重大政策上表达自己的观点。他考虑了他们的观点，但是也很明确他将做最终的决定。在他上任之前，有一家咨询公司对该医院存在的问题做了深入的研究，但是没有发布研究结果。在利维上任后的第一周，他把咨询公司的建议放在了单位内网上征集反馈意见。他个人亲自回复了 300 多封来自员工的电子邮件。一个月以后，在宣布医院逆转计划的时候，利维解释了为什么他接受有些人的建议而没有接受其他人的建议，他还精确地解释了他是如何利用那些来自组织上下的反馈意见的。人们理解他的计划的合理性，他们能够看到自己的观点是如何塑造和影响他的思维的。因为有了对程序公平更高的感知度，人们也能够尊重利维拒绝他们建议的事实。再一次，利维把他的逆转计划放在了内网上。这一次，他让每一个人"签署"

这份计划，巩固了集体所有制和对新战略的责任心。

在推出战略计划之后，利维又建立了一系列的任务小组来提出具体的计划，去实现他勾画出来的目标。在建立任务小组的时候，利维明确了他期望任务小组应该如何开展工作。简而言之，他给出了一个过程路线图来确保每个人的责任心。很快，每个人就清楚了委员会将提出什么样的建议。具体来讲，利维为任务小组如何开展工作提出了一个宽泛的轮廓——如何分析、如何改善，以及他和部门负责人将在最终决策过程中扮演的角色。利维不想让部门负责人干预委员会的工作，因为他们可能会再次导致决策进展踌躇不前。他给了任务小组自由权去收集数据、评估选择、提出建议。然后，他期望部门负责人评估每个任务小组提出的建议，向他提供信息和建议。利维承诺，在没有咨询部门负责人之前不会执行任何建议。但是，在部门负责人不能达成一致意见的时候，他保留最后做决定的权力。利维说得很明确：在他征求建议的时候，人们必须公开表达反对意见，而不是保持沉默或者像过去一样在幕后诋毁。因为他建立了更为强烈的程序公平感，所以人们在员工会议上表达观点的时候变得更为自在。这种"说'是'的文化"开始改变了。

请注意，利维并没有在以色列贝斯女执事医疗中心遵循民主原则。根本不是，的确！他做出艰难的选择去削减成本、减少人员、重组运营——通常是制定的决策与员工的意愿相反。除了严厉的措

第八章　公平合理的程序

施和果断的行动,他为逆转计划建立了承诺和共识,因为人们相信他在以公正和透明的方式做事。

有些领导者可能会认为没有时间限制的公平过程效果很好,但是对于速度和效率的需求是危机时刻展示考虑的前奏。想一想NASA1970年4月"阿波罗13号"的探月任务,机上氧气瓶爆炸差点导致一场灾难。飞行总指挥吉恩·克朗兹(Gene Kranz)做出了有创意的努力来制定一个解决方案才保证宇航员安全返回地球。他叫他的团队提出不加修饰的建议,仔细倾听了技术专家们关于安全带回机组人员的多种选择的辩论。人们相信克朗兹,因为他问了很多问题,在人们提出论点的时候让讨论明确,验证了理解,反复展示他承认他当初的想法是不正确的。克朗兹是这么描述决策过程的:

> 我在任务制度和培训简报中使用同样的头脑风暴法,把想说的说出来,以便大家理解这些选择、备选项、风险以及每一种方法的不确定性。管理员、工程师和支持团队插话,纠正我提出新的备选项,挑战我的既定方向。这种方法几年来已经得到完善。但是,也要有纪律,不是对所有人开放自由。主要管理员和我作为主持人,有时会唐突地终止讨论……以这种方式工作的团队,不担心自由地表达观点,也不担心伤害别人的感情,我们节省了时间。每个人变成了方案的一部分。

请注意，克朗兹仍旧牢牢地掌控着局面。他快速地制定艰难的决策，往往就要反对那些来自很有能力的下属的建议和信息。但是，人们完全信任他，全力投入执行决策的工作中。他们的信任部分源自对于他专业水准的敬仰，而且他在头脑风暴中的领导力和他超强的倾听技巧肯定与加强了那种信任。进一步讲，他发现领导一个公平的过程能够"节省时间"而不是造成延误，因为他能从各种渠道很快收集到信息和建议。

程序合理

尤尔根·史瑞普（Jurgen Schrempp）接任戴姆勒-奔驰CEO的时候，发现这家公司变得非常官僚化，部门领导都在单打独斗，很多业务投入的资本没有得到适当的回报。他试图重组这个组织，让这个组织复杂的管理结构变得合理化。他想要维护他对于领导各部门的"诸侯们"的控制。具体来讲，史瑞普要控制高度独立的梅赛德斯分部。他想把梅赛德斯调入戴姆勒，从而取消分部非常独立的CEO和管理董事会，缩小公司办公室和业务部门总部功能高度重合的部分。但是，他没有仅仅通过制定决策来重组这个组织。相反，他让一名主要副手提出8个备选项来重组公司的管理结构，与此同时，他指导着辩论朝着他希望的方向发展。比尔·维拉斯科（Bill

第八章　公平合理的程序

Vlasic）和布拉德利·施特茨（Bradley Stertz）合著了一本富有洞察力的图书，书中记录了戴姆勒-克莱斯勒并购案的相关事件。他们解释说这个决策制定过程是这么展开的：

> 史瑞普，这位精明的棋手，不想把他选择的方案作为唯一备选项带给戴姆勒管理层和监督委员会。不，一定有各种选择来激发讨论，允许董事会成员成为过程的一部分，消除史瑞普强迫给他们的概念……【管理团队】针对各种选择进行了辩论。史瑞普总是回到第六号模型，也就是把梅赛德斯并入戴姆勒，取消梅赛德斯 CEO 的职位。

为什么史瑞普在已经有了选择的情况下还提供这么多的备选项？为什么他认为提出 8 个备选项仍然有收获呢？史瑞普的确对于他的疯狂举动有一招：他全面思考了临近决策制定过程的策略。他认为，提供多个选择对他有利。但是，在这样的案例中，管理者通常会认识到领导者在操纵这个决策过程。那种认识影响了他们前行的感知力，对于将来的执行也是有害的。事实上，史瑞普在克莱斯勒并购案磋商中又一次使用了这种决策方式，这也部分说明了为什么组织在整合过程中会遇到这种困难。

什么是程序合理？

戴姆勒的实例强调的是，努力增强程序合理性如何影响组织中共识的建立。那么，我们所说的程序合理是什么意思呢？组织社会学家把这种概念定义为一种对于组织过程和技术技巧的感知，即"在一些规范、价值观、信念和定义方面的社会体系中是令人满意的、恰当的和合适的"。看起来信息很多，但实际上这个概念其实很简单。人们相信在组织中有一种做事的"合适的方法"，当我们认为程序符合"合适的方法"时，我们就会更加接受结果。

公司中的合理程序是如何影响决策制定的呢？学者玛莎·费尔德曼（Martha Feldman）和詹姆斯·马奇（James March）观察到的结果是："组织会系统化地收集他们需要的信息，但是仍会要求更多。"他们认为，公司会为象征价值使用信息，也会为了影响决策过程使用信息。收集大量的信息象征着管理者投入全面的决策分析过程中。玛莎·费尔德曼和詹姆斯·马奇认为，社会规范和价值观强调合理性的优势或者全面的决策制定，因此，收集大量的数据就会使决策过程合理化。从另一方面讲，人们会对决策本身很自信，因为他们认为这个决策过程是按照"合适的方法"制定的，也就是说，做了细致的分析，以数据主导的方式进行。如果人们认为这个过程不合理、不完整或者过于草率，就不会投入其中。正如玛莎·费尔德曼和詹姆斯·马奇所说的，"使用信息、寻找信息和在信息方面使得决策合理化都是很有意义的方法，代表着过程是合理的"。

其他行为也可能象征着合理的选择，促进了过程的合理化。特别是,多个备选项的提出和正式分析技术的使用(例如贴现的现金流模式或者心理市场调研)也意味着管理者在运用全面合理的决策程序。因此,史瑞普提出8个备选项,因为他知道其他人期望在任何重大决策上都有针对备选项的大量分析。他知道董事会不会接受和支持一种缺乏多个备选项对比分析的建议,即便建议的行动计划内容看起来是有意义和可行的。

管理者也会雇用外部咨询人员调查程序的合理性。准确来说,很多读者可能有这样的印象:一个公司的管理者知道他们想要什么样的行动计划,而雇用声誉很好的知名咨询公司这件事本身为他们的计划提供了"一种认可的标志"。这些咨询人员使用一系列的分析模块来证明管理者想要的行动的合理性。这种来自外部的可靠的确认,加之正式的分析,有助于巩固内部对于决策的支持,也保护了管理者免遭潜在的指控——认为他们在行动之前没有全面考虑这件事。

破坏合理性

遗憾的是,增强程序合理性的努力可能不会总是产生想要的效果。学者布莱克·阿什福斯(Blake Ashforth)和巴里·吉布斯(Barrie Gibbs)指出,组成人员可能会认为决策过程合理化的尝试是"可操纵的和不合理的"。的确,我的很多研究结果表明,决策过程中的象征性活动可能会适得其反，降低合理性和减缓共识的形成。例如，人们提出的一些备选项纯粹是为了象征性目的，而不是因为他们真的想要激发真诚的讨论和对于选择的思考。其他人可能认为这些建议是"象征性的备选项"——想一想史瑞普及其副手提出的8项可能的重组计划中的7项——人们试图操纵这个决策制定的过程。类似地，有人会展示出一种贴现的现金流模式，因为公司的管理者通常很重视这种勇于评估投资结构化的技巧，但是结果倾向于证明某一项具体建议的合理化而不是同等地评估所有的备选项。这种加强程序合理化和说服别人支持某一具体建议的企图实际上会使得程序不合理和减少对管理层的认同感。

　　管理者必须记住，人们会在决策过程中做出归因。他们把动机归因于别人的行为。他们可能会认为，大量地收集信息、提出备选项和正式分析技术的使用是真正努力去提高决策的质量。从另一方面讲，他们可能会认为其他人在尽力操纵、"幕后操纵"或者提前决定这个过程。如果人们觉察到别人的自私动机，他们就会对决策过程失望，这种幻灭会影响领导者建立共识和达成一致意见的能力。

　　正如管理者需要评估自己的行为会怎样影响合理性的感知度一样，他们也必须监视别人行为的合理性。热情地倡导一项建议，例如马克·阿格所做的一样，通过努力地向上级、同事和下属兜售观点，将会争取过程合理化。但是，如果管理者不能很快地认可和重

第八章 公平合理的程序

视这个问题，再那么做就会弊大于利。

再想一想马克·阿格努力说服别人支持他的联盟的建议吧。他在决策制定的过程中提供了一些"象征性的备选项"。一个象征性的备选项能够引发很多讨论和分析，但是不会被认真考虑。一个象征性的备选项和"稻草人"有着很重要的区别——在决策过程中有很大的意义。对于"稻草人"，人们明白它永远不会实施，但是认可那种讨论的价值——作为一种针对复杂事情的检验假设和激发关键思考的方式。在象征性备选项案例中，人们展示各种选择纯粹是出于象征性的意义，而不是因为实际的价值。反思的时候，马克·阿格认识到他给管理团队提供了象征性的备选项：

> 关于和谁来做软件工具供应搭档，我们做了内部分析。我们有一个图表来说明我们应该做的是和一个工具提供者合作。我们有一个列举了一些备选项的单子。老实说，就是比尔和我之间列举了一些备选项——那是一项不妥的尝试，因为我们知道我们想要的是 ZTech。但是，我们还是做了那么一些工作：你们愿意和 Jet Corp 合作吗？不，为什么不呢？你们愿意和 Keystone 合作吗？不，为什么不呢？因此，我们才有那么一个单子。

这一引用暗示着阿格感觉是强行提供了多个备选项来让决策看

起来全面和可分析，与人们期望决策应该通过"标准做法"来制定是一致的。但是，其他人了解这个游戏。他们感觉这些努力都是人为操纵的。其中一名管理者注意到："我觉得，除了 ZTech 公司以外，没有人在这件事情上认真。"另一个人解释说："第一天就定好了。他们知道要这么做。这六个月……就是在消磨时间。"

象征性备选项看起来是很多公司决策过程中相当普遍的一种特色，它们通常并不低调——人们能够认识到多数情况下的这种自私行为。领导者通常发现，在程序合理性崩溃的时候，决策过程就要停滞了。

类似的现象在很多组织的信息收集方面也存在。人们自然想用数据来支持他们的论点，证明假设和说服别人认可他们的建议。通常，他们展示大量的数据来说服别人相信他们已经对手头的事情做了全面的调查。然而，我的研究表明，人们会采用两种不同的方法在重要会议前发布这种信息。在有些情况下，管理者会在进行关键磋商之前为每一位与会者提供所有可提供的信息；而在其他情况下，管理者会为部分同事提供较多的信息。在很多情况下，后面这种现象的出现是因为人们在会前努力向管理者"提前兜售"自己建议的优势，想要建立一种同盟，好让管理者在集体磋商的时候支持自己。为了说服这些有影响力的管理者，人们在集体讨论前以投其所好的方式向他们提供数据。

第八章 公平合理的程序

这种在重要会议之前不能为所有人提供信息的失败做法通常给程序合理性带来更多的是损害而不是强化。被人早已看到了的信息，如果自己是第一次审查，自己就会感到处于劣势。如果别人不能与自己共享信息，人们就会质问自己的观点是不是受到真正的重视。此外，人们想知道自己是否会影响那些对数据有有限权限的人的观点，或者这些人是否已经建立了超强的、不可改变的、先入为主的概念。

阿格公司的组织重组决策凸显了信息不平等分配引起的问题。一个管理者在会前只与一些同事分享了各种备选项。当他为整个团队提供大量数据时，人们没有感觉到他收集如此之多的信息所付出的艰辛努力，相反，感觉他好像是在展示一个既定的事实。工程部副总裁解释了当时会议开始的场景：

> 我们在开异地会议，戴夫在努力地为大家展示他是如何认真地调查了所有的数据。当时，我和罗恩是除了戴夫以外已经审查过数据的人。虽然他们没有看到我在椅子里羞涩地蜷缩着身子，但是对于其他人来说，很明显我已经看过这些数据了。我当时真是个坏家伙……我不相信那项决策已经提前定好了，但是很多人在当时或者事后甚至今天都是这么认为的。

保持过程合理

那么，领导者是如何保持决策过程的合理性的？他们不能消除象征性的行为，因为那在组织中也有着很大的价值。人们总会在如何通过"合适的方法"做出复杂选择方面违背社会和组织的价值观和规范，来评估决策过程。换句话说，人们都有自发的表现来说明他们已经收集了大量数据、审查了很多选择、使用了最受欢迎的分析方法。

承认了这一事实，领导者仍旧采取步骤来确保这种象征性的行为不会成为共识的障碍（见图8-4）。首先，领导者必须确保——最大程度地确保——决策过程参与者有平等的信息渠道。如果要建立承诺，领导者需要在顾问和下属之间开始辩论之前建立一个平等的游戏平台。

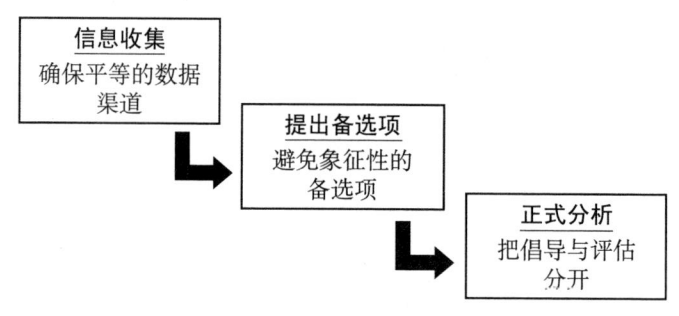

```
┌──────────┐
│ 信息收集  │
│ 确保平等的数据│
│    渠道   │
└──────────┘
      ↓
   ┌──────────┐
   │ 提出备选项│
   │ 避免象征性的│
   │   备选项  │
   └──────────┘
         ↓
      ┌──────────┐
      │ 正式分析  │
      │ 把倡导与评估│
      │    分开   │
      └──────────┘
```

图8-4 保持过程合理性的原则

其次，领导者可以检验象征性备选项的存在，然后要么从桌面上清除，要么强迫人们认真考虑这些建议。他们可能需要推动团队提出新的选择来确保真实的考虑。进一步讲，领导者应该明确区分用于推动多样化思维的"稻草人"和便于操纵的象征性备选项。

第八章 公平合理的程序

最后，领导者应该争取把倡导与评估分开。回忆一下肯尼迪政府处理猪湾事件的决策吧。总统的顾问阿瑟·施莱辛格表明美国中央情报局（CIA）提出了"一份他们个人花费很多时间、组织投入很多的建议，这就映射出他们更多的是在倡导而不是分析"。正如政治科学家亚历山大·乔治指出的，"当关键的假设和一个计划的前提仅仅被那些倡导者评估时"，一种有缺陷的、未经检验的推进就会进行。有趣的是，我的研究表明，把倡导与评估分开不仅会提高决策的质量，还会增强过程合理性和加强管理共识。要想把倡导和评估分开，领导者需要交代多个部门去对当前的建议做独立的评估，正如肯尼迪总统在古巴导弹危机中所做的一样。在有些情况下，领导者甚至要邀请第三方——没有偏见的专家——对各种倡导者提出的多个备选项做出客观的分析。

让人们发言

让人们发言很有挑战性。领导者需要让人们在和他们谈话的时候感到自在。地位和权力的差异有时候导致人们之间很难进行自在的对话。领导者需要和下属建立一种信任的关系来征集他们最好的观点。他必须努力缩小地位差异和降低对话水平，来营造最好的对话。

迈克尔·阿伯拉肖夫（Michael Abrashoff）海军上校在1997年6月正负责指挥美国海军"本福尔德"号驱逐舰，那是一艘阿利·伯克级驱逐舰。他形容这艘军舰当时功能失调：全体船员情绪低落，很闲散；很多船员急切地盼望着早日结束海军服役。在接下来的两年时间里，阿伯拉肖夫实现了大逆转。在他任职期间，"本福尔德"号驱逐舰达到了美国海军的最高级别。

阿伯拉肖夫竭尽全力地在他的船员中征求意见。他"很强劲地倾听"他们的观点，尽力把很多人的观点囊括到提高业绩的活动中去。阿伯拉肖夫当然也认识到，船员们不习惯向他们的指挥官提出自己的观点和建议，船员们不知道指挥官将会对他们的观点做出怎样的反应。阿伯拉肖夫必须建立一种信任关系，以便消除船员和指挥官之间的隔阂。

有一天，阿伯拉肖夫通过一个很微妙的举动向船员们发出了一个强烈的信号。船员们通常喜欢星期天在飞行甲板上做饭。阿伯拉肖夫有一天注意到：军官们跳到航线前面，在士兵面前切菜；然后，军官们去一个分开的地方吃饭，而不是和士兵们一起。阿伯拉肖夫径直走到航线后面。他在耐心地等待他的饭。一名军官走过来对他说："长官，您不了解，您得走在前面。"阿伯拉肖夫回答说："那好吧，如果我们没有吃的了，我就会不吃。"最后拿到饭的时候，他加入飞行甲板上士兵的行列一起吃饭，而不是和军官们在一起。很快，他注意到军官们改变了他们的日常做法：他们不再和士兵们分开吃饭。阿伯拉肖夫的一个简单举动产生了重要的象征性意义。他向士兵们和军官们发出了一条很强烈的信息。他消除了阻碍沟通的一些障碍。通过那么做，他真正开始赋予人们发言权了。

上下级的感知错位

领导者在努力营造程序公平与合理的时候，会遇到另一项挑战。简单来讲，很多领导者很难判断一个团队是否以同样的方式认识决策过程。例如，我在对唐·巴雷特和他在全明星体育的管理团队进行研究的时候，结果很有启发性。在叫员工对管理层的效率进行打分的一系列问题中，巴雷特总是比其他人的得分要高。巴雷特的例子也不是独一无二的，关于程序公平和合理的认识错位经常发生。在很多情况下，领导者觉得他在以一种公平和合理的方式领导决策过程，但是他的顾问和下属们发现他没有表现出充分的考虑，或者他们发现有象征性备选项的存在。如果一个领导者在错误地认为团队对决策过程很满意的情况下推进工作，他可能会很惊讶地发现执行工作在缺乏管理层认可的情况下步入了歧途。

那么，领导者该如何验证以确保整个团队对于过程的感知与自己的相符呢？第一，他们可以在决策开始的时候建立一种"检查过程"的习惯，时不时地检查。管理团队应该审查他们的决策制定过程，特别注意培育激发不同意见的能力，建设性地管理冲突，维持公平和合理性。这种审查不需要等到过程结束或者决策制定以后，而是团队实时进行快速评估来保证过程处于正常轨道上。

第二，领导者可以把下属叫到一边进行一对一的面谈，来检测是否错位。有些人可能在私底下表达自己对于决策过程的担忧比在集体讨论中更为自在。

第三，领导者可以缺席集体会议来让团队成员自己讨论关于决策方法的担忧。在领导者缺席的时候，人们会更加公开地透露自己的保留观点，例如，达到了领导者认真倾听和展示出对别人的观点真诚考虑的那种程度。

第四，领导者必须特别注意体态语以及与顾问和下属们互动中、会议中的非语言提示。人们常常通过面部表情、动作和姿势的改变来表达对于一个决策过程的不满和保留意见。如果一名领导者发现这些有问题的征兆，就需要找出时间，也许在集体会议以外的时间，询问相关人员对于决策过程的认识。在那种情况下，通过把团队成员拉到一边交流，领导者可能会发现没有出现的重要异议；但是，领导者也可能会发现非语言提示是关于决策过程的，而不是关于正在审查和讨论的主题事件的。

第八章　公平合理的程序

交流的目的

你打造了一个公平合理的过程,制定了一项被坚定认可的决策,但是仍会在执行过程中遇到障碍。是什么出问题了呢?问题可能不会是责任心不够,而是认识不到位。加里·克莱因的研究表明,领导者常常是宣布他们的计划,但是没有明确说清楚他们的意图。他是这么说的:

> 如果你仅仅告诉下属你要他们怎么去做,但是没有告诉他们为什么你需要那么做,那么你虽把事情变简单了,但是也使你的计划变得脆弱了。告诉下属们为什么你要那么做,是为了增强他们的独立性和改善的能力。如果下属不理解你的意图,那么很有可能他们会因一个意外的障碍而摒弃你的计划,因为他们不知道如何去调整。他们很难在目标之间进行折中,这一点很重要,因为我们很少在一个时间点上有一个积极的目标……只有理解了你的意图,下属们才会对事件做出反应,而不需要等待你的允许。

克莱因推荐了密歇根大学卡尔·韦克(Karl Weick)教授提出的一种有关沟通交流决策的方法。韦克倡导以下五步法:

(1) 这是我认为我们面对的情况。

(2) 这是我认为我们应该做的事情。

(3) 这是理由。

(4) 这是我们密切关注的一个东西。

(5) 现在，让我们谈谈吧。

最后一步尤其关键。你必须给人们机会来询问你决策方面的问题。他们可能会要求在行动计划的某些细节上明晰化。如果意外障碍出现，有的人可能想知道更多关于应急方案的内容。从另一方面讲，他们的问题可能会与他们在执行过程中的角色和职责有关。这种重要的互动能让领导者决定是不是所有人都在一个层次上。通过这种对话，领导者可能会培育出关于决策更强的共识，并因此为决策成功执行铺平了道路。

传授良好的过程领导力

领导者不仅仅需要通过个人良好的过程领导力来建立共识和达成一致意见，也必须把高效的践行技巧传授给团队成员。当所有成员，不仅仅是领导者，学会积极的倾听技巧，展示出对别人观点更真诚的考虑时，受益的是整个团队。保持决策过程的合理性也需要团队精神。领导者可能会时不时拿出预先定好的决策，折中过程的

第八章　公平合理的程序

合理性和管理共识。但是，团队成员也常常热烈地倡导自己偏好的项目和建议来削弱过程的合理性。良好的过程领导力不仅仅需要制定政策与监督的能力，它也意味着要在如何提升集体决策过程的公平性和合理性方面教导所有的团队成员。通过传授良好的过程领导力，领导者也会增强一种可能性，那就是决策制定的过程会加强组织的各个方面。当然，教导绝非易事，有时候需要消极反馈的传递和灌输纪律的意愿。

在以色列贝斯女执事医疗中心，保罗·利维着手应对决策无能，在关键决策方面建立了更大范围的集体参与制。他明白，决策制定需要在各个层面改变，而不仅仅在总裁级别。通过践行更大范围的公平过程原则，他开始鼓励人们在集体讨论中不再保持沉默，在明显有共识的情况下制定决策后不要诋毁、不要反对也不要妨碍计划的执行（过去说"是"的文化的经典表现）。他通过建立新的规范，带头示范期望的行为表现和给人们机会践行更公平、更有纪律的决策方法来努力教导各个层级的人员。

并不是所有人都得到这种信息。在利维上任后的第二个月，他和员工们讨论一件重要的事情。在会议结束的时候，他认为大家就如何推进工作达成了共识。他提醒每个人要努力去战胜"说'是'的文化"，询问大家是不是都真的支持这个决策。没有人表达反对和担忧。仅仅几天之后，一名主管公开抱怨这个决策，全然不顾他当时在会议上是默认的这一事实。利维公开教训了这个人，指出他曾被给予很多机会来表达观点和担忧。当然，公开批评也是危险的，但是在这种情况下，利维明智地使用这种方法来强化了新规范。不仅是对于个人，对于管理团队来说，那也成了一个教导现场。

利维也会授权各级别的管理者执行很多战术决策和承担责任，提供给各级别的管理者机会来践行解决问题和制定决策的新方法。他的角色是监督人们制定决策的方法来确保人们拥护新规范，并能有效运用，达成共识并及时达成最终意见。但是，他没有事无巨细地管理。在团队着手自己工作的时候，利维把他自己看作组织版的法官角色：他并不想从头至尾审查所有的案件，对下级法庭的决策施加影响；相反，他努力去"审查下级法庭的决策过程，看它们是否遵守了规则"。如果遵守了，决策就成立；如果没有遵守，他就会干预，教导管理者们如何领导一个更加高效的决策过程——他不是纠正他们的选择。

冲突又如何

本章集中讨论了建立共识问题。有人想知道全部讨论冲突、异议和多样化思维会有什么情况。带着之前关于领导者如何激发思想火花的相关论述，人们会如何重新考虑针对公平性和合理性的讨论

第八章 公平合理的程序

呢？这个问题的答案实际上非常简单。让我们再回到共识的定义上来：它不等同于全体一致或者多数人原则，不意味着由团队（而不是领导者）去做决策，也不意味着人们必须找一个妥协解决方案来与各个选择的因素搭配。共识的意思是人们理解最终的决策，投入执行已选的行动方案中，对于计划有一种集体参与感，乐意在执行过程中与其他人合作。

即使在团队成员就某一复杂事情不能达成全体一致意见的时候，领导者能够也应该建立共识。事实上，过多的全体一致应该是一个警告信号，因为人们可能感觉表达自己的观点会不安全。争取共识肯定不意味着在管理团队中减少冲突。实际情况是，要建立坚实长效的共识，领导者需要激发冲突而不是避免冲突。

尽管最后的表述可能听起来违反直觉，但是请想一想过程公平和合理的概念。投入热烈辩论的机会在影响公平和合理感知度方面扮演着非常重要的角色。如果没有机会公开坦诚地表达相反观点，不同意彼此的意见——包括领导者的意见，人们就感觉不到决策过程的公平。如果被导向一个偏好的解决方案或再提出象征性的备选项，人们不会认为过程是合理的；他们希望有机会和同事们在一个平台上就一些选项进行真诚的辩论。学者占·金（W. Chan Kim）和勒妮·莫博涅（Renee Mauborgne）努力消除这一概念，即人们必须避免冲突来建立承诺和培育积极的合作：

公平的过程不会通过调和每个人的观点、需求或者兴趣等来达到和谐或者赢得人们的支持,也不是工作场所中的民主化。实现公平过程也不意味着管理者要放弃做出决策的特权。

这些话语提醒我们:当所有的事情说了,也做了,如果一个组织要前进,人们还需要领导。并不是每个人都同意领导者的决策。但是,我们已经了解了人们关心过程而不仅仅是结果或者裁决。通过营造公平合理的过程,领导者能够造就一个"缓冲支持带",使他们做出理性人群不同意的艰难决策。在领导者做出艰难决策的时候,他们必须把热烈的、有争议的决策过程收尾。在这些情况下,他们只需要记住一个善于观察的管理者对我说的话:"人们仅仅是想让别人听到他们的立场。然后,他们特别想要一个决策。"

第九章　达成一致意见

如果化大为小的话，没有什么特别困难的事情。

——亨利·福特

第二次世界大战期间，艾森豪威尔（Dwight Eisenhower）将军统率着人类历史上组建的最强大的军队。在他高超的领导下，盟军对法国海岸线发动猛攻，战胜了希特勒的军队，解放了欧洲。多年以后，美国人选举这位明星战争英雄作为他们的总统。自然地，并不是所有人都相信这位退休的将军在那个椭圆形办公室里能够顺利转型。杜鲁门总统在白宫的最后几个月里，反思了等待他卸任的下任总统面临的挑战："他会坐在这里。他会说：做这个！做那个！但是什么也没有发生。可怜的艾克（艾森豪威尔）——这儿和军队一点都不一样。他会很沮丧的。"

杜鲁门是经验之谈。执行他的观点和决策有时候是项艰难的挑战。这些障碍并不总是来自国会中的对手，有时候他也会遭遇自己政府成员的抵制。政治学家理查德·诺伊施塔特曾经为杜鲁门和其他很多高管工作过，观察到："美国总统除了自己的'权力'外，拥有的正式权力范围很大……他不是通过下命令来获取结果——或者，至少不是仅仅通过下命令这种做法。"如果这位"自由世界"的领导者想让自己的决策得到及时有效的执行，他甚至还需要去建立承诺与共识。

结果呢，艾森豪威尔没有仅仅坐在高处发表意见。这位第二次世界大战期间盟军最高司令甚至不仅要把一个复杂的联盟凝聚在一起，还要平衡大西洋两岸意志坚定的人们的竞争性要求，包括两个国家的元首丘吉尔和罗斯福、每一个国家的军队领袖马歇尔和布鲁克，还有威风的战场司令们，例如蒙哥马利、巴顿、特德和斯帕茨。历史学家斯蒂芬·安布罗斯（Stephen Ambrose）指出，艾森豪威尔的外交技能通常比他制定战略决策的能力更为重要。这是他的观察结果：

> 没有一个艾森豪威尔的直接上司或者下属注意到，艾森豪威尔是承担不起拍桌子的风险的。例如，蒙哥马利那么有威望、有权力、有个性，艾森豪威尔冲进他的指挥部，用拳头砸在桌

第九章 达成一致意见

子上,喊叫着提出很多命令……他的举动应该是灾难性的。

艾森豪威尔从他的导师福克斯·康纳(Fox Conner)准将那里学到了说服力的重要性。艾森豪威尔在20世纪20年代初期是福克斯·康纳在巴拿马运河区域的部属。福克斯·康纳和艾森豪威尔分享了自己在第一次世界大战期间跟随潘兴将军期间的故事和教训,他让年轻的艾森豪威尔广泛学习历史。艾森豪威尔谈到了他的所学:

> 他非常重视在他所谓的"说服力的艺术"方面对我进行教导。因为没有一个外国人能够被另一个国家授予完全的军队司令权力,只能密切协调,这就需要说服力。他会拿出一本应用心理学的书,我们会进行讨论。你会如何让不同国家的联盟军队像一个国家的军队一样行军和思考?毫无疑问,他在我31岁的时候就在这方面塑造我的思维。

多年以后,作为盟军的最高统帅,艾森豪威尔的确证明他擅长把人们聚在一起,找出共同点。敌人也知道他作为领导者的强项;德国人曾经写道:"他的最强项据说是有能力因人而异地调整个性,缓和对立观点。"

想一想艾森豪威尔在同国家元首和军事指挥官间充斥争议的辩论中是如何确定诺曼底登陆日行动的。他通过领导一个公平合理的决策过程,建立了对于最终计划的承诺。安布罗斯指出,在通常很激烈的磋商中，艾森豪威尔"表现得像个主席，明智地听取双方的观点，然后做出最终的决定"。艾森豪威尔确保每个人都是"被人公平地倾听"。进一步讲，他的根本方法就是亲自客观地介入所有的问题，也会说服别人相信他是客观的。

但是，艾森豪威尔在人们不能达成一致意见的时候做得不仅仅是领导一个公平的过程和做出最终的决定。他通过把复杂的事情化解为可管控的部分来帮助这个权力非凡、意志坚强的团队在诺曼底登陆战略上达成一致意见。相比马上形成一项战略，艾森豪威尔领导了一个长达5个月之久的决策过程，让人们逐渐达成共识——关于登陆日期、轰炸策略、空军的动用、是否在跨海峡袭击的同时入侵法国南部。

艾森豪威尔通过在任何可能的时候寻求共同点来领导有争议的磋商，通常在重要的事实、假设和决策标准方面寻求一致意见。根据安布罗斯的观点，当司令们聚在一起辩论是集中轰炸德国的战略目标还是法国国内的铁路网时，艾森豪威尔保证说这个团队"开始认可大家都同意的观点了"。当他们在入侵法国南部的方案上不能达成一致时，艾森豪威尔首先寻求有效进行跨海峡袭击所需资源方面的一致意见。在团队形成一项结论之后，每个人都很清楚入侵法国南部的计划必须延迟——那也正是艾森豪威尔当初就持有的观点。

在整个关于诺曼底登陆日的磋商中，艾森豪威尔采用的是有纪律的、循序渐进的方式来确保承诺和一致意见。他带领团队逐步建立共同点。尽管"艾森豪威尔的实践是为了达成一致意见",但当各方不同意时他做了一项艰难的决定。进一步讲,当他宣布这件事情结束时,他没有让人们重新审视这件事,也没有放开进一步的讨论。

差异性与趋同性

艾森豪威尔在推进诺曼底登陆计划的几个月中表现出来的领导力,对于那些有兴趣了解如何帮助一个多样化团队在复杂问题上达成一致意见者具有很大的启迪意义。在很多方面,艾森豪威尔在制定复杂高风险决策方面的方法挑战了传统智慧。

在本书中,我们已经审查了团队在制定艰难决策时遭遇的两种病理(见图9-1)。有些团队在没有一定程度的临界评定和辩论的情况下,就在一个具体解决方案上达成一致意见。另有一些团队提出很多备选项,但是不能解决冲突问题,也不能及时达成一致意见。

为避免这些问题,学者和咨询师们通常认为团队应该在决策过程开始阶段努力鼓励多样性思维,然后转向趋同性思维来减少选择,最后选定一个行动方案。这种相继的差异—趋同模式,如图9-2所示,代表着传统智慧通常得到了那些建议管理者该如何更有效地制定决策的人们的支持。例如，学者爱德华·拉索（J. Edward Russo）和保罗·休梅克（Paul Schoemaker）提出了如下建议：

> 对于大多数决策来说，尤其是那些引进的，最好的过程是范围广泛，给各种观点留足空间，只有在团队认为这个问题是从各个角度予以考虑之后再形成一个最终的决定。

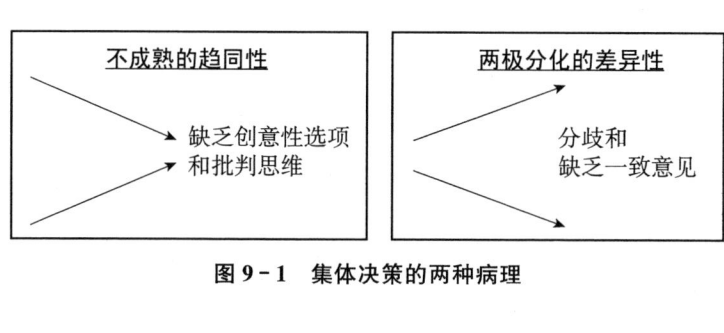

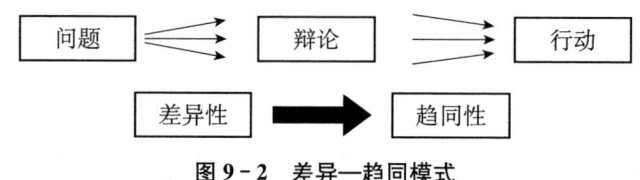

```
不成熟的趋同性              两极分化的差异性
  → 缺乏创意性选项            → 分歧和
  → 和批判思维                → 缺乏一致意见
```

图 9-1　集体决策的两种病理

```
问题 ⇒ 辩论 ⇒ 行动
差异性  ➡  趋同性
```

图 9-2　差异—趋同模式

我的研究表明，高效地指导一个反复的差异—趋同过程，很像艾森豪威尔在诺曼底登陆磋商中所做的一样。高效的领导者不会在决策过程开始的时候鼓励多样化思维，在磋商后期再把团队的注意力转移到达成一致意见和共识上来。以这种直线方式推进工作，有时不会及时达成实质性的一致意见。

的确，领导者必须在决策制定的过程中时不时地寻找共同点。

第九章　达成一致意见

他们不能保留对于所有事情的判断，同时投入头脑风暴法、提出备选项和辩论中，也不能在后期限制多样化思维。他们必须在磋商各种观点的决策内容上达成中间协议，以免在决策制定过程后期还要努力弥合对立双方之间巨大的分歧。

就像艾森豪威尔在诺曼底登陆前期的表现一样，有效的领导者应该把一致意见当成一种过程使然而不是多样化思维和辩论的顶点。他们不需要为一个单独的行动方案寻求承诺和一致意见，但是他们争取一系列的"小胜利"——关于一个问题各方面的具体的中间协议——把部分整合，形成一种朝着最后决策前进的趋势。

为了阐述一个反复的差异—趋同过程的力量，想一想 CEO 安德鲁·文顿（Andrew Venton）和他的管理团队在美国龙头装甲战车生产公司中做出的关键决策。在 20 世纪 90 年代后期，该公司想要竞争一份英美联合国防合同，设计和建造一种先进的装甲战车。文顿明白，他需要和美国、英国航天公司一起组建一个国际合资公司，来赢得这份丰厚的大单。那肯定是一项复杂的决策，有很多未知存在，在职工中也存在很多种有争议的观点。例如，客户对于该项目的具体要求存在很大的模糊性，没有人期望这两个国家来明确这些说明。文顿也认识到，他的管理者会对潜在合伙人存有不同的评价，因为他们之前工作不同，也有大量不同的经验。

这一决策举例说明了随着反复过程的展开，这种类型的辩论和中间协议会出现。如表9-1所示，文顿和他的管理者没有按照顺序从差异性思维模式转换到趋同性思维模式。尤其要注意的是，趋同性思维出现在决策制定过程中每一个关键的环节。

表9-1　　　　　　　一种反复过程的简况

	问题甄别与明确阶段	提出与完善备选项阶段	评估和选择阶段
差异性思维	广泛的信息搜索和质问过程 考虑与当前问题相似的各种情况	提出多种备选项 考虑多个标准	竞争者角色扮演 假设情形
趋同性思维	关于目标与目的的一致意见 关于问题量级和紧急程度的一致意见	关于一套看似合理的选择的一致意见 关于决策标准的一致意见 关于主要事实和假设的一致意见	关于去除备选项的一致意见 关于视具体情况而定的选项的一致意见 关于应急计划的一致意见

管理者做广泛的信息搜索，审视客户的需求，预计大洋两岸潜在合伙人的能力。他们最终在问题的量级和紧急程度以及公司的目标上达成了一致意见（即：该项目有多大，如何能够快速取得成果，需要什么样的团队来赢取这份合同）。

这些决策者提出了很多备选项，但是他们最后一致同意的是一套可行的选项和用于评估的标准。他们针对各种备选项进行了辩论，但是时不时地去除一些选项。例如，管理者总结认为，他们必须找一家有更先进的系统整合能力的公司来牵头这个合资企业，因此，把这家公司作为优先合同商的选项都去除了。最后，他们做出了一个选择：视具体情况而定。具体来讲，管理者达成了一个暂时的一致意见，认为最好的行动方案就是作为分包商来和三家英美公司合作。但是，很多管理者担心这一选择。他们只有在公司可以协商出一份恰当的合资协议的时候才会支持这一决策，尤其是关于将来合同中的工作划分事宜。管理者同意和潜在合伙人进行谈判，但是认为应在公司有关联盟推进工作时应该遵守的具体条件得到认可的时候才可以。

总体而言，管理者在辩论和发现共同点的场景之间反复切换。逐渐地，他们应对了一件非常复杂的事情，制定了一项每个人都能理解的决策并投入其中。进一步讲，这个反复的过程并不紊乱。结果证明，它是我见过的该公司的最高效的一个决策过程，不管是从管理者的内部评估还是从外部观察来说都是最高效的。

"小胜利"心理学

为什么在处理复杂决策的时候"小胜利"的方法如此高效呢？**在一个问题的具体方面，达成适度同意会使新的同盟者聚在一起，让对手认识到同盟的共同兴趣，巩固和保持磋商中建立的成果。**人们开始认识到，除了不同观点外，他们彼此之间能够建设性地开展工作。一项协议就是后期更多富有成果的协议的催化剂。心理学家卡尔·韦克是这么解释的：

> 本身来讲，小胜利可能看起来不重要。在一些规模小但是意义重大的小任务上的一系列小胜利就不一样了，它们能够吸引同盟、阻止对手、降低后续建议的抵触。小胜利是能够产生看得见结果的可控制的机会……一旦人们取得了一个小胜利，就会去赢得另一个小胜利。

一种"小胜利"方法可以帮助团队克服两种在复杂高风险环境中做决策的障碍。一种障碍是对性质的认知，另一种是社会情感方面的。首先，团队可能会因为认知局限而被复杂的问题压倒，通常这被称为决策制定者的有限理性。简单来讲，人们大脑中没有超级计算机。他们不能高效地处理大量信息，他们必须是选择性的。他们不能审查特定情况下的每一个备选项，或者透彻考虑每个备选项中的行动方案带来的结果。人们倾向于一次考虑有限的数据和一小部分可能的选项。简而言之，以非常全面的方式审查一项决策的能力是有局限的或者有限制的。因此，对于人脑来说，这种认知性的挑战就使决策变得更便于管理。"小胜利"方法正好通过构建一个个非常松散而复杂的问题，让个人和团队那么做了。

复杂的事情也会引发沮丧、压力和人际摩擦。心理学家已经证

第九章 达成一致意见

实，人们感到一个问题超出他们的解决能力时就会变得焦虑和紧张。人们通常评估他们的技术和他们各自所在团队与组织的能力，他们会考量这种能力是否与实际要求相匹配。如果他们感到不匹配——也就是实际要求超出自己的技术和能力的话——他们会变得心慌、担忧和有压力。这些情感会让实际解决问题和制定决策变得更加困难。因此，社会情感挑战可以通过有效应对内在和外在的人际紧张情感来让人们投入决策的制定过程中。当小问题压倒人们时，"小胜利"方法证明是很有效的。正如韦克所写的，"一个小胜利降低了重要性（没什么大不了），减少了要求（总共就那么多），提高了认知水平（至少我也可以那么做）"。

比尔·帕塞尔斯教练在其执教生涯中辗转于多支职业足球队。他接手了纽约巨人足球队，这支球队十年中只赢过一次，从来没有赢过超级杯。在他当主教练的第四个赛季，这支球队在16场比赛中赢了14场，获得了超级杯冠军。帕塞尔斯还带领新英格兰爱国者队和纽约喷气机队取得惊人的大逆转。

帕塞尔斯不是通过不停地谈论赢得冠军来拯救这些球队的。他用的是"小胜利"的方法。渐渐地，他改变了球队训练和比赛的方法。帕塞尔斯是这么说的：

> 在训练营，我们没有集中在最终的目标上——超级杯。我们建立了一套清晰的目标，都在我们可及的范围内……在我们

开始要实现这些目标的时候，我要确保每个人都清楚……当设立小的、能看得见的目标时，人们就会去实现它们，目标开始进入人们的头脑，他们就会成功。

威廉·拉克尔肖斯（William Ruchelshaus）于1970年担任美国环保局第一任局长。他也使用"小胜利"方法。他在尼克松任命他为环保局局长的时候面临着艰巨的任务。在国家环保政策方面，他是如何建立共识的呢？

威廉上任后，从头绪繁杂的事务中抽身出来，选择聚焦于环保政策的小的维度：水污染。他找到一条旧的法律条文，能够在那件事情上对很多城市采取行动。他取得了一些成功，他用这些胜利和成就促成了后来关于环保政策方面更有争议的决策。

1983年的那一场社保危机

1983年关于改革社会保障政策的决策是一个关于团队如何使用"小胜利"方法在复杂的、决定性的事情上达成一致意见的生动事例。在当年的1月份，一个由高级政策制定者组成的小团队——被称为九人帮——其成员聚在一起应对国家面临的社保项目危机。如果不能马上制定一项执行改革的决策，那么这个项目就会破产，数百万老人就不能按时收到每个月的支票。

第九章　达成一致意见

白宫和国会试图和解，一年来都没有结果。里根总统指定了一个两党委员会来处理这件事，但还是不能达成一个令人满意的解决方案。两个党派的人被这种巨大的挑战和严重的分歧激怒了。眼看1983年初没有时间了，四名白宫工作人员和五名前委员会成员再次聚在一起应对这个问题。他们达成了一项里根总统和众议院民主党领袖欧尼尔都接受的意见。九人帮是这么描述他们达成一项决策的："那是一个递进的过程。当时没有什么大的突破，只是一些小协议形成了一个大方案。"

九人帮在针对社保危机本身的解决方案协商之前就已经达成了一系列的协议。这些协议为进一步就各种改革备选项的建设性辩论奠定了基础。首先，这个团队争论并最终定下来一套经济和人口方面事关重要的假设，例如未来经济增长、通货膨胀、人口增长、人的寿命等。其次，在这些假设的基础上，这个团队就努力解决的整体问题的规模达成了一致意见（短期为1 680亿美元）。最后，九人帮同意任何解决方案必须包括50%的税收增长和50%的效益还原。这项原则或者说是标准指导着所有选项的评估。在获得共同点的基础上，九人帮逐渐开始就各种备选项进行辩论，一个接一个地，达成了增加税收和利益还原的协议，这些协议包括了里根总统和国会建议的最终方案。例如，九人帮在早期的时候同意延迟生活成本的增长，稍后他们得出的结论是应该提高工资税。在磋商的最后阶段，这个团队同意给那些过了退休年龄仍在工作的老人的社保效益赋税。在他们一个接一个地达成协议后，他们逐渐地拼凑起一个解决方案，弥补了社保项目中的 1 680 亿美元的缺口。通过"小胜利"的方法，九人帮应对了美国政治上的"险局"，把政治对手们聚在一起，解决了一个复杂而又压力重重的问题。

小胜利的类型

社保改革决策阐述了领导者在有争议的决策制定过程中可以寻求的小胜利的类型（见表 9-2）。某种类型不会进入将来执行的最终选定的方案当中，但是会聚焦于决策过程本身的因素。例如，团队同意核心经济和人口假设，人们同意所有的解决方案都要遵循五五比例原则。这些过程导向型的小胜利不构成将来要执行的用于应对问题的行动方案，但是它们为各种潜在方案的建设性讨论奠定了基础。另一种类型是由解决问题的一部分方案组成，可能会与其他建议一起执行。例如，关于效益赋税的协议代表着一个切实的方案，会被联邦政府执行。关于效益赋税本身不能解决社保危机，但是它代表着复杂谜团的一小部分，也被证明是一个重要的结果导向型的小胜利。在领导者努力针对复杂事件达成一致意见的时候，他们需要寻找机会来确保过程和结构变量的小胜利。

第九章　达成一致意见

表9-2　　　　　　　　　小胜利的类型

过程导向型的小胜利	结果导向型的小胜利
目标与目的	去除备选项
假设	选择导向型的协议
决策标准	应急计划

过程导向型的小胜利

尽管有很多类型的过程导向型的小胜利存在（见表9-2），领导者会焦头烂额地在一件复杂的事情上达成可持续的一致意见，但是缺乏三个关键因素：目的、假设和决策标准。几乎在所有的决策中，管理者对待一件事情都是带着矛盾而又相同的目的。他们在公司中的职能、分布和业务在一定程度上都是彼此矛盾的，利益都不是完全一致的。进一步讲，管理者个人的目标和愿望可能与同事的目标和愿望相抵触。为在复杂事情上达成一致意见，领导者不能消除下属之间的不同利益，但是他们能够而且必须在管理者都认可的最高目标上找到共同点。正如斯坦福大学学者凯瑟琳·艾森哈特和她的同事们在研究高科技公司中的12支高级管理团队时的发现一样，"当团队成员朝着同一目标努力的时候，他们就不太可能把自己看作赢者或者失败者，而是更有可能正确地理解别人的观点和向他们学习"。

在社保决策中，大家都有共同的目标——重振该项目的偿债能力——从一开始就是。但是，有的人对于经济增长、通货膨胀等事情抱有乐观假设，有的人怀有悲观的看法。根据政治科学家保罗·莱特（Paul Light）所言，有人在磋商开始的时候就感到"被消极的不和谐的假设和数据笼罩着"。不同的假设会让人们对问题的尺度有着不同的定义。九人帮如果不能在需要结束的赤字规模上达成一致意见，他们就不可能同意一个方案。通过一起回顾历史数据，团队成员达成了一个关于经济和人口假设的协议。议员帕特里克·莫伊尼汉（Patrick Moynihan）指出，聚焦于铁的事实帮助甚大："每个人都有自己的观点，但是没有自己的事实。"

美国霍尼韦尔国际公司（Honeywell International）前CEO拉里·博西迪（Larry Bossidy）和咨询师拉姆·查兰指出，任何高效的战略决策制定过程都必须包括一场健康的讨论或辩论——领导者关于未来几年外部环境将会转变成什么样的假设。他们也强调，在有争议的事件上达成一致意见，对于顺利高效地向前推进一项战略的执行工作和在有争议的事件上得出共同的观点非常重要。在回顾博西迪在霍尼韦尔国际公司检验的基础上，他们这么写道：

> 同步化对于优异的执行表现和激发组织活力来说非常关键。同步意味着组织的所有动态部分对于环境有一个共同的假设……在一个团队中公开辩论假设和作出权衡是社交软件的重要部分……在构建和分享内外部综合图画的时候，他们

第九章 达成一致意见

就强化了自己同步执行的能力。他们会公开表现出执行所需的承诺。

最后,关于决策标准的协议也是关键的小胜利,它能够促进团队在有争议的事件上达成一致意见。领导者在对比和比较备选项的时候必须考虑很多因素。事实上,很多学术和咨询领域里的决策制定专家曾经说过,领导者只有在考虑到更宽泛的标准的时候才会做出更加高效的选择,包括"硬性的"(定量的)和"软性的"(定性的)因素。

当然,有了需要考虑的宽泛因素,领导者可能还认识不到自己评估备选项的维度和同事不同。如果人们在判断某一选项的方式上不能达成一致意见的话,那么在复杂事情上就很难有进展。当人们以直白的方式讨论评估标准并在用于审查每一项建议的一套因素上达成一致意见的时候,他们会发现这有助于在磋商中打破僵局。进一步讲,朝着共同标准推动,有助于帮一些人从固有的立场中脱离出来,鼓励他们以全新的角度看待问题,最后,整个团队达成一致意见。一名管理者告诉我:"为了把人们聚在一起,我们必须至少要给人们比较的机会。"

想一想思科公司(Cisco System)及其制定并购决策过程的案例。思科在 20 世纪 90 年代进行了很多次并购。当时,为了将自己打造成为计算机网络路由器技术的领军者,思科把并购作为一种获得具有潜力的新产品、新技术和知识产权的渠道。CEO 约翰·钱伯斯(John Chambers)和他的团队审查了数百家潜在的并购对象。他们认识到,很多并购案摧毁了股东的价值。管理者是如何在有价值的方案上达成一致意见的呢?

思科的管理团队首先同意一套清晰的并购标准。这些标准指导着筛选过程。高级管理团队寻求那些能够填补思科生产线空白的技术互补的公司。他们想要的产品能够通过思科现有渠道配送,能够让公司提供服务。管理者也寻求利用公司现有的生产基础设施和资产。思科想要的对象位于公司的主要驻地之一附近,最好是在硅谷。思科寻找的公司要具有兼容的文化并承担风险。最后,钱伯斯还想要两个管理团队之间存在默契。

关于这些标准的一致意见能够确保众人达成共识。有了这些到位的原则,筛选过程变得更加顺利和快捷。管理者仍旧不认可一些做法的优点,但是他们总是能够回到清晰的标准上来。结果,他们能更加快捷和简单地做出一些选择,同时其他备选项的好处变得非常明显。

结果导向型的小胜利

在谈到选择一个实际行动方案的时候,领导者可能会把一系列

第九章 达成一致意见

小部分的方案拼凑起来应对一个大型的、复杂的问题,就像九人帮在社保改革决策中所做的一样。领导者也可能模仿艾森豪威尔——他寻求在各种战略上一部分又一部分地达成一致意见。

这些方法中的每一个都利用了"小胜利"的优势。但是,当领导者朝着一项关键的最终选择迈进时,领导者有时候可能会很有必要寻求一些结果导向型的小胜利来帮助他们及时达成共识。

首先,我的研究表明,高效的团队同意在关键的节点上去除一些选项,而不是努力同时评估整套可行的备选项来选择一个最好的行动方案。例如,在某国防电器公司的一项战略联盟决策中,CEO解释了他的团队是如何随时间的推移去除一些选项的:

> 那是一个精选过程。我们所做的事情就是把一些备选项逐步地去除。在我的观念中,在决策过程中你不想做的事情就是不得不重复审查所有的备选项。你必须开始去除备选项。

每一次团队同意去除哪怕是一个选项,也确保了一个小胜利,带来了新盟友,在组织内部转变了联合模式,或者消除了一些对手之间的障碍。去除一个或者更多的选项也会让人们从新的角度重新审查剩余选项,也许还会以不同顺序进行评级。

与此相反的是,有些团队有组织地不同意去除选项;相反,他们努力重新回顾整套备选项。这些团队会发现他们的任务非常多,尤其是在大量选择存在的时候。他们发现很难达成一致意见，或者如果他们达成一项协议，那也是不会持久的"无为的妥协"。例如，在某生产公司审查一项资源分配决策的时候，管理者解释了管理团队的讨论看起来是如何在五个备选项当中漫游的。最后，管理者决定建立一个拼凑解决方案，囊括了每项建议的一些因素。一个员工很失落："我们对所有选项进行了大量分析……我认为一天到头那也是一种决策吧。也许就是一种妥协。我们实际上每件事都做了一点点。"

另一种小胜利的类型或者说是中间协议，在管理者制定一个临时选项和视情况而定的时候会出现。在这些情形中，管理者克服分歧，同意一道前进来达成共识。但是，这些情形只存在于特定事件在不久的将来转变的时候。例如，在先前讨论的跨国合资决策中，鉴于特定的情况，管理者达成了一项临时的决策。这种方法更多的是代表"让你的选择保持开放"的简化理念。团队一致同意那一套参数需要在合资行动之前通过和合伙人谈判获得。这种方法得到喜欢这个合伙人一方的支持，但是也使得那些在重大事情上发言权有限的人深感担忧。在那种情况下，只有在公司可以确保国家和当地政府的税收鼓励的时候，管理团队才会同意执行一个设备现代化的项目。正如一名管理者所说的："我们说准备做这件事，但是只有当我们有了这个、那个还有那个的时候才会去做。总是视情况而定。"

第九章 达成一致意见

这种方法得到这类管理者的支持：他们认识到了这个项目的优点，但是不相信财务效益证明了资本投资的规模。

从一定意义上讲，这项决策制定的实践就像在一件复杂和模糊事情上取得进展方面的"真正的选择"。当公司有能力在获得额外信息之前延迟投资和决策的时候，这种"真正的选择"是存在的。

在这种情况下，管理者必须在开始的时候通过小投资来"抓住"这个选项。这种预先的花费，可能需要建立一个新产品的模板来获得反馈。管理者可能会同意建立一条新的生产线，但是只有在客户对于简单模型有较好的反馈，或者对手不会在市场上以更先进的产品打败公司的时候才可以。这种决策制定的"选择"方法可能会帮助团队成员消除观点分歧、摆脱僵局，有助于在大规模执行之前缓解人们对于决策的担忧。进一步讲，这种做法在最终决策之前提供了一个额外学习的机会，允许管理者在以最终方式行事之前化解关键领域的不确定性。

最后，领导者可能会推动团队达成一致意见，发现重要的共同点，这么做体现在寻找应急计划方面的协议。应急计划用来在执行环境变化的时候启动。在面对高度不确定性的时候，很多学者和咨询师推荐了一种灵活的决策制定方法。一项后援或者应急计划为管理者提供了一项与决策有关的全面的风险评估，以及降低这些风险的策略。应急计划与前面描述的选择方法不同，因为管理者不想等着去全面执行,但是在外部条件发生实质变化的时候,他们保持一项后援策略来适应行动。

关于应急计划的协议可能会推动一个团队朝着就有争议事件达成一致意见的方向发展,因为它可能会帮助有保留意见的人在面对风险时变得更加自在。在选定应急计划之前,一些管理团队的成员可能会对于支持某一具体建议感到不自在,因为他们在不确定的情况下看到很多潜在的缺点。他们在承认不可能的时候可能会展示一个糟糕的案例,对于一项不能达成预期目标的决策仍旧保留自己的意见。如果一个团队建立并一致认可一个适应性行动方案以备在执行过程中应对最糟糕的情况的话,人们就会更加乐意去认可和投入这项决策中。

从磋商到决策

采用一种"小胜利"的方法可能是有效的,但是领导者感觉还是很难进入决策模式。也就是说,在团队成员不能达成一项最终决策的时候,他们很难把辩论停下来并做出裁决。在这种情况下,领导者变得很不自在,或者他们以一种降低人们对于决策过程的满意度和对最终决策认可的方式,把磋商带向进一步的深思熟虑。有些领导者甚至经历预期后悔,即以强烈的唠叨怀疑,阻止他们做出艰

第九章 达成一致意见

难的选择,结果决策延迟,这在竞争性的市场上是要付出很大代价的。

领导者在从磋商到决策的过程中要做出顺利的最终转变,需要分三步走。首先,领导者需要在最终决策如何制定方面有一套明确的期望,以便管理团队不会误解。其次,他们可以建立一套语言体系来帮助人们沟通。这套语言体系可以帮助人们明确在决策过程中,为取得及时的一致意见,他们的角色将会有哪些变化。最后,领导者需要和亲信建立一种关系,这类亲信不但可以提供合理的建议,而且可以在领导者面对环境急剧变化,缺乏热情和过度规避风险的情况下,增强他们的信心。

如果人们希望达成可持续的一致意见,领导者需要就自己在决策中的角色建立明确的期望值——假定人们期望领导者会首先争取全体一致意见,如果不行才会做出最后决策。如果人们发现领导者仅仅通过一对一的形式征求了意见,然后就宣布最终决策,而没有举行一个会议来让各方交换看法的话,他们就会很惊讶,甚至很生气。这种失望和生气的情感可能会导致人们抵制领导者做出的快速决策。这种情况下,那种明显的、及时的一致意见可能会在执行初期就很快消散了。领导者必须简洁明了地表达他们要如何获得信息输入以及将会如何在决策中使用数据和建议。在他们讲"团队精神"的时候,并不意味着民主,也不意味着专制。如果他们要在大概没有别人信息输入的情况下做出一项具体的决策，那么出于好意，他们也要对员工有言在先。

如果一个领导者建立了一种语言体系的话，那么对于组织来说是有好处的。这种语言体系是用来交流沟通在需要为最终决策辩论和拍板的时候，领导者的角色能够以及必须要做哪些改变。杰米·霍顿（Jamie Houghton）——康宁公司长期在任的 CEO，建立了一套简单的用于公开谈话的方法——关于他打算如何参与到高级管理团队的磋商中以及最终达成一致意见的方法。大卫·纳德勒（David Nadler）是很多高管的咨询师，他解释了杰米·霍顿的语言体系：

> 他说"戴两顶帽子"。在他的词汇中，有时候他想成为团队中的一员，去争论、去验证观点，让人们推着他跌跌撞撞地进入团队。在这些情况下，他把自己看作"其中一个小伙子"，他戴着"牛仔帽"。在其他情况下，他处于 CEO 的位置，制定决策。这个时候，他不寻求验证观点、向后推或者争论；相反，他戴着"圆顶礼帽"。

这个比喻看起来有点奇怪，但是证明是很有帮助的，因为它把霍顿和团队在决策制定过程中的角色做了区分。这两顶帽子帮助霍顿和他的直接下属就所处决策过程的阶段进行坦诚的讨论。纳德勒报告说，团队成员经常在会议中求助于这两顶帽子，寻求明确这一辩论是否继续或者是否已经到了让霍顿做最后决策的时候了。如果人们不能在一件有争议的事情上达成一致意见，霍顿会向他们发出信号，表示"圆顶礼帽"的时间到了。如果人们知道"圆顶礼帽"时间很快就要到来的话，就能够想象得到处于长时间争论中的团队成员会寻找一个快速的机会来找出共同点。

在有些情况下，当面临复杂事件、模糊数据和环境不稳定的情况时，领导者会经历一些犹豫不决的时刻。团队成员知道领导者会做出最后决策，他们很清楚他们的角色。但是，领导者不能马上做最后决策。斯坦福大学学者凯瑟琳·艾森哈特认为，在这种情况下，有一个经验丰富的、能够扮演理事会角色的亲信会很有帮助。通过和信任的顾问一起分析和总结，领导者对于即将做出的决策会更加放心。正如凯瑟琳·艾森哈特所言，一个值得信赖的顾问能够在不确定的情况下"增强自信和稳当的感觉"，还能让理事长克服那些经常造成延迟和犹豫不决的预期后悔。

持续的一致意见

在一项决策制定以后，领导者需要确保采用一种严格的方法来维持一致意见。不同意这项决策的人们常常会重开磋商大门。如果领导者指导的是一个公平和合理的过程的话，他们不应该让其他人重新审视这项已经制定的决策。他们需要断言：这件事情结束了。保罗·利维在贝斯以色列女执事医疗中心采用了这样一种严格的方法。医院里的医生和行政管理者不管什么时候感觉有意义去做，就会习惯性地重新审查那些他们不同意的决策。前任管理层放任这种不合理的行为很多年。利维在他任职 CEO 期间干预了这种有害行为，确保每个人理解：只要之前每个人都有机会表达自己的观点，一旦决策已定，就不能再回到决策中去。在第二次世界大战期间，当那些强势的战场指挥官们试图继续就已经结束的事情辩论时，艾森豪威尔也需要维持一项严格的纪律。这个时候，艾森豪威尔常常强调"统一指挥"的重要性。

然而，领导者也不应该顽固地坚持某一行动计划，而不管决策制定后发生了什么。在特定的情形之下，他们也应该重新回到已经制定的决策中去，重新打开讨论和辩论的大门。尤其是在大量的新信息出现或者很多决策中的批判思维被证明是错误的时候，决策应该被重新审查。如果一项决策会诱发对于客户、对手和供应商的意外和潜在的不良反应，那么领导者也需要重新考虑过去的决策。最后，如果后续的行动需要对过去的决策予以调整来保证组织的整套行动和决策与公司的总体目标保持一致，那么一些事情也需要拿出来重新讨论。

第九章　达成一致意见

信任的重要性

公平和合理的过程有助于建立承诺，小胜利会使得领导有争议的磋商和找到人们认可的解决方案变得简单。最后，如果想要及时取得一致意见，得到人们的支持和投入决策中，那么领导者还需要被信任。采用公平的决策制定过程可以像很多研究证明的那样树立领导者的可信度，但是还不够。**领导者需要不断努力，尽己所能地去维持公信力和别人对于他的信心。**如果人们全心全意地信任一个领导者，那么他们就更有可能放下意见分歧，投入既定的行动计划中。

信任和公信力绝非一朝一夕可得，它们并不仅仅从过去决策和取得积极成效的良好记录中得出。例如，1949年蒙大拿州曼恩峡谷的森林大火造成12名美国林务局消防员死亡。瓦格纳·道奇（Wagner Dodge）——一名经验丰富而且有成就的队长，带领指定的消防员于1949年8月5日从飞机上跳下去灭火。

大约在这些消防员落地一个小时后，火焰急剧上升。道奇和他的队友们试图跑到山脊顶部避险。道奇很快意识到他们跑不过火焰。他在没有征求队员意见的情况下，迅速做出了一项直觉性的决策；事实上，他发明了一种没人使用过的战术。他在距离山顶200码远处的草地上躬身点燃了一小团火，把手巾拿出来罩在嘴上，躺在烟灰中。

道奇的队友们不理解他要干什么，他指着他的火喊道："照我这么做！照我这么做！"能够想象得到，看到背后是熊熊大火，道奇却拿出了小小的火柴，这些消防员是怎么想的。其中一个消防员是这么形容他当时的印象的："我在想，火都要烧到背后了，他却在我们面前又点燃了另一团火？！"队员们跑过道奇身边的时候，有一个人冲着道奇大声喊："你干什么呢！老子要离开这里！"所有人都跑过道奇的身边，无视他疯狂的请求。可悲的是，除了两个人以外，其他人都在跑向山顶的时候被大火吞没了。但是，一会儿之后，道奇却毫发未损地出现了。大火略过他的上方，因为他去除了小范围内的能够燃烧的草。

为什么这些队员没有执行道奇躺在烟灰中的决策呢？作为队长，他肯定有这个权威，也有良好的记录。进一步讲，他比其他人更有经验。但是，他没有建立很高的公信力和信任度。他没有参加之前暑期和其他人在一起为期三周的训练。事实上，很多人在那一天之前没有和道奇合作过。正如领导学专家迈克尔·于塞姆（Michael Ussem）曾经说的，他的"管理风格就没有双向的沟通"。很多消防员认为，道奇是个几乎不说话的人。他的妻子同意这个看法："他在我们刚结婚的时候对我说：'你做你的事，我做我的，我们相安无

第九章 达成一致意见

事'……我很爱他,但是我不了解他。"道奇实际上根本不知道很多队员的名字。悲剧过后,一名幸存者告诉调查人员:"道奇很有个性……很难了解他的心思。"

在落地和开始灭火的时候,道奇几乎和队员们没有交流。他不问队员对于火情的评估,也不问他们关于如何灭火的建议。道奇从未解释他为什么要这样灭火。甚至在后来,他变得更加警觉了,他也是简单阐明了不断危急的情况而没有深入解释现场诊断的情况。道奇在之前的行动和管理中没有建立起公信力和信任的基础。因此,正如于塞姆所言,人们不会在出现危机的关键时刻听从他的决策:

> 在本该共享他的想法的时候,道奇没有共享。道奇放弃了给那些队员,尤其是和他不熟悉的那些队员理解他思想的机会。除了他的声誉以外,人们没有办法去了解他是理智的还是冲动的、是故意的还是鲁莽的……如果你想要信任和顺从,在不能被全面解释的时候,你要自己早点解释。

曼恩峡谷的案例展示的是一个在重大危机时刻领导力失败的极端案例。当然,商业领导者不可能置身这种危险的情景中,决定很多条生命的生死。但是,这个悲剧生动地显示一名领导者沟通交流和制定决策的风格影响了他获得下属信任和尊重的程度。除了尊重领导者的专业水准和权威地位之外,不坦诚相待、不建立关系、不谈论经历的话，人们不会全身心地信任这个人。人们也不会去信任不说明过去决策的合理性或者解释过去他是如何解决棘手问题的这样一个人。

在信任这件事上，我们要回到艾森豪威尔将军那里。按照安布罗斯的看法，他一生都在研究这位不同寻常的军事领导者，他认为值得信赖是艾克（艾森豪威尔）的最大美德，也是他在与那些权力超强、意志坚定的领导者们（丘吉尔、罗斯福、蒙哥马利和马歇尔）交往时最大的财富。在回顾了艾森豪威尔的很多贡献之后，安布罗斯总结道："在他成功的诸多因素中，有一点是非常突出的。与艾森豪威尔相关的人，不管是下属还是上级，几乎所有人在形容他的词汇里都有一个词语，那就是信任。"

艾森豪威尔建立信任不仅仅是通过制定决策的方法，还有他为已做决策承担责任的方法。在诺曼底登陆前夕，他给美国人民准备了一封如果失败了就发布的惊人信件。他要明确他自己对此负全责。是的，他从多方面获得了信息和看法，但是他不想把矛头指向那些给他提供建议和顾问的人。他写道："我们在瑟堡—阿佛尔地区的登陆没能获取满意的据点，我已经把陆军撤离了。我是在对最佳信息分析的基础之上决定在这个时间和地点行动的。海陆空三军忠勇双全。此举若有问责和失误，全归咎我一人。"

第十章　有克制力的领导

不做准备，就是在准备失败。

——本杰明·富兰克林

这些天，不管从哪个方向，不管是在私人还是公办单位，好像我们听到人们谈论需要更多更优秀的领导者，以及更高效的领导力。在社会各个领域内想要提高领导力的强烈愿望在 2001 年"9·11"事件后得到了加强。充分的理由是，人们变得担忧起自己的组织应该如何应对外部环境中不同寻常的模糊性和动荡性。问题变得更为复杂，变化变得比以前更快，许多组织要应对这些挑战看起来准备不足。

我们组织需要的领导者能够动员人们、管理组织改革，让有分歧的群体朝着共同的目标合作。正如我已在书中谈过的,决策制定是领导力很重要的一个方面。现在的领导者需要聚合和吸收比以前更广的视角,在不完整的信息基础上做出选择,更仔细地验证他们的假设,更快地达成一致意见,为促进高效执行提高认可度。也许最重要的是,我们听到很多人争论说:社会制度需要更强势和果敢的领导者在模糊而不断变幻的世界里做出艰难——有时候是痛苦和不受欢迎——的选择。

近来强调的领导力,以及令人畏惧的社会、政治和经济挑战,当然不代表整体新现象。很多年前,在明尼苏达中心的一场关于共同责任的演讲中,《财富》杂志特约编辑马歇尔·洛布(Marshall Loeb)在和很多有过接触的商业高管互动的基础上提出了一种观点:

> 作为一名跑遍全国、倾听高管们说话的编辑,他听到——反复听到——一个悲哀的问题:领导者都去哪儿了?那些高贵的、雄辩的和鼓舞人心的丘吉尔们和罗斯福们去哪儿了?那些粗犷的、直言不讳的、有魅力的杜鲁门们和教皇约翰们呢?我们现在是如此地急需他们啊!我们急需领导者……我认为托马斯·卡莱尔(Thomas Carlyle)说的是对的:所有的历史都是自传——所有伟大的公司都是它们领导者的直接反映。领导者决定基调,决定模式,决定风格,决定整个企业的特点!

第十章 有克制力的领导

近些年，洛布的话引起了很多人的共鸣。商业管理者、政治家、学者都在谈论重要商业和政府机构里的"领导力危机"。当然，不仅仅是谈论；调查数据显示，员工迫切需要自己组织中有更强的领导力。2002 年，华信惠悦（Watson Wyatt）——一家人力资源咨询公司，在很多行业内对 12 750 名美国雇员进行了问卷调查。华信惠悦公司发现，只有 45％的被调查者"对高管所做的工作有信心"。而同一年华信惠悦发布的报告称："将近一半（49％）的雇员认为自己公司在达成新业务目标方面的步伐从 2000 年起下降了 20％。"加拿大的一项类似调查显示了相似的结果。也许更令人不安的是，《劳动力管理》（*Workforce Management*）杂志在 2002 年的一项调查发现，83％的人认为"我们组织中存在领导力真空"。

在最近的一个研究项目中，创新领导力中心（Creative Leadership Center, CLC）发现在很多组织中有一个很重要的"领导力赤字"。创新领导力中心在 3 个国家的 15 家公司调查了 2 200 名领导者。结果表明，领导者所具有的技能根本不能满足公司发展的需求。按照创新领导力中心的说法，在"五大需求"——鼓舞人心的承诺、战略计划、人员引导、足智多谋和员工发展——当中，只有足智多谋被认为是"十大技能"之一。这就是创新领导力中心所说的"当前的领导力赤字"。

组织需要什么类型的领导者

如果我们需要领导者,那么组织应该寻找什么样的领导者?吉姆·柯林斯(Jim Collins),被认为是世界上受众最广的商业作者,他做了一项研究,是关于一些公司如何以及为何从一个较长的财务业绩平平的阶段发展到一个持续产出优秀成果的阶段的。他发现,只有一小部分公司能够设法做出那种跳跃,而且它们的领导者展示出了巨大的谦卑之心,他们通常安静、内敛甚至害羞。柯林斯赞颂了这些美德,他认为组织应寻找那些有所贡献而不是单纯追求个人魅力的领导者。

汤姆·彼得斯(Tom Peters)——另一名广受关注的商业作者和咨询师,对此强烈反对。他认为,当前纷乱的商业环境需要的领导者与柯林斯描述和赞扬的"坚忍、安静和冷静的领导者"不同。彼得斯大声疾呼:"你愿意让一个安静的领导者带你去乐土吗?完全是胡说八道,我认为现在是一个混乱的时期。"

彼得斯不相信我们能够明确识别在所有情况下与高超领导力有关的一套性格特征。他认为,不同情况需要不同类型的领导者。事实上,很多领导力学者赞同他的这一观点。这些学者认可情境领导理论——这一合适或与之相适应的概念必定存在于一个领导者的风格和实际需求情况以及面临的压力之间。简而言之，组织必须寻找一个能够与当时组织面临的具体挑战相适应的领导者。在制定决策的时候，领导者需要在他们试图解决的问题的本质基础上做出调整。

CEO 的光环

很多人哀叹焦点只被放在组织最高层的领导力上。他们认为，在解释组织业绩的时候，人们太看重 CEO 了。当然，商业媒体喜欢称赞像杰克·韦尔奇和路易斯·格斯特纳一样有魅力而又强势的领导者，他们在掌舵期间为公司赢得了成功。柯林斯批评了对于英雄主义 CEO 和个人魅力的崇拜；他喜欢赞扬那些谦逊的、相对内向的领导者，例如金伯利公司的达尔文·史密斯（Darwin Smith）、吉列公司的科尔曼·莫克勒（Colman Mockler）。他还强调了那些身处角落的人。我们不能忘记，这些组织很庞大、很复杂，有着几十万名员工。但是，很多人把公司的成功归因于一个人的领导技术——英雄式的 CEO。

领导学学者罗纳德·海费茨（Ronald Heifetz）想知道我们是不是对顶层的人期待太多了，那个人在我们组织中掌管着最大的权力。我们相信，最顶层的那个人好像能够回答组织面临的所有难题。是真的吗？那可能是真的吗？海费茨总结道，"领导力的神话就是独行侠的神话：他的英雄主义和聪明才智让这个孤独的人能够领导"。沃伦·本尼斯（Warren Bennis）指出，米开朗基罗在为西斯廷教堂作画的时候有大量的帮手：16个人帮他绘制教堂顶部，今天我们所有人感到惊叹之余却只赞扬他一人！相似的，大多数公司如果没有一个团队来支持和辅助CEO的话，公司是不会取得巨大成就的。本尼斯总结说，今天的商业和政府机构"所面临的问题如此复杂，任何一个人都无法独自解决"。

这一说法引起了很多高管本能的反应。他们认为，公司不能通过委员会制定重要决策。你听到的民主在总裁办公室是不存在的。这些人认为，在组织面临棘手问题，需要快速反应的时候，总裁需要"拿主意"。最高层的人必须自己做出艰难的决策。在他们看来，培育异议、争取过程公平、提高对多个方案的认可度代表着一种软弱，而不是强势。有人担心，领导者会把一种众人高度参与的方式当作一种犹豫不决的信号或者失去控制的信号。其他人认为，这种活动将浪费宝贵的时间，而且给了竞争对手在市场上占上风的机会。

海费茨指出，很多员工强化这种观点有助于CEO光环的长存。他们的观点是家长作风式的，他们期望最高权威能够在有问题的时候照顾他们，给他们提供解决苦恼问题的方案。海费茨是这么说的：

在危机当中，我们倾向于找一种错误的领导力，我们问某个人要答案、决策、力量和未来的地图，某个人知道我们应该去往的地方——简而言之，某个人能够让难题变简单……预期寻找救世主，还不如寻找一种领导力，能够让我们迎接挑战，去面对问题——那些问题不简单，也没有无痛的解决方案——需要我们学习新方法的问题。

我们应该把支持这一理念的高管塑造成什么样子呢？设想一下，如果一个 CEO 承认他不知道组织面临的紧迫问题的答案，如果他强调集体决策过程并要求在行动之前建立认可度，我们会为他"不负责"或者"优柔寡断"而批评他吗？不是身处高管位置的人让 CEO 光环长存，而是坐在角落里的中下层让 CEO 光环长存——很多身处组织结构较低层级的人希望在组织面临复杂紧迫问题的时候愿景仍能实现。

我们必须认同一种世界观吗？当组织遭遇一种紧急情况时，高层领导者还能够维持对于决策制定的控制吗，还能够腾出空间征求下面的意见吗？在本书中，我们通过讨论得出：管理者能够大胆和果断地做事，同时要加强组织的集体智慧，建立对于多方面内容的认可度。

领导者负责的两种形式

在面对复杂的组织决策的时候，高效的领导者的确会负责。但是，负责有两种方式。一种是领导者深入问题，试图找到最佳解决方案。这种领导者聚焦于在提高组织绩效方面需要做什么。另一种是倒退一步，聚焦于组织首先应该如何应对这个问题。这种领导者会提问：我们应该采用什么样的决策过程？这并不是说领导者不知道该做什么，而是因为他不想聚焦于解决问题的方案，换言之，他聚焦于首先找到正确的过程。

咨询师和研究者大卫·纳德勒认为，很多高管对这两种负责的方式不作区分。他们认为，和其他人一起用一种集体解决问题的方式意味着朝"让团队自己管理和决定"的方向转变。纳德勒试图纠正这一错误的概念。他的观点是：领导者在决策过程中能够具有指导性，同时留给下属们空间和机会，让他们从不同视角提出解决手头问题的观点。

当我给管理者们讲述猪湾事件和古巴导弹危机案例时，我常常发问：你们认为，在哪一种情况中，肯尼迪总统是一个"更加深入实际"的领导者？不约而同地，大概有一半的学生认为在猪湾事件中他更加深入实际，另一些人不同意。谁是对的呢？答案很直白：双方都是正确的！在猪湾事件中，肯尼迪投入研究如何入侵的具体细节中。在那种情况下，他看起来是"深入实际"的领导者。但是，肯尼迪总统对决策过程失去了控制。他允许 CIA 官员们塑造和影响决策过程，那种方式非常强烈地加强了他们想要的结果的可能性。

第十章 有克制力的领导

简而言之，肯尼迪深入发现解决方案，但是没有能够控制决策过程。最终，对于过程管理的失败导致了一项有缺陷的决策。

在古巴导弹危机中，肯尼迪在决策过程中变得更加具有指导性，对于组成部分、内容、沟通和控制（这四方面构成了一个领导者做出决策的内容）都做出仔细的选择。肯尼迪考虑了磋商如何进行、什么人参加、如何欢迎和听取不同的观点。但是，他自己缺席很多会议。他拒绝了事无巨细地管理每个细节的这种诱惑。他给顾问们留出空间，让人们陈述自己的论点，互相辩论、修改基于别人评判的建议。肯尼迪在做最后决策的时候也有所克制，明确在向前推进之前没有争取全体一致同意。总统对这个过程负责，他知道留给别人表达观点的机会不会让他失去权威。没有人因为总统在声明自己观点之前留给别人表达看法的空间而感觉总统软弱或者优柔寡断。

在仔细考虑如何做出艰难选择而不是仅仅试图朝向正确的答案方面，高管展示出真正的果断领导力。通过决定如何做决策，他们增强了一种可能性，那就是他们将高效地在组织的各种能力和专业技术方面进行投资，做出合理的决策。进一步讲，他们提高了能够高效执行既定行动方案的概率。

有些高管认为，磋商性决策制定过程花费太多时间。在有些情况下，你必须快速行动，你不能给团队成员提供大量机会让他们进行信息输入或者培育异议和辩论。现在听一听吧："我的环境动荡不

297

安,节奏很快。我没有时间分给民主。"让我来简单回应一下这些领导者:如果你比肯尼迪当时在古巴导弹危机中面临的时间压力更多的话,那你就专断吧。即使在核导弹和可能的第三次世界大战的威胁下,肯尼迪仍旧有时间去收集信息和激发建设性的辩论。如果连他都有时间这么做,那么任何领导者都能够塑造和设计一个过程来囊括别人的观点和看法。他们能够磋商,更能采取果断的行动。

有克制力的领导

本书中倡导的负责任的领导力这一提法要求顶层管理者有巨大的克制力。在面对复杂问题的时候,很多管理者会根据多年的经验对于要做什么有很强的直觉感受。那种直觉在很多情况下被证明是正确的,但不是全部。

要最大限度地利用组织中他人提出的观点和专业技术,领导者需要在别人有机会提供他们的观点之前就克制宣布自己的解决方案的冲动。他们必须承认:他们没有万能答案,他们的直觉并不总是正确的。他们需要认识到他们的行为,尤其是在决策过程开始的时候,可以鼓励别人以一种过度顺从的方式行动。领导者必须理解,如果组织的多个相互依赖的部分不乐意去合作执行决策的话,最好的选择也是没有意义的。

第十章 有克制力的领导

通过有克制地进行领导，处于权威职位的人们认识到他们在一定领域内的理解和知识通常是受局限的、不精确的和不完整的。他们不会寻求确认先有的假设，而是通过认识与他们自己每一种心智模式相关的边界条件的存在开始应对问题的（也就是说，他们的理论适用于一些特定的情形，但不是所有的情形）。有克制力的领导者含蓄地假设他们在一定领域内的理解包括一套初期的理论，它们通常会随着时间的推移被证明是错的，或者不会被那些理智的人所接受。有克制力的领导者不断地搜索和开发新的知识，而不是寻找能够肯定他们对于周围世界先入为主的理解的数据和观点。

让我们再回到 1996 年的珠峰悲剧。刚好在罗布·霍尔和斯科特·费希尔要向顶峰冲刺之前，IMAX Film 探险队领队——有成就的登山家大卫·布里谢斯（David Breashears）也在山上，他面临着一项重大的决策。有一些征兆显示在他的团队登峰时天气会恶化，他感到很不安。布里谢斯转向他的团队，寻求他们的建议和观点。在和其他探险队员沟通之后，他选择让团队调头，下山返回大本营。他回忆起在他和队员们下山的时候，正好遇见霍尔和费希尔他们上山，本队队员们有多么沮丧。其中一名队员记得，当时听到关于调头的决定时感到不自在："我们下山的时候感到有些懦弱，大家都在向上攀登，我们在想：'天哪，我们做出的决策是正确的吗？'"几年前，布里谢斯到访哈佛商学院，在我的课堂上，他把他的经历和那

299

些在1996年遭遇悲剧的人们做了比较。他谈论了在登山任务方面对于有技能的领导者的需求。在他看来，世界上最伟大的登山家不一定就是世界上最好的登山队领导者。在分享将要结束的时候，一名学生问他伟大的领导力需要什么。他认为，经验、正式的权威和各自领域内的专业技术不会让一个人成为伟大的领导者。相反，布里谢斯提到了在制定决策的时候要克制的需求：

> 有些人拥有巨大的个人魅力，他们能够主导满屋子的人，但是那些都不是能力。当然，领导者需要具有远见。但是，拥有克制力（我的意思是接受别人的观点却感受不到威胁的能力）的那些人才是我的榜样——不是那些命令我上山的人，而是那些和团队谈话，要求对话，但是感觉不到谈话是一种威胁的人，因为他们有能力做出最后的决策。因此，如果你组建一个伟大的团队，你不需要倾听别人的观点吗？

无疑，布里谢斯在1996年做出了一项好的决策，他做这项决策部分原因是他为成功选择搭建了一个平台。他肯定为这个探险做了充分的准备工作——在组织探险队后勤物流、规划团队的适应日程和思考各种可能发生的危险情况等方面。当山上情况变得危险的时候，这些准备帮助了他。但是，布里谢斯还为一些问题做了准备，那些问题是团队们最后遭遇的。在到达珠穆朗玛峰很久之前，他就考虑了如何做出最终的决策——关于在艰难决策的时候决策过程该怎样。在天气条件恶化的信号出现后，布里谢斯负责指导一个决策过程；通过利用探险队中其他成员的专业技术和知识，他提出了不必掩饰的建议和观点。布里谢斯的成功源于他接受了本杰明·富兰克林的建议："不做准备，就是在准备失败。"

提问，而不是作答

在大多数商学院，我们使用案例教学法。我们不训诫学生。我们提供一个关于管理情形的说明，让学生充当案例中的主角——他们需要做出一项重要的决策。

学生们通过这种教学方法进行归纳学习。教授们不会教给学生一套理论和原则，然后叫学生把自己的观点带入案例中。相反，学生们谈论案例中组织面临的问题，在课堂上磋商得出关于如何应付情景的原则和假设。

学生们通过这种案例教学法学到了什么？他们会学到在实际情形中能够有帮助的一套具体答案吗？不，那不是我们的初衷。我们希望教会学生如何去做出决策，而不是提供给他们一套提前备好的解决方案以便他们在将来的职业生涯中应对各种可能出现的管理问题。

在被问到哈佛商学院的学生们学到了什么的时候,前院长约翰·麦克阿瑟(John McArthur)曾经说:"我们的教法就是我们教的内容。"他是什么意思呢?考虑一下教授在教室里是如何表现的。他问学生问题——问很多问题。让很多学生懊恼的是,他不提供答案。通常,学生想听到教师建议的解决方案来解决案例中的管理问题。紧张的时候,我们当中的大多数人会提出更多的问题而不是提供答案。一位案例教师的引导是克制的。经过有克制的引导,我们会通过询问和辩论来利用教室里的集体智慧创造出新的知识。我们推动和调节磋商;我们激发异议和多样化思维,通常会使用本书第四章"激起思想碰撞的火花"中描述的技巧,比如角色扮演和心智启发训练。我们试图营造一种传统能够维持的氛围。有时候,我们寻求把独立的观点集中起来,找出共同点。为了推动复杂问题的解决,我们通常把它们化为可以管理的小片段,每次应对一个方面,在我们准备结束一堂课的时候争取一系列的小胜利。

这里对所有领导者而言都有一个重要的教训。再想一想彼得·德鲁克曾经说的:"管理决策中出现错误的最常见的根源是强调找出正确的答案而不是最正确的问题。"的确,建议一项解决方案通常不会推动新的问询、思考和辩论。它会束缚创意性思维或者中止所有的讨论。通过提出尖锐的问题,领导者会开拓全新的对话领域,揭示新的信息,引导人们重新思考他们的心智模式,揭露之前不曾看

第十章　有克制力的领导

到的风险。一名高效的领导者很像是一位案例教师——使用尖锐而发人深省的问题来激发关于复杂问题的新的洞察力。这种新的洞察力变成新的必需成分来提出新选项、调查潜在的假设、制定更好的决策。

对于案例教师来说，在上课前很久问题就形成了。教师可以仔细考虑他们将如何引导讨论：预期辩论和冲突的关键部分，设计一些机制来激发多样化思维。教师可以考虑他们在教室里的职责：预期人际摩擦方面的情况，考虑磋商和如何干预来推进讨论工作中的角色。简而言之，他们有一项计划——一项非常灵活的计划。伟大的领导者，会像伟大的教师一样表现。他们会像教师备课一样准备他们的决策。他们有一项计划，但是会根据决策制定的进度适时调整。伟大的领导者没有万能答案，但是他们仍旧牢牢控制着决策过程，在这个过程中他们的组织会发现解决最棘手问题的最佳方式。

致　谢

因为很多人的配合，本书才得以完成。他们为我提供了很多便利条件：让我深入他们的组织；参加我的访谈；帮我完成问卷调查；允许我观察他们的工作情况。数以百计的有着深刻见解的实践者与我一起花费了无数个小时的时间，耐心地、用心地回答我的每一个问题。他们让我看到了组织决策中的实际情况，为我勾勒出了一幅生动的现实画卷——完美无缺的画卷，既有挑战又有缺陷。我欣赏他们的直率与坦诚。从那些有技巧、有经验的践行者身上，我学到了很多。

我也特别感谢我的学生们。他们就本书中的许多案例进行了讨论，并根据自己的工作和生活经验提出了深刻独到的见解。他们督促我思考，并促使我精炼我的观点。有幸与这么多有天分的学生在布莱恩特大学、哈佛商学院、纽约大学斯特恩商学院共同工作，我

致　谢

非常感激。因为他们，我每天警醒自己：一个老师只有努力向学生学习、与学生一起学习，才足以教书育人。

我非常感谢我的同事们，在过去的这些年里，我们通力协作，分析了不计其数的文章和案例。本书中的许多观点都是我与一些有才能的同事合作的成果，比如大卫·加文、埃米·埃德蒙森、迈克尔·沃特金斯、理查德·博默、林恩·莱韦斯克（Lynne Levesque）、安妮塔·塔克（Anita Tucker）、简·里夫金、苏基·尹、布赖恩·沃德尔。在书中，我对他们的名字予以大量引用，作为对他们的赞颂和感谢。我想特别感谢大卫·加文先生，从我在哈佛大学攻读硕士研究生起，他就是我的导师。他是一位对管理实践有着深刻见解的老师和学者。我们共同协作努力，这一直是我获取知识与灵感的源泉。埃米·埃德蒙森也对我有着与众不同的启发与影响，她经常说她从我身上学到了很多，然而，实际情况是，在我们合作共事的过程中，我学到的最多。

在我的研究过程中，许多学术界同人一直以来对我帮助很大。在过去这些年里，乔·鲍尔（Joe Bower）、杰伊·洛尔施（Jay Lorsch）、特雷莎·阿马比尔（Teresa Amabile）、拉尔夫·比格戴克（Ralph Biggadike）、简·里夫金、大卫·阿格（David Ager）、马克·考特里（Mark Cotteleer）和迈克尔·雷纳（Michael Raynor）对我的思路启发很大，为我提出明智的建议，支持我、鼓励我。安妮·史密斯（Anne Smith）和另一位匿名审阅者认真审阅了本书第一版的每一章节，他们提出的意见令我的原稿增色不少。此外，我还要感谢布莱恩特大学在第二版修订时为我提供的支持，以及哈佛商学院研究部为我的原始研究提供的资金。

作为教师，我不可能独自进行案例分析和文章研究，我需要许多有才能的人的帮助。我的研究助手们——埃丽卡·费林斯（Erika Ferlins）、吉娜·卡丽欧基亚（Gina Carioggia）和劳拉·费尔德曼（Laura Feldman）——非常勤勉地帮助我完成了本书的案例分析。在完成两个多媒体的创新案例分析时，戴夫·哈比卜（Dave Habeeb）、大卫·利伯曼（David Lieberman）、梅利莎·戴利（Melissa Dailey）和克丽丝·拉莫思（Chris Lamothe）贡献了他们超强的技术技能与专业经验，本书中列举的这两个案例分析赢得了学生和践行者广泛的赞誉。特鲁迪·博斯琴（Trudi Bostian）在我撰写第一版时提供了超棒的支持，安迪·特鲁瓦克斯（Andi Truax）转录了我在做实地调研时的采访录音带，这些录音长达数千小时，具体数量比我想象的还要多。

培生教育集团的编辑们鼓励我，给我提供了反馈信息，提出了睿智的建议。感谢蒂姆·穆尔（Tim Moore）说服我坚持原来的项目，并一路支持我。感谢葆拉·辛诺特（Paula Sinnott）、拉斯·霍尔（Russ Hall）、珍妮·格拉瑟（Jeanne Glasser）、克丽丝蒂·哈特（Kristy Hart）和约瓦纳·桑·尼古拉斯-雪莉（Jovana San Nicolas-

致 谢

Shirley)为本书付出的努力。

最重要的是,感谢我的家人。感谢父母和我的兄弟及其家人,他们鼓励我在哈佛大学追求我的梦想。感谢他们帮助我选择教学这一职业。父母是我所知道的最好的决策者。40多年前,他们离开意大利来到美国,语言不通,也不知道如何生存。这是他们做出的一个勇敢而又精明的决定。他们为子女寻找机会,为我们做出了巨大的牺牲。我想对他们说一句:"虽然你们不会读写英文,但你们比大多数教授和学者,包括我在内,都要好。我衷心地感谢你们为我所做的一切。"

最后要感谢的是我的孩子们——西莉亚、格蕾丝和卢克,他们让我意识到学习是充满乐趣的,好奇心会引向美妙的新发现,游戏能够刺激我们的思维。他们的拥抱和充满爱意的笑脸,驱散了我写书时所有的沮丧。当我决定娶一位我所遇见的最善良、最慈悲的人的时候,我做出了此生最正确的决定。我要感谢克里斯汀在我写书时对我的宽容、理解与鼓励。为表达我对她的最大感恩,我借用一段诺贝尔文学奖得主赛珍珠的情感告白来结束:"一个试图独自生活的人不会是一个成功的人。如果一个人的心不能回应另一颗心,他的心就会枯萎。如果一个人只听到自己的回声而不寻找别人的激励,他的思想就会萎缩。"

迈克尔·罗伯托

马萨诸塞州霍利斯顿镇

人工智能

国家人工智能战略行动抓手

腾讯研究院　中国信息通信研究院互联网法律研究中心

腾讯 AI Lab　腾讯开放平台　著

政府与企业人工智能推荐读本。人工智能入门，这一本就够。2017年中国出版协会"精品阅读年度好书"，中国社会科学网2017年度好书，江苏省全民阅读领导小组2018年推荐好书。

面对科技的迅猛发展，我国政府制定了《新一代人工智能发展规划》，将人工智能上升到国家战略层面，并提出：人工智能产业要成为新的重要经济增长点，而且要在2030年达到世界领先水平，让中国成为世界主要人工智能创新中心，为跻身创新型国家前列和经济强国奠定重要基础。

本书由腾讯一流团队与工信部高端智库倾力创作。它从人工智能这一颠覆性技术的前世今生说起，对人工智能产业全貌、最新进展、发展趋势进行了清晰的梳理，对各国的竞争态势做了深入研究，还对人工智能给个人、企业、社会带来的机遇与挑战进行了深入分析。对于想全面了解人工智能的读者，本书提供了重要参考，是一本必备书籍。

制度与繁荣
一个新世界的开始
黄树东　著

看清中国经济未来，判断地缘政治走向，防止财富被洗劫。

本书从美国大选周期出现的社会现象入手，剖画了美国面临的困境、制度变迁以及背后少数资本精英的身影。美国相对衰退的历史，就是一部财富高度集中的历史。

本书通过揭示放任型市场经济无法克服的难题，直陈中国复兴路上五大潜在陷阱，并旗帜鲜明地提出"不选择公平，繁荣将离我们远去"。

随着中国金融开放的扩大，风险也在上升。本书旨在警醒人们：中国不能有，也难以承受一场大规模的金融危机，要为没有硝烟的战争做好准备。

本书为关心中国发展，希望在较长周期中创造和保护财富的广大读者提供了重要参考和告诫。

读懂这本书，未来就是透明的！

Authorized translation from the English language edition, entitled Why Great Leaders Don't Take Yes for an Answer: Managing for Conflict and Consensus, 2e, 9780133095111 by Michael A. Roberto, published by Pearson Education, Inc., Copyright © 2013 by Pearson Education, Inc.

All rights reserved. No part of this book may be reproduced or transmitted in any form or by any means, electronic or mechanical, including photocopying, recording or by any information storage retrieval system, without permission from Pearson Education, Inc.

CHINESE SIMPLIFIED language edition published by CHINA RENMIN UNIVERSITY PRESS CO., LTD., Copyright © 2018.

本书中文简体字版由培生教育出版公司授权中国人民大学出版社出版，未经出版者书面许可，不得以任何形式复制或抄袭本书的任何部分。

本书封面贴有 Pearson Education（培生教育出版集团）激光防伪标签。无标签者不得销售。

图书在版编目（CIP）数据

哈佛决策课/（美）迈克尔·罗伯托（Michael A. Roberto）著；张晶译.—北京：中国人民大学出版社，2018.10
书名原文：Why Great Leaders Don't Take Yes for an Answer
ISBN 978-7-300-25492-0

Ⅰ.①哈… Ⅱ.①迈…②张… Ⅲ.①领导学-决策学 Ⅳ.①C934

中国版本图书馆CIP数据核字（2018）第026975号

哈佛决策课
如何在冲突和风险中做出好决策
[美] 迈克尔·罗伯托（Michael A. Roberto） 著
张晶 译
Hafo Juece Ke

出版发行	中国人民大学出版社		
社　　址	北京中关村大街31号	邮政编码	100080
电　　话	010-62511242（总编室）	010-62511770（质管部）	
	010-82501766（邮购部）	010-62514148（门市部）	
	010-62515195（发行公司）	010-62515275（盗版举报）	
网　　址	http://www.crup.com.cn		
	http://www.ttrnet.com（人大教研网）		
经　　销	新华书店		
印　　刷	涿州市星河印刷有限公司		
规　　格	148 mm×210 mm　32开本	版　次	2018年10月第1版
印　　张	10.375　插页2	印　次	2018年10月第1次印刷
字　　数	185 000	定　价	59.00元

版权所有　侵权必究　印装差错　负责调换